协调？制衡？

美英利益集团对教育政策的影响

HARMONIZE? BALANCE?

The Influence of the UK and the US Interest Groups on Education Policy

周小虎 著

中国社会科学出版社

图书在版编目（CIP）数据

协调？制衡？：美英利益集团对教育政策的影响／周小虎著．—北京：中国社会科学出版社，2021.5

ISBN 978-7-5203-8158-1

Ⅰ.①协… Ⅱ.①周… Ⅲ.①利益集团—影响—教育政策—研究—美国、英国 Ⅳ.①G571.20②G556.10

中国版本图书馆CIP数据核字（2021）第051518号

出 版 人　赵剑英
责任编辑　王　衡
责任校对　朱妍洁
责任印制　王　超

出　　版　中国社会科学出版社
社　　址　北京鼓楼西大街甲158号
邮　　编　100720
网　　址　http://www.csspw.cn
发 行 部　010-84083685
门 市 部　010-84029450
经　　销　新华书店及其他书店

印　　刷　北京明恒达印务有限公司
装　　订　廊坊市广阳区广增装订厂
版　　次　2021年5月第1版
印　　次　2021年5月第1次印刷

开　　本　710×1000　1/16
印　　张　16.75
字　　数　275千字
定　　价　98.00元

凡购买中国社会科学出版社图书，如有质量问题请与本社营销中心联系调换
电话：010-84083683

目　录

绪　论

一　选题缘由及意义

利益集团和教育政策之间存在着一种微妙的关系，在教育领域中，这种微妙关系表现出来的现象是利益集团可以影响教育政策制定、执行、评估、监控和终结等政策运行的全程。反过来，教育政策影响利益团体的表象是在既定教育政策环境下，教育政策对利益团体的影响是将有限教育资源在不同利益群体中进行“不公平”的分配，这样分配对利益团体有很大的影响，甚至是决定性影响。这种在利益集团和教育政策两者之间相互影响其本质是一种辩证关系，由此在研究时必须从教育政策的价值和功能、利益集团和教育政策以及社会和谐与教育和谐三个层面进行探讨。

（一）教育政策的价值与功能

教育政策是做什么用的呢?

教育政策是工具吗?

……

要想深入理解教育政策必定无法逾越这样的问题的回答，能有这样的疑问也是对教育政策有了一定的感性认识。对于上述两个问题的简单回答就可以使我们理解教育政策的价值和功能。首先，对于现代民主社会来说，教育政策在整个社会生活中是不可或缺的。尽管从不同的政治哲学流派出发，人们会得出不同的甚至是冲突的结论。本质上，任何运动形式的区别是其矛盾的特殊性，这种特殊的矛盾就是区别其他事物的本质，所以说到底，教育政策是对教育领域内部的利益进行的权威性价值分配。进言之，一项教育政策的本质在于通过该项政策不让一部分人享有某些东西而允许另一部分人占有它们。这样就可以理解为一项教育政策是一系列分配价值的决定和行动。其次，教育政策并非产生于真空环境之下，必定受到组织、机构、利益集团的规制，甚至会受到社会制度和文化的影响。这种影响是一种微妙的影响，其表象是在争吵中、你争我夺或不断博弈的政治过程中产生。最后，教育政策一经确定就具有其合法性，随即产生管制功能、引导功能、调控功能和分配功能，通过上述的功能完成国家或者政党对整个教育的形塑作用。因此，教育政策发挥着举足轻重的作用，促进了教育子系统的良性运行，而教育子系统的良性运行是构成社会和谐的基础。

（二）利益集团对教育政策的影响

在理论分析和论证过程中的教育政策是一种状态，那么在实践过程中教育政策是怎样的一番景象呢？欧美发达资本主义国家尤其是美、英两国政治发展过程是稳定的，虽然偶有“政治丑闻”与“经济腐败”事件曝出，但是美、英两国的民主型政治制度、政治环境和政治文化的特质决定了其政治生活的基本样式。从总体上看，其政治制度经过较长时间的磨合，政治生活渐趋平稳。在美国和英国的教育领域里，教育改革和发展虽具有各自的不同特点，但同时也具有一个明显的共同特征，即教育利益团体的存在。这些教育利益团体经常从各自角度出发维护其利益，利益团体庞杂而高度组织化，对教育政策运行产生一定的影响。

1. 利益集团对美国教育政策的影响是其政治文化特质之一

美国是一个拥有高度发达的市场经济、多元文化和公民热衷于组织团体的社会。一般而言，当美国人发现他们有某种需要亟须满足时，他们可能先以个人行动谋求解决，但他们发现以个人之力无法满足需要时，往往会毫不犹豫地集合具有相同利益的人，形成有组织的利益团体，以集体力量来共同对政治系统施压。如此一来，集团利益成为积聚众人之力，影响公共政策的原动力之一。

教师组织对教育政策的制定和实施有较大影响力，是美国教育政策活动的特征之一。美国教育是采用分权和分散管理的方式，正如著名的英国比较教育学家埃德蒙·金（Edmund King）在其著作《别国的学校和我们的学校——今日比较教育》中所说的那样：与别国相比，美国的“国家”较弱，而“社会”（包括社区、永久性的组织和特别组织）较强。教育——美国独一无二的最大公共事业——很容易受到“社会”和构成它的各种团体和个人的集中影响。[①] 因此，这样的政治、文化环境为组织形成提供了先决条件，美国教育领域的教师组织恰好就是永久性的组织。美国教师组织所关注的问题包括幼儿教育、初等和中等教育、高等教育、课程改革、教学、教师教育、教育管理和远程教育等领域的方方面面。

从某种角度来说，在美国教育政策的制定和实施过程中，许多重大进步都离不开教师组织的大力倡导和推动，并成为当时颇受人尊敬的教师专业协会。

由于美国的联邦教育管理机构——联邦教育部只是一个收集、处理和分发信息和情报的机构，对美国教育事业缺乏统筹管理能力。此时的教师组织（主要是指全美教育协会，National Education Association of the United States，NEA）自动承担了许多原本属于联邦教育部职责范围内的事务，该组织的许多行为与措施在很大程度上弥补了联邦教育部在功能上的一些不足和缺失。20 世纪中期以后，主要是因为发展的原因，全美教育协会（NEA）改变传统的专业协会宗旨，蜕变成为一个在美国政坛颇具影响力的教师工会。NEA 的性质变化增强了教师工会力量，客观上加强了教师工会对教育政策制定与实施的影响力。美国教师联盟（The American Federation of Teachers，AFT）是一个工会性质的组织，成立后不久就加入了美国劳工联合会—产业工会联合会（the American Federation of Labor，AFL－CIO）。20 世纪 60 年代以前，美国教师联盟（AFT）还没有能力组织全国教师开展活动，但是，在与全美教育协会（NEA）的竞争中获得了重大胜利后，美国教师联盟（AFT）在对城市中心地区的各种教育政策的制定与实施中发挥了很大的影响作用。美国两大教师组织有各自的成立宗旨、组织架构与目标、管理机构与人员、会员福利以及教师职业道德准则等。

2. 利益集团对英国教育政策产生一定影响力

利益集团及其理论最早产生于美国，并得到广泛发展。与美国比较而言，英国的政治制度、教育行政体制与历史文化传统等有较大区别，上述提及的方面，意味着英国的教师组织和美国的教师组织既有相同之处，也有其不同特点。英国教育领域中存在许多教师组织，如全国教师联合会

---

① ［英］埃德蒙·金：《别国的学校和我们的学校——今日比较教育》，王承绪等译，人民教育出版社 2001 年版，第 108 页。

(National Union of Teachers, NUT)、全国男女教师协 会（National Association of Schoolmasters Union of Woman Teachers, NASUWT)、教师与讲师协会(Association of Teachers and Lecturers, ATL)、教师专业协会（The Professional Association of Teachers, PAT）以及全国校长协会（National Association of Head Teachers, NAHT）等，也有诸如以保持及保证高专业品质的教学水准为宗旨的英格兰教学总会（General Teaching Council for England, GTC)。上述的教师组织因其成立目标、宗旨和成员的不同，对不同政策有不同关注。但是教师组织也有其共性之处，比如团结教师的力量、调解教师与雇主之间的关系、保护和提升教师的权益、吸引和鼓励教师追求自身业务发展和改善教学环境等。

在众多英国的教师组织中，全国教师联合会（NUT）是英国也是欧洲规模最大的教师组织，其前身是1870年成立的全国小学教师联合会，初衷是维护英国小学教师的自身权益。在1889年为了加强教师群体的团结，吸纳中学教师加入组织，协会更名为全国教师联合会（NUT)，联合会的许多政策实际上代表了英国教学专业的政策。英国全国教师联合会（NUT）有组织目标、管理机构与人员、会员福利以及教师职业道德准则等，还制定了影响政府政策制定与实施的策略与方法等构成的教育社会团体。全国教师联合会（NUT）在教育单轨制、延长义务教育年限和教师退休金等政策过程中发挥关键作用。英国全国教师联合会在1970年正式加入工会联盟(Trades Union Congress, TUC)，成为其附属协会之一，以此借助工会联盟的力量，增强自身对教育政策运行的影响力。由于世界性的经济危机、第一次世界大战以及经济萧条和生活水平不断下降等诸多原因以及师资数量供不应求所致，全国教师联合会在其发展初期经常使用强硬手段与政府或地方教育委员会商讨教师工资和教师待遇等问题，当协商无法达成一致时，则常常发起和组织多次罢教活动，这些罢教活动在英格兰和威尔士地区的影响较大。20世纪80年代以来，在英国教学专业面临许多挑战时，其中包括教育预算削减、全国统一课程制度及其实施等政策，全国教师联合会（NUT）联合其他教师组织形成合力对上述政策的制定和实施具有一定影响力。

（三）社会和谐与教育和谐

从系统科学的角度分析，社会和谐是一个全面的、系统的、复合的目标，既包括人与人、人与社会之间的和谐，也包括人与自然之间的和谐；既包括各个阶层之间的和谐，也包括各个社会利益群体、利益集团之间的和谐；既包括政治、经济、文化各个子系统之间的和谐发展，也包括各个子系统内部的和谐发展；既包括中央与地方关系的和谐，也包括各个部门之间的和谐。从非线性科学的角度分析，社会系统是一个由错综复杂的关系构成的庞大系统，这种关系表现在各个子系统、各种过程间的相互作用和联系，以及构成社会状态的各种状态变量的非线性相关上。事物的运动都是有一定方向的，而方向并不是一致的，相互之间必然发生碰撞和冲突，但它们以一定的方式在一个社会系统内共生共存着，也可能在相互作用的过程中彼此联合起来形成耦合力。总之，它们之间既相互牵制又相互影响，最终达成平衡状态，从而保持社会系统的相对稳定和健康发展。由此，教育作为社会系统中的一个子系统，教育和谐与社会和谐休戚相关，社会和谐要求教育和谐，教育和谐是社会和谐的有机组成部分。反之，依据系统科学和非线性科学的基本原理可知，教育系统的不和谐会损害社会和谐，必将导致社会不和谐。因此，在构建教育和谐过程中，教育政策是引领教育和谐的关键，是对教育资源进行有目的的权威性分配，更是保证教育和谐强有力的工具。

（四）意义

利益集团是美、英两国影响公共政策运行的主要因素之一。在教育领域中，两国的教师组织是典型的行业性利益集团，教师组织对两国的教育政策均有影响力。本书以政治科学的利益集团理论为切入点，阐释利益集团的概念、存在基础、类型，分析利益集团与三权的关系及其影响教育政策的策略等。在此理论基础上，研究以美、英两国三个主要教师组织为个案，深入研究其组织架构、财务活动、会员福利和政治行动等，阐释教师组织影响教育政策活动的方式，以及以利益运动为逻辑起点，教师组织怎样影响教育政策的制定和实施，通过政策杠杆的调节作用，实现教育资源和利益的合法性分配，达到实现和维护本集团利益的目的。

利益集团是教育政策制定和实施过程中一个活跃的因素。研究其与教育政策运行的关系问题是教育和谐乃至社会和谐的基础性问题。正确认识和处理利益集团与教育政策的关系是教育和谐乃至社会和谐的关键。改革开放以来，中国的社会经济发展水平得到了极大发展，经济体制和制度也进行了一系列配套改革，但是政治文化体制的改革没有及时跟进，与整个发展存在一定脱节，这种脱节与经济体制的改革在发展过程中无法匹配和协调一致，甚至在一些特殊情况下，产生阻碍教育发展的情况。教育领域作为政治文化的一个有机组成部分，需要进行必要的体制创新和改革才能适应当前形势的发展。因此，研究尝试探究利益集团理论及其对教育政策运行规律之间的逻辑关系，构建利益集团理论与教育政策规律理论，为研究利益集团和教育政策运行的实践奠定理论基础。在剖析美、英两国利益集团在教育政策制定和实施的过程中的合理性和局限性的基础上，研究借鉴其合理的、积极的因素，提出有效规避利益集团对教育政策运行的消极影响，设计符合中国具体实际的教育利益表达机制体制，论证教育利益和谐与社会和谐的内在逻辑关系，为中国教育政策制定与实施创造有利的制度保障，最终达到促进教育政策系统良性运行的目的。上述理论构建、例证研究和前瞻思考对于中国构建教育和谐乃至社会和谐具有重要的理论和实践意义。

二 概念界定

（一）专业协会及其相关概念

专业协会是人类社会的生产、分工与协作发展到一定程度的产物，它要求人们使自我利益服从于专业的改善。专业协会的诞生与“专业”概念的形成和发展有着重大的关系。按照《现代汉语词典》的解释，“专业”就是产业部门中根据产品生产的不同过程而分成的各业务部分。至于“协会”，则是为促进某种共同事业的发展而组成的群众团体。关于专业协会几乎没有一个比较规范和统一的概念。在本书中，专业协会被理解为由那些具有共同教育背景或专业知识的、从事类似工作的个体所组成的组织。几乎所有的专业协会都具备以下几个重要特征：为组织成员提供信息和服务；推动高标准的专业自律；向社会、公众和各级政府机构宣传本专业及会员的情况。不过，不同性质的专业协会通常会根据专业的特殊性制定相关的专业技术规范。

在本书中，全美教育协会（NEA）的初始形象为专业协会，而美国教师联盟（AFT）作为教师工会，同时也是在很大程度上倡导教学专业化的教师组织。英国全国教师联合会[①]（NUT）在成立之初，是反对教会对学校的控制和影响，维护教师权益，发表了9项专业组织宗旨，并定位于专业取向的组织。

本书认为最能体现全美教育协会（NEA）、美国教师联盟（AFT）和英国全国教师联合会（NUT）等为代表的组织作为专业协会的特征有两点：其一，从人员的组成来看，三个教师组织均是由教育工作者——主要包括中小学任课教师、教辅人员、教育管理人员、高等学校教师以及科学和卫生等领域的专业人士等所组成的专业协会；其二，从协会的目标来看，三个教师组织都是分别将推进美、英两国公共教育发展、提升教学的专业化水平视为首要目标或者是借助维护教师合法权益，提升教师专业精神为宗旨的组织。总体来说，当时的全美教育协会（NEA）是一个由教育工作者所组成的，以推进美国公共教育的发展、提升教学的专业水平为宗旨的专业协会；而美国教师联盟（AFT）成立后不久就加入了劳联—产联，成为一个教师工会组织。英国全国教师联合会（NUT）是反对神权对教育的干涉、提高教师专业性以及维护教师权益的专业组织。尽管美国教师联盟（AFT）是借助维护教师合法权益，提升教师专业精神为宗旨的组织，但最终也具有了专业协会的本质特性。

（二）教师工会及其相关概念

按照《现代汉语词典》的解释，“工会”是指职工自愿结合的工人阶级的群众组织，是在无产阶级和资产阶级的斗争过程中产生和发展起来的。工人阶级同资产阶级的利益是对立的，工人们在反抗资本家压迫和剥削的斗争中，认识到必须团结起来、联合起来，才能适应同资产阶级斗争的需要，才能维护自身的利益，取得斗争的胜利，因而，工会是根据工人阶级斗争的需要而产生的。

工会最早出现于18世纪中叶的英国，以后在其他国家相继建立，并大多争得了合法地位，成为世界性的普遍社会现象。按其成立的组织原则，工会一般可分为产业工会和职业工会。在资本主义国家早期，工会大多为职业工会，凡从事同一职业的熟练工人，都组织在同一职业工会内；一个

---

① 全国教师联合会的前身是英国小学教师联合会，由于在1889年吸纳了中等教师，而更名为英国全国教师联合会。

企业内的工人，由于职业的不同而分属于不同的职业工会。这种组织分散了同一企业内工人的团结和统一，不利于工人阶级的斗争。随着工人运动的发展，按产业原则组织工会逐渐为工人所接受，越来越多的工人群众按产业系统组织起来，凡在同一企业内的工人都参加同一产业工会，有利于工人阶级的团结和统一，增强了工会的战斗力。在资本主义国家中，工会有的由马克思主义者领导，有的由进步人士领导，也有的由改良主义者领导或控制，除少数由资本家操纵的黄色工会[①]外，绝大多数工会都能以各种方式，不同程度地代表和维护工人群众的利益。它们通过内部协调、互相帮助，解决工人内部的竞争，以集体谈判、罢工等形式同资本家对抗，争取和维护工人的利益，改善工人的工作、生活条件，并在国家政治生活中发挥作用，争得工人群众的社会政治利益。20世纪上半期，美国开始形成由政府雇员所组成的工会性质的组织。教师工会（主要是指由公立学校教师组成的工会组织）即是其中的一种。

教师工会是一种由教师和教育工作者所组成的工会性质的组织，它打破了教育系统中传统的教师与教育管理者之间所建立的利益共享关系，造成了二者的对立。教师组成工会性质的组织，或者说，教师加入工会的主要目的是借助工会的力量来维护自己的权益。因此，教师工会的首要任务不是发展教育和教学专业，而是改变教师在社会系统中的地位和生活状况。

全美教育协会（NEA）是一种具有工会性质的组织，其特征主要有以下几点：第一，20世纪中期以后，该协会改变了作为单一的专业协会的特征，即以推进美国公共教育发展、提升教学专业为首要任务的做法，开始主动追寻教师福利的提高，并将其视为首要任务，至于推进美国公共教育发展、提升教学专业的目的则退居次要地位。第二，在全美教育协会（NEA）内部，教师与教育管理人员之间的平等关系开始被打破，教师与教育管理者之间逐渐产生了对立情绪。第三，该协会开始效仿劳动工会的许多做法，如开展集体谈判、同意罢教以及向非会员收取代理费等。第四，它仿效其他劳动工会建立了专门的政治行动机构——政治行动委员

---

① 泛指在一些企业中，工人受到的欺辱丝毫得不到工会的同情和帮助，此种工会都是马克思定义的黄色工会。

会。全美教育协会（NEA）的政治行动委员会在各州都有分支机构。通过政治行动委员会的工作，协会开始大规模地向其认同的候选人缴纳政治献金，并积极投入美国国会和总统大选，为自己谋取利益，利益集团的本质特征日益彰显。

尽管英国全国教师联合会（NUT）在成立时是声称提升专业水准的口号，但是教师工资较低也迫使联合会实行工会性质的策略进行活动。英国的学校董事会曾经漠视教育成效，压低教师工资，通过雇用工资较低的没有教师资质的教师任教，危及教师专业地位，影响教师专业性。对此，英国全国教师联合会（NUT）曾经采取工会的策略。

全国教师联合会（NUT）1891 年的年会首次决议支持任何教师拒绝从事教学以外的额外事务，1893 年更通过使用直接行动（directive action）以达成提高工资标准的目标，并决议设立一个特别基金，以支持参与这类行动的任何成员。1896 年发生于朴次茅斯（Portsmouth）的离职策略的成功运用，使全国教师联合会获得全国性知名度，并且进一步导致 1907 年发生于西汉姆（West Ham）的罢课行动，并达成提高工资标准的诉求。类似行动在 1913 年于赫里福德（Hereford）再度引发，从 1914 年 1 月 1 日起超过 200 位该地区教师辞职，超过 60 所学校因而关闭达近一个月，之后当地政府迫于教育内阁大臣的压力，接受全国教师联合会的要求设立薪资等级制。上述的几个例子足以说明，英国全国教师联合会（NUT）在行动上是一个具有工会性质的组织。

由上述特征可知，从 20 世纪中期至今，全美教育协会（NEA）逐渐将工会利益置于教育目标之上，成为一个不折不扣的教师工会；而美国教师联盟（AFT）成立之初就是一个教师工会。英国全国教师联合会则是常常使用工会性质的策略来达到提升专业水准和教师权益的工会性质的教师组织。

（三）教师组织及其相关概念

组织，一般有两种含义，一种是动词，就是有目的、有系统集合起来，如组织群众，这种组织是管理的一种职能；另一种是名词，指按照一定的宗旨和目标建立起来的集体，如工厂、机关、学校、医院、各级政府部门、各个层次的经济实体、各个党派和政治团体等，这些都是组织。

从名词上说的组织可以按广义和狭义划分。从广义上说，组织是指由诸多要素按照一定方式相互联系起来的系统。系统论、控制论、信息论、耗散结构论和协同论等，都是从不同的侧面研究有组织的系统。从这个角度来看，组织和系统是同等程度的概念。在这个定义中包含有生物学中有机体的组织，在西方，组织一词的原意即源于器官，因为器官是自成系统的，如皮下组织、肌肉组织等出自细胞组成的活组织；动物的群体组织，如一个蜂群就是一个以蜂王为核心、秩序井然、纪律严明的群体；还有人的组织等。从狭义上说，组织就是指人们为了实现一定的目标，互相协作结合而成的集体或团体，如党团组织、工会组织、企业、军事组织等。狭义的组织专门指人群而言，运用于社会管理之中。在现代社会生活中，人们已普遍认识到组织是人们按照一定的目的、任务和形式编制起来的社会集团，组织不仅是社会的细胞、社会的基本单元，而且可以说是社会的基础。在本书中的组织是指狭义的组织。

全美教育协会（NEA）从其发展历程分析，起先是一个单纯的专业性组织，由于组织生存、历史背景、会员要求、组织宗旨等一系列原因导致其具有一定工会性质，但也是一个十足的教师组织，对美国教育政策的制定和实施有较强的影响力，凡此种种，以教师组织作为涵盖工会性质的教师团体、非工会性质的教师团体则更加周延。

教师组织是一种因职业相近、定有入会的标准及组织规范和章程，目的是联合学校系统及有关教育人员的关系，并协助成员争取福利及提高专业水准而形成的专业性协会。教师组织依其性质可以分成：第一，专业取向的教师组织，如英国全国校长协会，以成员专业水准的提升与维护为主要目标，并且强调对学生的服务品质。第二，工会取向的教师组织，如美国教师联盟，以争取成员的权益与福利、改善工作条件为主要目标，通常会采取较为激进的方式来达成其目标。第三，兼具专业及工会取向的教师组织，如美国全美教育协会（NEA）和英国全国教师联合会（NUT）等，兼具专业取向与工会取向，通常会以较温和的方式来争取成员的福利，提升成员的专业水准。上述教师组织的特征并非一成不变，有时某个教师组织同时兼具两个或两个以上的特征。因此，教师组织的功能主要有：维护教师专业水准、维护教师尊严、进行教育研究发展、增进教师福利与代表教师进行集体协商和影响教育政策及其实施等。

三　国内外研究状况

在政治学的基本理论研究中，利益集团方面的研究成果比较多，然而多数都是以利益集团的基本含义、特征、影响方法等方面的研究。在政策科学的研究方面，很多教材中都指出利益集团是影响政策制定和实施的一个影响因素，但是缺乏利益集团是怎样影响政策制定和实施的全面系统的分析与探究，也没有从利益集团视角对美英两国主要教师组织的职能演变、基本构架、运作方式等深入解读其在教育政策活动中所扮演的角色。在国内利益集团对教育政策影响的研究自本研究进行之时比较薄弱，后逐步有一定数量的研究问世。在本研究启动之时，国内关于利益集团对公共政策的影响研究基本是散见于一些学术论文，而系统的、深入的研究还不多见。国外在讨论利益集团对公共政策影响的研究已早于中国几十年，关于利益集团对教育政策的研究也有比较丰富的成果，下面将一些有代表性的文献资料进行分析。

（一）国内研究现状

国内关于利益集团对教育政策影响的研究，有代表性的研究有：国内学者从利益集团的角度分析和研究教育政策制定和实施问题起步比较晚，研究成果比较少，而且在开始的分析中只是提及有利益集团这样的影响因素，比如袁振国，从影响教育政策制定过程的宏观因素的角度进行了分析，认为教育政策的制定是一种政治行为。任何一个国家教育政策的制定都不是一个自然、自动的过程，而是一个人为的、有选择的过程。而不同的教育政策方案往往决定着教育资源在社会中不同的分布情况，决定着社会中教育机会和权利的不同分配。从根本上说，一个社会教育资源的数量由其经济决定，经济落后，社会能提供的教育资源有限。但是，教育资源的分配方式则由政治决定，政治规定了不同阶级、社会集团及其成员在占有教育资源中的机会、权利的差异。

1. 认为利益集团对教育政策运行有影响的研究，此类研究并非以此为主要研究问题，也从理论构建的角度讨论，需要提及该问题的研究且多数为基本理论研究

钟启泉在《教育政治学的新方向：教育政策分析》中认为，教师组织教育工会力图通过团体谈判进一步扩大劳动者的权利，强调现行教育政策

制定过程，尤其是各相关利益团体参与并影响政策制定的可能性。

马健生认为，教育政策与利益集团有密切的关系，并把影响教育政策的利益集团进行分类，其中有学生及其家长、教育者（教师与学校行政管理人员）、知识工业（教育投资者、研究者、考试组织、出版界）和其他利益集团（工商界），以及国家或政府（中央与地方政府部门的教育行政人员）等。

傅林认为，在美国，影响教育政策的利益集团有很多，按照类型可以分为教师协会、种族利益集团、企业集团及基金会、宗教团体和其他组织（课程改革集团、公民顾问集团、鉴定协会与家长和教师学会），结合历史事件详细分析了种族利益集团给司法部门实施强大的压力，达到影响教育政策走向的目的。

周小虎、孙启林在《试析美国教育利益集团对国会立法的影响》一文中，通过对利益集团概念的介绍及其种类的梳理，在总结利益集团影响策略的基础上，重点分析了教育利益集团的影响策略对国会教育立法的影响。通过对教育政策的利益调控的含义及其规律的论述，论文具体分析了利益集团对美国教育政策制定、执行、评估、监控和终结等各个政策环节的影响。该论文构建了利益集团影响教育政策制定和实施的基本理论框架，举例分析了教育政策制定、执行、评估、监控和终结各个环节中利益集团的影响作用，分析利益集团影响教育政策的观点已经十分明确，是一篇立意比较新颖的论文。

周小虎在《和谐社会构建的教育支点——利益集团与教育政策的协调》中认为，建设和谐社会，教育和谐是其有机组成部分。教育政策是实现教育和谐的有效工具，而利益集团对教育政策的运行会产生一定的影响。协调利益集团和教育政策的关系，发挥利益集团的积极作用是实现社会和谐的关键。

2. 从教育工会的角度研究教育政策问题，关注教师组织的历史演变、组织角色，提升专业地位等展开研究，基本思路比较接近

周燕撰写的《美国全国教育协会功能探析》系华东师范大学外国教育史专业 2002 届硕士学位论文。作者重点以全美教育协会（NEA）的功能探讨为主，剖析了全美教育协会产生至今在中等教育和教师教育方面的主要作为，对全美教育协会功能发挥的机制作了分析。作为我国大陆学术界

专门探讨全美教育协会的第一篇论文，该文虽然在全美教育协会的论述方面显得有些粗浅，不系统，但瑕不掩瑜，该文在我国教师组织研究方面的开创性意义是不容忽视和值得认可的。

龚兵在其博士学位论文《从专业协会到教师工会——美国全国教育协会角色转变之研究》中，从教育史学的角度，对全美教育协会（NEA）从创立之初的专业协会定位到教师工会定位的角色转变进行了探讨和研究。该研究以教学专业化和高等教育现代化两个关键事件为主线，对全美教育协会发展的历史进行梳理，并描绘了20世纪中期以后全美教育协会角色转变、角色定型和跻身美国政治舞台影响教育政策运行的轨迹。此外，该研究从教育学、历史学、社会学、政治学等多学科的角度出发，全面地分析了该协会的角色转变，并扭转了教师组织研究领域的缺失和边缘化状态，为我国教师组织和教育类社团的建设提供可资借鉴的经验，是国内全美教育协会（NEA）的研究中比较具有系统性的研究论著。

王艳荣在其硕士学位论文《美国教师组织的初步发展研究》中，对美国教师组织主要是两个全国性的教师组织——全美教育协会（NEA）和美国教师联盟（AFT）进行了研究。论文考察了美国教师组织的历史发展及影响因素，在此基础上探析了美国教师组织的结构、功能、运作方式，然后对美国教师组织近年来遇到的挑战和发展趋向进行了分析和介绍。最后得出结论：美国教师组织结构完整；具有监督和服务功能；在组织运作上有很强的自主性；重视教师权益和专业发展；组织取向趋于融合。论文对美国两大教师组织的基本状况的研究和分析并不系统，但是研究角度值得肯定。

郭朝红撰写的《影响教师政策的中介组织研究》系华东师范大学教育经济与管理专业2004届博士学位论文。该文将全美教育协会（NEA）视为影响美国教师政策的中介组织之一，探讨了协会在教师工资与福利、教师工作条件、教师任用、教师职前培养、教师入职辅导、教师进修、教师评价、教师专业自治与发展、教学标准以及教学实习方面的具体政策，并对世界主要国家的中介组织进行了比较研究。由于涉及的内容较多，使得论文在教育政策制定和实施的指导意义方面有所削弱。

刘安彦在《美国教师组织与教育改革》一文中，在对美国中、小学教师组织进行简要介绍的基础上，认为美国教师组织的罢教活动对教育政策的制定有一定影响作用，并以加州第二大学区圣地亚哥联合学区（仅次于洛杉矶学区）的中、小学教师的罢教活动为个案进行分析，得出结论的核心问题是教师工资政策和学校管理政策。该研究着重从美国两大教师组织使用罢教的手段来影响基础教育改革政策的分析来说明教师组织对教育政策制定有影响作用，但是缺乏教师组织利用诸如教育研究和政治行动等方式影响教育政策制定的分析。

姜添辉在《各国教师组织发展取向与教师专业发展》一文中，在对美国、英国、德国和法国等西方发达国家主要教师组织发展的历史流程简要说明的基础上，提出各国教师组织主要以改善和提高公立教育质量，提升教师的专业地位，并积极影响教育改革政策和教师专业化政策。该论文着重分析了主要发达国家教师组织在教师专业发展过程中发挥的作用，但是没有从分析教师组织维护自身利益的角度进行论证。

郑彩凤、林汉庭在《中小学教师组织工会相关问题之研究》一文中，从组织目标、组织结构、组织形态、组织成员和劳动三权（英、美、日、德、韩等国教师组织都拥有团结权，而集体谈判权与争议权因随国与国或州与州不同而有所差异）等方面，对英国的全国教师联合会（NUT），美国的全美教育协会（NEA）与美国教师联盟（AFT），日本的日本教职员组合（JTU），德国的教育与学术工会（GEW），韩国的韩国教师联盟（KFTA）做简要的比较研究，得出结论认为教师组织具有影响教育决策的功能。该论文分析了英、美、日、德、韩等国家教师工会在维护教师权益方面所具有的功能，但是没有讨论教师组织在维护教学专业化等政策制定过程中的作用和影响。

周小虎、曲正伟在《美国教师组织角色探析》中认为，美国教师组织以专业团体、学术团体、工会团体等身份积极参与到教育改革之中，致力于促进教学专业化、维护教师权益和推动教育现代化等方面工作，对美国教育的整体发展和全面进步发挥了重要作用。

3. 通过对西方国家教师组织的研究，主要分析教师组织影响教育政策活动的情况，并提出对本国教师组织发展提出建议

中国台湾学者马向忠认为，在构建教师组织参与教育政策制定的理论和对相关国家（美国和英国）教师组织参与教育政策制定的情况分析的基

础上，通过调查问卷的形式，研究了台湾地区教师组织参与教育政策制定的情形。该研究实际上是运用政治学思维研究教育学问题，利益集团影响教育政策的研究初露端倪。

2005 年南京师范大学教育学博士后研究人员许建美的开题报告为《英美日教师组织发展研究》，该研究认为，教师组织在国内是一个被忽略的研究课题，而市民社会正在中国孕育的现实日益突出了这一研究课题的重要性。英国和日本教师组织在教育政策形成和教师专业发展中的重要角色与当前我国教师职业生存状态、教师组织功能异化状况，使我们转向了跨文化比较研究和历史研究。这一论题的国内研究多以描述介绍美、英、日等国较有代表性的教师组织的简单发展历程与宗旨为主，没有回答一些更深层的问题。该报告研究的具体对象为英国的全国教师联合会（NUT）与教师专业协会、美国的全美教育协会（NEA）与美国教师联盟（AFT）、日本的日本教职员组合（JTU）与日本教育行政人员联合会，对教师组织这一民主社会普遍存在的社会构成要素进行历史的与比较的研究，着重探讨教师组织宗旨与立场的变化与社会、政治、经济、文化环境变化的关系，教师组织在不同历史发展阶段所持的具体主张，以及教师组织与教育行政管理者、政党、其他教育利益集团、议会与官员的关系，最后分析了中国当前教师团体或组织的现状，提出了中国教师组织改造和建设之路。从开题报告中可以看出，《英美日教师组织发展研究》虽然从教育史学的角度对几个发达国家的教师组织进行了研究，缺少教育政治学等学科的理论支撑；但提出了专业利益集团在教育政策制定和实施过程中具有重要作用，为我国教师组织建设和发展提供了可资借鉴的经验。

程显光在《从各国教师组织来看台湾的教师组织》一文中，通过对英、美、法、德、日等主要国家教师组织现实状况的分析，认为教师组织的功能中包括团结成员的力量，以不同的方式形成压力团体，进行教育决策制衡或影响的作用，提出教师组织的作用是为了避免国家和政府的集权控制。该论文在分析主要发达国家教师组织状况的基础上，认为教师组织应该发挥影响教育政策制定的作用，但是只是从教师劳动三权（团结权、集体谈判权和争议权）角度分析了教师组织对教育政策制定的影响。

卫民在《教师组织类别与功能》一文中，在区别教师组织和工会组织不同的基础上，提出教师组织的类别涉及了专业主义与工会主义的对抗，进而认为，美国教师组织的发展过程中可以见证专业主义与工会主义之间拉锯的现实，但是最近二三十年以来，工会主义主要利用集体谈判的方式争取教师权益。教师认为自己的权益和福利要靠代表自己的团体去争取，这种团体也是压力团体的一种，必要时也需采取激进的手段。该论文主要从教师工会争取教师权益和维护自身利益的角度分析了教师工会的功能，但缺乏教师组织发展教师专业化方面的分析。

郑彩凤在《美国教师工会之发展：兼论对台湾组织教师工会之启示》一文中，以美国两大教师组织全美教育协会和美国教师联盟为例，对教师权益保障、教师专业成长以及教育质量的提高等任务和功能；教师组织在集体谈判权获得后，因将自身利益超越学生、家长与社会，而导致负面评价呼声不断的情况；两大组织的发展趋势，因性质相同合并或伙伴关系的建立；教师组织对社会批判的回应，因此在组织发展方向上的变革等进行探讨，在此基础上提出对台湾地区教师组织工会的几点启示。该论文通过研究美国两大教师工会对教育政策制定的影响，得出建设台湾教师工会的启示，但是忽视了美国的两大教师组织同时还具有专业协会的功能。

杨深坑主编的《各国教师组织与专业权发展》对教师组织做了专章研究，其中主要探讨教师组织和专业权运作的关系，涉及的国家和地区包括英国、美国、法国、德国、日本、俄罗斯以及中国台湾和香港地区。该研究对世界主要国家和个别地区的教师组织与专业权运作关系进行了深入研究，但是并不涉及教师组织对其他教育政策的影响作用。

4. 从教师组织和教育政策关系的逻辑作为切入点，聚焦美英两国教师组织影响教育政策的策略的研究

周小虎在《试析美国教师组织影响教育政策制定的方式——以政治活动为中心》一文中，认为美国教师组织是具有专业性组织和教师工会的双重功能的社会组织。教师组织可以通过组织间合作、从事教育研究、政策回应和政治活动等方式对教育政策的制定施加影响。论文着重对美国教师组织的政治活动对教育政策的影响进行分析。作为既定利益的代言人，教师组织为了教师群体的利益，经常通过政治行为对政府的相关政策产生影响，其政治活动的一般方式有五种，即集体谈判、政治结盟、罢教、支持或参加选举活动和司法行动等，是一篇详细研究美国教师组织即美国教育利益集团在教育政策的制定和实施过程中如何发挥现实作用的论文。

张蕊、周小虎在《英国教师组织及其影响教育政策制定的策略》中指出，英国教育领域中存在许多教师组织，全国教师联合会、全国男女教师协会、教师与讲师协会、教师专业协会以及全国校长协会等是主要的教师组织。在长期的历史发展过程中，教师组织经常运用主张、联盟、集体谈判、政治活动和罢教等策略影响教育政策的制定和实施，对英国的教育改革和发展产生了一定影响。

周小虎、孙启林在《冲突？和谐？——美英两国教师组织对教育政策影响的比较》中认为，美英两国教师组织对教育政策活动产生一定的影响是两国教育政策过程中的一个共同特点，文章通过比较两国教师组织影响教育政策活动的能力、价值取向、运行过程，分析了两国教育政策运行的本质特点。

（二）国外研究现状

国外有关利益集团对教育政策影响的研究内容丰富，研究的时间跨度较大，并不断有成果问世，持续地跟踪研究，整个问题的研究具备较好的系统性和厚重性。具有代表性的有：国外学者关于利益集团的研究不论在政治学理论方面，还是在公共政策方面都是成果颇丰，利益集团对教育政策的影响方面的研究深入、系统。

美国学者米伦·利伯曼等（Myron Lieberman）在《全国教育协会和美国教师联盟：两个处于权力和政治竞争中的教师工会》（"The NEA and AFT Teacher Unions In Power and Politics"）一文中，试图揭示美国教师工会——特别是全美教育协会和美国教师联盟的结构、运作和影响。按照他们的预测，两大教师工会的合并将在20世纪90年代末得以实现。即使二者的合并暂时没有实现，教师工会的出现对于美国的教育、劳工运动、经济和政治等各方面都有巨大的影响，而且这种影响经常遭到人们的轻视。在内容的安排上，作者对两个组织的结构、收支、政治活动以及两者的合并等分别做了介绍。两个组织基于自身发展的需要，开展了为期几十年的竞争，但由于社会形势的变化和自身发展等原因，它们又携手言和，谋求合并。其中的主导因素就是权力和政治利益的驱使。当两者日渐激烈的竞争给各自的发展造成了不同程度的损害时，合并是它们在利益一致的驱动下谋求更好发展的最佳选择。事实上，两个组织的差异在很多方面都只是表面性和暂时性的。目前，二者的合并也是为了两个组织联手谋求权力和政治利益的需要。该研究对美国两个最大教师组织的产生、发展和变化进行了研究和比较，同时涉及二者收支、结构、政治行动以及合并，由于所谈及的内容较多，因此也在客观上呈现大量的事实和数据，是一份资料翔实的研究文献。

比如费尔克拉夫（A. Fairchough）的《教学平等》（*Teaching Equality*），集中展示了黑人教师在民权运动中的种种表现。厄本的《性别、种族与全国教师协会》（*Gender*，*Race*，*and the National Education Association*）反映了从20世纪初到80年代全美教育协会（NEA）的活动，其中在第五章列举了全美教育协会（NEA）在60年代的种种活动。多内托（Ruben Donato）的《为平等的学校而进行的另一场斗争：民权时代的墨裔美国人》（*The Other Struggle for Equal Schools*：*Mexican Americans during the Civil Rights Era*），叙述了墨裔美国人在民权时代为废除学校教育中的种族歧视制度而进行的各种努力和斗争。

斯布瑞（Spring）的《利益冲突——美国的教育政治》（*Conflict of Interest*：*The Politics of American Education*），从批判的视角理解美国社会和政治力量塑造教育政治。该研究描述和分析了怎样为美国学校制定政策及其对我们的生活和思考的影响。作者认为教育政治是由政治家、私人基金会与思想库、教师工会、特殊利益集团、教育政治家、学校管理者、教育董事会、法院以及知识界等复杂的相互关系所驱动。书中呈现了许多当前教育政策冲突的例子。作者把这些冲突与经济、文化、多元文化主义、语言、宗教和平等联系起来。他还讨论了教科书出版、标准化考试、司法制度的政治用途以及政府各个层面的教育政治等。该书可以为我们了解和研究美国教育领域中的政治现象和活动，以及教育政策活动的复杂性提供一个系统化全景，也为研究美国教育政治和教育政策问题提供切入点。

汤姆·莱伍利斯（Tom Loveless）主编的《冲突的使命？——教师工会和教育改革》一书主要探讨教师工会和教育改革的关系。哈佛大学的教育政策和管理项目在1998年9月25—26日邀请了大约80位学者举办一个为期2天的论坛，以讨论教师工会和教育改革的关系。作者将此次论坛上与会者的讨论稿进行了整理，并出版了这本书。在这本论文集中，学者们从不同的视角分析了教师工会和教育改革的关系。他们想知道，教师工会是否影响了教育产出，尤其是在学生的学习成绩方面是否有影响。他们分析了教师组织作为不同的组织有不同的角色，比如，在作为一个专业组织时关注教学工作；在作为一个社会公共机构时维护教育系统的利益；在作为一个政治参与者时对立法和选举施加影响。从整体上看，各种观点并没有给读者一个简单的答案，即教师工会对教育改革有益还是有害，但是这些观点从多个维度说明了教师工会在美国教育中的作用以及所起到良好的平衡作用，综合分析了教师工会与教育改革的争议性的关系。这个文集的研究对象并非仅仅限于全美教育协会一个教师组织。但是在对教师工会的整体形象和行为进行研究时，其中涉及教师工会的诸多策略，如集体谈判等与学校改革的关系，以及教师工会与择校计划、教育研究和教师专业化等问题的关系。因为是论文集所以其系统性有些欠缺，不过该书涉及美国教师组织的多个维度，每个维度包含的主题都能够使人们对教师组织的功能做深入的思考。

巴特勒（Gregory S. Butler）和史莱克（James D. Slack）著的《美国教育政策利益集团：机构简介》（*U. S. Educational Policy Interest Groups：Institutional Profile*）是一本介绍美国 182 个与教育有联系的组织，总体上说这些组织与教育政策的制定和实施有一定关系。这些组织在教育社团中居于领导地位，它们的最终任务是提供观点，反映诉求，维护多样化和复杂化的学生、家长、教师、管理者和机构选区的利益。这个研究为我们深入研究美国教育利益集团政治提供了组织保障，从另一方面也说明了集团政治在美国教育领域是有广泛基础的。

彼得·布迈瑞米洛（Peter Mrimelow）在《苹果中的虫子——教师组织如何损害美国教育》（*The Worm in the Apple：How the Teacher Unions are Destroying American Education*）中认为，全美教育协会（NEA）是一个拥有 270 万会员和每年 12. 5 亿美元会费收入的全国性教育协会；在很长的一个时期里，协会是一个关注教学标准、专业规范和教育技术等问题的专业协会而不是代表其会员与学校进行集体谈判的工会组织，但是，协会的会员中包括很多学校管理者，意味着这些会员倾向于将教育资源花费在学校的书籍和学校基础设施的建设上，而不是一心一意地集中财力和人力提高教师的工作水平和福利待遇上。20 世纪 60 年代，美国教师联盟（AFT）迅速发展壮大，全美教育协会（NEA）为了与美国教师联盟（AFT）争夺教师会员，也发出支持教师进行集体谈判的信号，这使得全美教育协会

(NEA）内的教育管理者会员大量流失，致使协会蜕变成一个教师工会。美国教师联盟（AFT）是一个拥有130万会员的隶属于劳联—产联的工会性组织，是全国最大的教师工会组织。这两个最大的教师工会组织的工会化已经对教育政策的制定和实施与教育改革产生许多阻力。在该研究中，作者列举了大量反面事例来说明和分析教师组织对美国教育的破坏性影响，但是仅仅有批判似乎是不够的，我们还应该从更广阔的视角来认识教师组织的产生、变化及其在美国教育的长期发展过程中所发挥的积极作用。

克里斯汀·梅特兰（Christine Maitland）和雷切尔·汉德克森（Rachel Hendrickson）在《教师工会和高等教育：政策影响的视角》（“Teacher Uions and High Education：A Policy Impact Prespective”）一文中，认为教师工会一经建立就对高等教育政策产生重要影响，并分别从全国层面和学校层面进行分析。作者更多地关注教师组织作为专业协会的影响力，而在作为教师工会的影响力方面的分析并不多。

罗纳德·D. 汉德森（Ronald D. Henderson）等在《教师工会和教育政策——削弱或者改良》（*Teacher Unions and Education Policy：Retrenchment or Reform*）中指出，在谈判过程中，教师工会和教育质量的关系是相互矛盾的。这表现在两个方面，教师工会使用其财力和人力维护自身的权益并且阻止和干扰旨在提升教育质量的努力；而资方试图削弱教师工会在教育体制中影响教育政策的能力，改良提高教育质量的政策环境。作者建议要通过教师绩效工资和引入教育竞争机制的方式达到提高教育质量的目的，但是这样忽略了教师工会在上述两个方面的影响作用。

R. D. 寇茨（R. D. Coates）在《教师工会和利益集团政治——英格兰和威尔士有组织的教师行为研究》（*Teachers' Unions and Interest Group Politics：A Study in the Behaviour of Organised Teachers in England and Wales*）一书中指出，从传统上看，英国教师组织依靠一套有限的与固定不变的战略和策略形成政府的政策，并用两个案例分析了教师组织的实力和固有弱点。然而对于当前的教师政治来说，所有的这些并不是一成不变的，自从1947年特别是20世纪60年代以来，有组织的教师谈判与后来采用的战略和策略的谈判相比较而言，两者之间的权力关系发生了很大改变，从这个程度上说，教师组织改变了他们的行为方式。该书还讨论了权力变化的背景；描述和评价了教师组织寻求专业自治、战斗性、为教育发展的联盟以及与有组织的工会联合等。寇茨的论著是研究英国教师组织影响教育政策的重要文献资料。

四　研究目标和内容安排

（一）研究目标

本书由三个部分构成。第一部分是利益集团理论与教育政策规律，这部分的研究目标是以利益集团理论为切入点，在阐释利益集团的存在基础和种类，并探讨利益集团影响策略的基础上，构建利益集团对教育政策影响的理论。第二部分是美国和英国利益集团对教育政策的影响，这部分是在分析美、英两国主要的教师组织的组织架构和政治活动的基础上，研究教师组织影响美英两国教育政策的策略、具体政策和案例等。第三部分是构建社会和谐的教育支点，这部分是基于利益集团和教育政策的协调运行的基础上进行探讨。研究首先通过比较分析美、英两国教师组织影响教育的异同点，考察教师组织在政策活动中所发挥的积极因素和局限性。其次，分析教育利益和谐和社会和谐的逻辑关系，构建符合中国具体实际的教育利益表达体制，为中国教育政策制定与实施创造有利的制度保障。最后，设计教育政策系统良性运行的机理，完成促进教育利益协调，建设教育和谐的目的。

（二）研究内容

本书包括绪论、利益集团理论与教育政策规律、美国和英国利益集团对教育政策的影响以及构建社会和谐的教育支点四个部分。

在绪论部分，第一，讨论了利益集团对教育政策影响的选题缘由及其意义，提出教育政策的价值和功能、美国和英国利益集团对教育政策的影响、社会和谐的教育和谐这三个方面是思考、分析利益集团和教育政策关系的逻辑起点，其相互联系促成了研究问题的确立。第二，讨论了国内外研究现状。国内的文献既包括大陆学者的专著、论文和学位论文等，也包括台湾学者的论文和学位论文等；国外的文献主要集中在美国和英国学者的专著和学术论文。此外，文献法、历史比较法和案例研究是本课题研究的主要方法。第三，对本书中的专业协会、教师工会和教师组织等基本概念进行了界定，并介绍了研究的内容和目标等。

第一部分研究构建了利益集团理论、阐释利益集团对教育政策的影响两个方面的内容。其中，利益集团理论包括利益集团的概念、存在基础、类型、利益集团与三权的关系和利益集团的使用策略等；利益集团对教育政策影响包括教育政策的本质、教育政策的利益调控规律和利益集团对教育政策过程的影响等。

第二部分研究首先分析了美国和英国教师组织的状况。其中，在对美国教师组织基本状况的分析与介绍中，主要介绍和分析了美国两个最大的教师组织，全美教育协会（NEA）和美国教师联盟（AFT）的组织架构和政治活动。在对英国的教师组织的分析中，研究介绍了几个代表性的教师组织，着重分析了英国的全国教师联合会（NUT）的组织架构和政治活动。其次，研究探讨了美国和英国教师组织对教育政策的影响。研究主要关注美国教师组织影响教育政策的策略问题，提出影响教育政策的策略有集体谈判、政治联盟、罢教、支持或者参与竞选活动以及采取司法行动等。英国教师组织则主要采取主张、联盟、集体谈判和政治活动等方式影响教育政策的制定和实施。

第三部分研究从教师组织与教育政策的协调视角切入，首先比较分析了美国和英国教师组织影响教育政策的异同点，以此借鉴利益集团影响教育政策的积极作用。其次，研究探讨了教育和谐与社会和谐的内在逻辑关系，一是分析社会和谐与教育和谐的辩证关系；二是分析教育利益分化的现状，包括教育利益主体多元化、教育利益诉求多元性、教育利益体制结构化、教育利益关系复杂化等；三是分析集团利益协调是社会和谐的关键，包括集团利益表达有利于教育政策运行和教育政策良性运行有利于社会和谐。再次，研究讨论了中国教育专业组织参与教育政策制定过程中存在的问题及其建议，建议发展教育专业性组织，赋予相应的职责，以此提供教育和谐的环境和组织保障。最后，在中国教师联合会与教育政策运行的协调的研究中，提出组建中国教师联合会（The teachers Association of China，TAC），研究认为联合会的成立及其发挥的作用是促进教育和谐的关键。这部分研究，包含了以下内容：一是分析当前我国教育工会存在的问题，包括教育工会的组织依附性、教育工会的职责不突出、教育工会职能窄化和错位、教育工会缺乏法律支持以及教师法律意识淡薄和教育工会忽视理论研究等；二是建议组建中国教师联合会（TAC），包括中国教师联合会（TAC）产生的社会背景和中国教师联合会（TAC）的基本设想等；三是建议引进符合我国教育实际的教师集体协商制度，包括构建教师集体协商的准备条件和建立教师集体协商制度等；四是促进教育政策的良性运行，包括我国教育政策运行的现状分析和中国教师联合会（TAC）优化教育政策运行的作用。

五　研究方法

第一，文献法。广泛查阅国内外文献资料，充分了解已有的与利益集团相关的基本理论，掌握国内外利益集团活动的最新前沿动态，通过理论分析构建利益集团理论。

第二，历史法和比较法。在对英、美两国历史上利益集团影响教育政策的案例进行梳理和分析的基础上，利用比较的方法找出两国利益集团影响教育政策模式的异同点。

第三，案例法。在对美国和英国教师组织的研究中，选取了大量典型案例。这些案例分布在利益集团对教育政策影响的方式、教师组织进行教育研究、对具体教育政策运行全过程的影响力等方面，使抽象理论更容易理解。

第一篇

利益集团理论与教育政策规律

利益拥有使人们团结和紧紧凝聚在一起的力量。

——［意］乔万尼·波特若[①]

① 乔万尼·波特若（Giovanni Botero），16世纪意大利政治哲学家，著有《论城市伟大至尊之因由》《国家理由论》《论宇宙》（第一部分）等。

第一章　利益集团理论

在西方发达国家的政治生活里，利益集团的发达不仅表现为数量巨大，而且种类繁多。在对美国和英国利益集团进行研究时发现，虽然两国政治制度、政治文化传统有较大差别，但是在各自的领域均存在大量利益集团，且利益集团对政府的法令与政策的制定和实施有不同的影响。

在美国，利益集团无处不在，无处不有，利益集团是代表不同利益的社会组织，它们在美国的政治、经济、外交和教育等社会生活中发挥着重要作用。美国的政治从某种角度说是利益集团的政治，这样一种定性并不为过，因为各项政治决定和政策的制定和实施，取决于因涉及的问题不同而采用不同的程序，取决于处理这些问题的具体情况，也取决于其他诸多制度因素和人的因素。但是，我们可以区分出三个互相交错的主要方面，即政府机构、政党制度和有利害关系的集团，这三者的协调产生对各种问题的最终解决办法——法令和政策。当然，大多数的决定在某种程度上会涉及所有这三种结构，但是我们已经看到，就制定政策而言，处于国会和总统制之外的政党机构力量较弱，这就造成一个真空，需要由利益集团的复杂结构来填补，但是根据利益集团特性可知，利益集团是不以谋求政权为目的的组织。这种把选择领导人的职能同制定政策和影响政策的职能相对地分开的做法，赋予美国政治体系以一种特殊的风格和复杂性。只有当我们考察了众议员和参议员的行为以及他们同总统及其政府的关系时，这种特殊的风格和复杂性才会充分地显示出来。政党政治和利益集团政治纵横交错，相互融合在一起，产生了一种不断变化的立法和行政机构进行工作的格局。作为整个社会大系统中的教育子系统也不例外，教育活动和政策制定被裹进政策活动之中，参与在立法和行政工作的循环中，因此，美国教育系统顺理成章地具有了上述特点。这个领域中的利益集团的活动也是异常活跃的，并且种类较多，其中既包括非教育类的利益集团也包括教育类的利益集团，这些集团在教育领域中都存在自己的权益，它们在争夺有限的教育资源的过程中，八仙过海，各显神通，影响教育政策制定与实施的方向。教育系统中存在的各类集团影响教育政策的制定和实施是美国教育系统中的现实状况。

在英国，虽然是内阁垄断整个立法和政策过程，但是各种类型的利益集团仍然有可能采取多种方式影响国会议员，如游说、提供资讯、代拟修正草案、准备质询资料等。利益集团的涵盖范围非常广泛，从政治、经济、宗教、商业、文化、教育、少数群体问题到国防；从援助发展中国家到外交关系；从交通运输、社会福利、动物保护到环保无一不在其关注之列。英国的绝大部分利益集团都有改良主义色彩或坚持中间偏左立场，他们不属于任何政治派别，不参与党派斗争，基本上不使用暴力，具有较大的政治影响力，但是不把推翻政权作为其活动目的。在标榜民主政治的西方，政府或行政部门对来自利益集团的意见不能不重视。英国社会的利益集团活动对教育领域的改革和发展在不同时期有不同的影响力，教育领域中存在大量教师组织和专业组织，这些组织有一定数量的组织隶属于劳工组织，经常对一些涉及教师、学生和家长利益的教育政策发表看法、提出自己的主张和政策建议等。教育利益集团通过各种策略影响教育政策的制定和实施，这种现象是英国教育政策活动过程的一个现实问题。

在讨论的美国和英国教育领域中，存在着为自身利益而形成的组织，核心凝聚力是利益。其实关于利益问题并不是很难理解的问题。正如经典马克思主义所阐释的那样，利益问题是一个关涉生存与发展的根本性问题。马克思曾经明确指出，“人们所奋斗的一切，都同他们的利益有关”,①并且这个“世界并不是某一独特利益的天下，而是许许多多利益的天下”。② 个人和群体的思想、动机、行为都可以从其对自身利益的追求中找到合理的解释和深层的底蕴。利益是社会关系的本质，利益原则是支配人类社会活动的基本原则，在现代社会，人们更是“用利益导向行为取代了

① 《马克思恩格斯全集》第1卷，人民出版社1956年版，第165页。

② 同上。

价值导向行为”。[①]

从社会分工来看，现实生活中的利益关系并不是永远和谐一致的，利益分化是社会生活中客观存在的矛盾现象，不仅如此，利益分化在一定程度上还构成了社会发展的动力机制。但是，利益分化是有限度的。利益矛盾并不等于利益冲突，但是利益矛盾是利益冲突的逻辑起点，如果对利益矛盾不进行及时有效的协调，日积月累，矛盾集聚，则可能趋于激化而导致冲突。社会系统的结构与机制等比复制在教育系统。国家、政府、地方政府、社会阶层、大众媒体、教师、家长、学生和弱势群体等，均从自身的教育利益考虑，追求各自利益最大化，导致教育领域的利益争夺局势紧张。在教育资源还是一种稀缺资源的条件下，教育政策的制定、执行、评估、监控和终止是以保护利益集团的教育利益为依归的。正确处理教育领域的利益矛盾，正确处理教育活动和政治权力的关系，以及教育客观规律和教育实践的关系需要教育政策；教育的生存、改革和发展以及教育治理需要教育政策。只有充分地考虑教育政策的利益集团因素，我们的教育事业才会健康、良性发展。否则，就会遭受挫折，造成教育资源的无谓浪费。

第一节　利益集团及其存在基础

利益集团的存在几乎和政治现象一样古老，作为政治体系的组成要素之一，与立法、行政、司法、政党、阶层等政府和非政府的政治结构一样，在世界范围普遍存在。第二次世界大战以后，特别是20世纪60年代以来，美国和英国因其自身社会政治、经济的发展与变化，利益集团在两国政治和内外政策中的作用越来越明显和强大，影响也越来越广泛，更有甚者一些学者认为，美国已经由“两党政治”进入“利益集团政治”的时代。英国利益集团涉及范围广泛，大到国家政府和欧盟的高层往来，小到微小的地区性组织。同时，利益集团还从事范围同样广泛的各种活动，从

① ［德］尤尔根·哈贝马斯：《合法性危机》，刘北成、曹卫东译，上海人民出版社2000年版，第29页。

秘密的幕后游说到公开的抗议活动。在英国，更多的人属于压力集团而非政治党派。利益集团的影响力和现实作用在英国政治体系和政治生活中不可或缺。

一 利益集团的概念

学界较为一致的意见认为，作为一种政治现象，利益集团最早出现于18世纪末的北美13州，随后在欧洲大陆的英、法、德等国家相继出现。由于当时的利益集团处于萌芽阶段且数量不多，所以对政治过程的影响有限，19世纪中叶，随着产业革命的兴起，社会上各种矛盾不断发展，政府职能逐渐完善并扩大。法律和政策的制定作为政府治理国家的主要手段之一越来越受到大众的关注。与之相伴利益集团在其悠久的发展历程中，其称谓也是花样翻新，如特殊利益、既得利益、压力集团、院外集团、组织利益、政治集团、游说和公共利益集团等。但是，第一个阐明集团重要性的人是前美国总统和集团问题理论家詹姆斯·麦迪逊（James Madison）。当时，他并未使用利益集团这个名词，而是把当时已经存在的政党和集团的初期形式统称为派别，并且给派别下了一个定义。他认为，派别就是“为某种共同的情感或利益所驱使而联合起来的一定数量的公民，不论他们占全部公民的多数或少数，而他们的利益是同其它公民的权利或社会的长远和集体利益相左的”。[①] 第二次世界大战以后，美国著名政治学教授戴维·杜鲁门（David Truman）于1951年发表了一部名为《政府之进程》的著作，引起了政治学界的重视。他在这部著作中系统地论述了利益集团以及它们在政府政策过程中的作用，并指出，利益集团是指一种“在其成员所持有的共同态度的基础上”，“对社会上其它集团提出某种要求”的集团；[②] 认为利益集团大量地以政治利益集团的身份存在。关于这一点他解释说，“如果一个利益集团一旦通过或者向任何政府机构提出自己的要求，它就成为一个政治利益集团”。[③] 比如，美国的全美教育协会（NEA）和美国教师联盟（AFT）两大教师组织参与了1994年的总统大选活动，表示支持民主党，希望在民主党入主白宫时，政府制定的教育政策维护或者不损

① 李寿祺：《利益集团与美国政治》，中国社会科学出版社1988年版，第2页。

② 同上。

③ 同上书，第4页。

害教师集团的利益。这两大组织本身是教育性集团，但是使用政治途径表达了希望未来政府关注教师组织利益的愿望，也就可以说是个政治利益集团，事实也是如此。麦迪逊和杜鲁门是美国在不同时期的两个有代表性的集团问题理论家。两位学者的利益集团定义很具有代表性，他们对利益集团所作的解释一直被广泛地引用。而且杜鲁门的定义客观、周延，具有一定的前瞻性，对于发展中的利益集团理论仍有现实意义。

20 世纪 60 年代以来，还有一些政治学、经济学和社会学的著作对利益集团有过大同小异的界定。例如，美国耶鲁大学政治学教授罗伯特·达尔（Robert Dahl）在《美国的民主》一书中谈到了利益集团和它们的作用。他认为："从最广泛的含义上说，任何一群为了争取或维护某种共同的利益或目标而一起行动的人，就是一个利益集团。"[①] 美国政治学者杰克·普拉诺（Jack Plano）在其主编的《政治学分析辞典》中指出："任何政治利益集团都是这样一个集体，它寻求影响有利于其团体的目标或共同关心的政府政策。"在《布莱克维尔政治学百科全书》中是这样定义利益集团的："利益集团是致力于影响国家政策方向的组织，它们自身并不图谋组织政府。"[②] 美国政治学者阿尔蒙德（Almond）认为："所谓利益集团，我们仅仅是指因兴趣或利益而联系在一起，并意识到这些共同利益的人的组合。"[③] 纽约市立大学布鲁克林学院教授卡罗尔·格林沃尔德（Greenwald）在《集团权力》一书中指出，一个利益集团就是"一群人为了通过共同利益而组成的联合体"。[④] 佐治亚大学政治学教授哈蒙·齐格勒（Ziegler）在《美国社会中的利益集团》一书中说，利益集团就是指"一群人自觉地联合起来，加强自己的力量，在同本组织有关的问题上商讨共同的对策并且为达到自己的目的而采取行动"。[⑤] 哈佛大学教授乔治·科索拉斯（Chesolas）在《政府和政治》一书中说明利益集团就是那些"有共

---

① 李寿祺：《利益集团与美国政治》，中国社会科学出版社 1988 年版，第 2 页。

② ［英］戴维·米勒、韦农·波格丹诺：《布莱克维尔政治学百科全书》，中国问题研究所南亚发展研究中心、中国农村发展信托投资公司译，中国政法大学出版社 1992 年版，第 362 页。

③ ［美］阿尔蒙德等：《比较政治学——体系、过程和政策》，曹沛霖等译，上海译文出版社 1987 年版，第 200 页。

④ 李寿祺：《利益集团与美国政治》，中国社会科学出版社 1988 年版，第 3 页。

⑤ 同上。

同利益和共同目标的个人所组成的集团”。[①] 英国埃塞克斯大学教授格雷海姆·威尔逊（Willson），经过十年的研究，出版了《美国的利益集团》的著作。他指出，“一个利益集团是一种组织，它设法代表一些有着一种或者几种共同利益或共同信念的个人或社团”。[②] 陈振明认为，利益群体是在利益多元化的社会中，具有相似观点或利益要求的人们组成的，并企图参与政治过程、影响公共政策实现或维护其利益的社会团体。[③]

尽管这些学者的分析视角各不相同、观点大同小异，核心概念却愈来愈明确，都道出了利益集团的本质特征，那就是围绕利益。因此，本研究认为，利益集团是建立在共同利益基础上的，具有某种直接而具体的共同利益目标的人们的集合体，并以组织形式影响公共政策活动，以实现其共同利益但不谋求政权的群体。

二　利益集团的存在基础

利益集团是现代民主社会中的重要组织，而现代民主社会的基本特质为利益集团的存在提供了思想基础、法律基础和文化基础。

（一）思想基础

现代社会中，工业生产体系蓬勃发展，社会利益高度分化，不同的群体会有不同的利益诉求，在社会资源有限的前提条件下，人们必然形成各式各样的利益团体。多元主义假定，权力的分布是多元分散的、非单一集团控制的。社会中包含许多在利益和价值方面相互冲突的集团或群体，它们由个体组成，个人通过参加群体中的利益影响政策。在竞争性的政治市场中，各种群体依据自己的资源即支持率取得影响力。[④] 在多元主义看来，政治的基本场所是社会而非国家，社会由志愿者利益团体组成，这些利益集团自身不图谋组织或取代政府，但它的积极行动对政府构成压力。利益团体数量众多，成员不断扩大，且相互竞争，它以代表的广泛性获得力量，以确保社会中的多种利益要求有组织地流入政治过程。利益团体是社

---

① 李寿祺：《利益集团与美国政治》，中国社会科学出版社 1988 年版，第 2 页。

② 同上。

③ 陈振明：《政治学》，中国社会科学出版社 1999 年版，第 246 页。

④ Christopher Ham and Michael Hill, *The Policy Process in the Modern Capitialist State*, Harvester Wheatsheaf, 1993, p. 23.

会政治行动的基本单位，它是位于公民个体和决策者之间的利益传递机制，利益团体的行动主导着社会的基本政治秩序。

如果民主要顺利运作、民意要充分彰显，各种不同利益集团的充分发展是必要条件，政府的决策是一系列来自社会上未经整合的各种利益集团共同作用的结果，“政策制定的过程就是众多利益集团代表各自成员的利益，进行利益的表达与聚合，通过竞争、讨价还价和妥协等达成各方可以接受的公共政策的过程”。[①] 其中，政府最基本的责任就是保障各利益集团都拥有追求利益的机会，避免某个利益集团的垄断利益，妨碍其他团体追求利益。团体间的互动和牵制会削弱政府在决策时的独立性，使其必须顾及不同利益集团的要求和压力，必须采取不同程度的妥协，除非在特殊的情况下，如战时或紧急状态。

可见，不同集团无止境地讨价还价，共同影响政府的最后决策是西方，特别是美国和英国民主社会的一个重要特征。反映在教育领域，各种教育集团或者与教育实践活动相关集团、教师组织以及相关专业研究团体的产生与发展正是这种多元主义理论影响的结果。它们代表教师成员以及教育工作人员，将其模糊的、分散的有时甚至情绪化的意见有效地转化为统一的组织意见，形成明显的利益信号，在竞争与辩论的过程中，将有关政策问题的信息和分析充分挖掘出来，传输给决策系统，从而对最终政策的出台产生影响。

（二）法律基础

美国和英国都是法律、法规健全和制度比较完善的国家，各种法规无处不在，多如牛毛，几乎社会生活的每一个领域都有特定的法规来规范它，对于利益集团也不例外。

美国利益集团的存在可以从 1791 年批准的宪法第一条修正案“国会不得制定剥夺人民向政府请愿申冤的权利”找到根源，尽管当时的历史背景下还没有利益集团的游说活动。利益集团的游说一词是在 1808 年第 10 届国会的年刊中才首次出现的，但性质同请愿申冤是一样的，是美国人一项十分严肃的政治活动，只是到 19 世纪 30 年代，才迅速转变成为一个贬义词。近 200 年来，国会一直在努力制定法律，对游说进行管制。这期间

① 宁骚：《公共政策学》，高等教育出版社 2003 年版，第 305 页。

经常有利益集团游说与国会议员有关的贿赂、政治丑闻等，而这些事件一经披露，就会使全国上下哗然，舆论纷纷要求制定法律，进行严格限制。在这样一些现实问题的影响下，国会通过了一些和利益集团游说有关的法律，比较重要的有三个：《外国代理人登记法案》《联邦游说管制法》和《游说限制法案》。但是从美国政治运行的实践状况看，利益集团的游说常常向议员提供立法上和政治上的支持，使得国会普遍不愿意制定严格的有关游说活动的法律。国会议员，即使那些和游说人员从来没有非法联系的绝大多数国会议员，对于制定管制他们的议员同僚们活动的政策，习惯上总是审慎从事的。①

因此，国会通过最终立法对利益集团的游说进行管制的时候，往往着眼于使其公开化，而不是进行实际控制。所以，几乎从一开始，美国人对国会游说立法的态度就是十分矛盾的，对利益集团游说的立法带有很强的被动色彩。支持利益集团游说的意见占据主导地位，即使主张对游说进行立法限制，也只是由于产生了让人心寒的腐败行为而做出的不得已选择。或者说，美国人对利益集团的游说导致的腐败行为，并不是从游说制度本身的弊端来看待，而是从游说人员的“不道德”层面来看待，正是这种观念夯实了利益集团存在的法理基础。

美国利益集团存在法理基础的另一个原则是宪法中的“保护少数”原则，即防止侵害少数人权利的出现。美国的宪法体制创造了一种保持政治稳定和不容易改变政治现状的机制。这样一种既能保持稳定又允许改变，既允许参与，又要防止稳定多数，保护少数的政治体制，成为美国多元民主政治发展的基础，为多元利益政治发展创造了极好的条件。美国社会充满着利益间的冲突，但是美国的政治机构能够控制这种冲突，能够包容社会的多样性，能够在保持稳定的前提下使多种利益共存。埃文斯说，“联邦主义，具有地理单位重要性的代表制，非纲领性的政党，分散的行政科层领域，分权的全国政府系统……”所有这一切“鼓励竞争的、狭隘特殊的、受到微弱约束的利益集团的迅速发展”。② 各种利益集团的存在和发展，无论其力量和影响力的大小都是合法的，受到宪法的保护，并得到各

---

① Norman J. Ornstein, Shirley Elder, *Lobbing for the People*, Princeton: N. J.: Princeton University Press, 1977, pp. 47 – 55.

② 谭融：《美国利益集团政治研究》，中国社会科学出版社 2002 年版，第 7 页。

级政府的认同。

从法律和制度的角度来说，英国的利益集团在和政府交往过程中依赖早已建立起来的传统，这本质上是一种不成文法。在制定一项新政策或立法的初期，大臣和文官必须与相关利益集团交换意见，爱德华·布里奇曾说过："英国政府的基本特点是：在没有与那些实际经验，而且要让他们执行的人进行充分协商之前，政府不可能试图制定政策。"① 造成这一状况的原因之一，是由于公司掌握着投资、生产和市场决策的主动权，这些将深深影响政府如何制定和执行某项公共政策。1966 年 10 月，威尔逊（Willson）首相也承认："我们的责任就是要考虑英国工业联盟（Confederation of British Industry，CBI）和英国工会联盟（TUC）以及其他压力集团的意见。" 政府和利益集团都把这种磋商看作一种必须履行的责任，如果利益集团不愿与政府官员磋商，就意味着对政府的批评，甚至作为不遵守某项法律的借口，如英国工会联盟攻击 1971 年的《工会关系法》事先没有与其进行充分的协商，便拒绝与政府合作。这种磋商是定期进行的，尤其是政府同英国工业联盟和英国工会联盟，很多其他利益集团也都享有这种法定的权利。

（三）文化基础

法国著名思想家托克维尔在《论美国的民主》中认为："美国人虽然从未下过工夫解说他们的准则，但他们却有一个大家共通的确定的哲学方法。"② 托克维尔认为这种方法就是笛卡儿"与人生有用"的"实用哲学"。美国人的这种实用主义哲学造就了他们对个体自由和个人理性的顶礼膜拜。长期以来，美国在利益集团游说立法问题上之所以支支吾吾，犹豫不定，原因在于在价值标准上，对个体理性的推崇赋予人民以充分表达意见的自由空间。大部分美国人都坚信，大家的能力都非常接近，谁也不比谁更强大、更高明，大家都时时以自己的理性进行判断。对个体自由和个人理性的高度崇拜所要求的政治表达就是自由与民主。美国人把这种政治价值观视若生命，近乎宗教信仰，而且已经成为国会政治辩论所依据的根深蒂固的逻辑前提，成为政治家们衡量自身，判断他人的标准。在这种

① 胡康大：《英国政府与自治》，扬智文化事业股份有限公司 1998 年版，第 315 页。

② ［法］托克维尔：《论美国的民主》，董果良译，商务印书馆 1988 年版，第 518 页。

政治价值所提供的自由空间内，任何机构、组织和个人都不能侵犯个人的这种“天然权利”，人们游说政府长期以来是人们表达意见的自由和“请愿申冤”的权利，美国人的政治信念决定了对其只能姑息，不能限制。游说立法之所以迟迟迈不开步子，就是这种背后无形的信念空间和文化底蕴给予了游说强有力的支持。面对这种力量，任何政府机构和官员在起草制定对利益集团限制的法案时，都必定谨小慎微，投鼠忌器，否则稍有不慎，就会被宣告政治生命的终结。

美国是个移民国家，多个民族、多元文化的纷纭错落构成美国社会“万花筒”和“民族熔炉”式的文化特征。面对这种五彩缤纷的社会文化景观，一方面每一个移民文化群体都不可能完全杜绝另一个移民文化群体的所有文化特征的存在和影响；另一方面美国的政治体系为了能容纳来自多元文化群体复杂多变的政治要求，在设计的时候将“权力下放”，给予不同的活动以足够广阔的活动空间，确保其能够在此范围内释放绝大部分的政治能量。因此，我们看到的美国社会往往是“万国文化的拼图”，是一种多元文化的“大杂烩”。在这种政治背景下，每当一个新的涉及各方面的议案和决定出台时，“各路诸侯”为了保护自己的利益必定粉墨登场，表达自己的看法和观点，尽管表面看来吵吵闹闹不成体统，实际上这是美国政治体系不得不容忍的明智之举。另外，美国的宪政机制还为“谈判”和“妥协”创造了机会，尽管在政策上奉行少数服从多数的原则，但是更强调的是保护少数的原则。美国人经常回避两个行为主体之间的直接对峙，往往通过一种“谈判”和“妥协”的情景，帮助实现妥协。这种妥协的“品德”帮助美国人更好地理解利益集团的重要性。在一项公共政策的制定过程中，需要经过一系列反复地谈判才能最终敲定，“谈判”在给一个利益集团以机会的同时，也给另一个利益集团以同样的机会，谁能够说服政策制定者，谁的利益就能够得到更多的表达，但不管是谁，只要能加入这个谈判行列，最终的政策多多少少都会有一些表达。这种“绝对收益”的“双赢”原则往往是美国政治的基本法则。比如经常看到，一些国会通过的法案，往往都是在充分吸收了几个方面的合理主张基础上才获得通过的，即使一方获得的利益多些，往往在附案中也会有限制条件，照顾到另一方的利益。

第二节　利益集团对权力[1]的影响

在一个国家范围，利益集团影响公共政策范围遍及相关的权力系统。在美国，行政、司法、立法三大机构是利益集团的主要目标领域；而在英国，议会、政府、法院是利益集团的主要影响领域，由于英国是欧盟的成员国，因此，利益集团对欧盟的公共政策也有一定影响。

一　利益集团与国会

（一）利益集团与美国国会

国会在历史上一直是利益集团进行院外活动的主要目标，因为它拥有很大的权力。它制定各项法令，制定宪法的修正案，审批行政部门的预算和计划，批准总统对高级官员的任命，审理弹劾案，等等。利益集团同国会的关系主要表现在它们对参众两院及其委员会中的议员，以及议员的助手和有关的专家进行游说活动，施加影响以至压力。

利益集团对国会进行的工作，简言之，有三项：一是设法在国会的两院里争取几个或更多的议员能够为自己说话、出力；二是积极参与拟订有关的法令，协同友好的议员，力争法令的内容能够符合自己的要求；三是在国会制定法令的过程中，尽量做好争取人的工作，以求在投票表决时能够得到多数的支持，通过自己所要的法令，否定掉自己不要或对自己不利的法令。

利益集团对国会进行的院外活动的具体做法，主要有以下几种：第一，利益集团经常要向有关的议员递送各种材料和情报，让他们了解情况。这种材料和情报都应该是站得住脚的，是有一定根据而言之成理的，否则就会引起议员的不满，认为损害自己的信誉。特别是在两院的小组委员会、委员会或全院会议审议法案的过程中，有关的集团及其院外活动人员要及时给那些同自己合作的议员提供各种为辩论需要的论据。从议员方面来说，利益集团及其院外活动人员是他们获得所需的知识、情报和材料

---

① 政治科学关于权力的研究已有很多，本节取权力是影响他人行为的能力之意。

的重要来源。第二，利益集团积极争取在国会两院的委员会和小组委员会举行的有关听证会上做证，这是宣传自己的主张、熟悉不同的人物和观点的好机会。他们一般都要精心地准备这种听证会上的证词，并且给听证会成员提供各种有说服力的材料。第三，一些力量比较强的集团往往要同支持自己的议员合作，在一个法案的审议过程中，制定共同的议会斗争策略和战略，建立临时的立法联盟。利益集团不仅给议员出主意，而且还帮助议员起草法案。这种立法联盟是没有组织形式的，而且常常有政府行政部门中持相同立场的官员参加，成为一种临时的“行动中心”。第四，为了加强对议员的影响和压力，许多利益集团现在更广泛地使用基层院外活动的做法，发动本集团的成员或议员所在地区的选民，用访问、书信、电话、电子邮件等方式，对议员提出要求。他们有时候还利用电视、广播和报刊广告和因特网等进行宣传，争取社会舆论。第五，在议员进行竞选的过程中，利益集团就会支持那些对自己友好的候选人，反对不友好的候选人。他们通过对候选人的提名表示支持、提供政治捐款、协助做好选民登记、动员选民参加投票等活动，可以在竞选运动中给一个友好的候选人以很大的帮助。一个组织得比较好而且在一些地区的会员力量又比较强的利益集团可以为一个候选人提供重要的选票基地。第六，社交活动是利益集团同议员搞好关系的一种重要手段，而且许多游说活动都是在社交形式下进行的。如果一个集团同议员没有交情，那么，它的游说也就不容易深入地进行。利益集团及其院外活动人员常常根据议员的爱好，安排不同方式的社交活动，特别是那些大公司都会邀请他们去公司的休养地点度假。

利益集团同有关的议员通常是友好合作和互相支持的。但是，事情还有另一面。如果议员在国会的投票一再违背一些利益集团的要求，那么，这些利益集团就会对他们进行报复，通常有三种做法：第一种，许多利益集团都要把那些不支持自己的议员在国会投票的表现记录在案，有的还要公布这些记录，或者点名抨击。比如，环境保护行动团体经常汇集那些它认为在环境保护法立法上表现不好的议员名单，定期公布其中 12 个最差的，称之为“一打肮脏的人”。还有全国步枪协会也常常公开攻击那些投票赞成对枪支实行控制的议员。第二种，对国会中有关政党的领导人施加压力，抵制那种不受欢迎的议员担任有关委员会的委员，或者不让他们得到其他政治上的好处。劳工集团常常能够有效地阻止那些在重大问题上不支持劳工要求的民主党议员担任国会两院中的有关劳工问题委员会的委员。第三种，在改选议员时，尽量设法使不合作的议员落选。利益集团在议员竞选中，常常要攻击不友好的候选人，同时会积极地资助这种候选人的竞争对手，而且有时候还会联合起来，采取共同的抵制行动。

20 世纪 70 年代以来，国会内部发生了一些变化，这些变化使利益集团有了更大的活动空间和余地去影响国会的立法。一个变化是，两党议员不再把本党的支持作为自己在竞选运动中取得胜利的主要依靠。因此，许多人就不怎么听从两院中本党领袖的指挥而比较独立地行动，并且更容易接受利益集团提出的要求，因为他们需要利益集团的支持。另一个变化是，国会两院的常设委员会下面增设了许多小组委员会。例如，第 96 届国会开始工作时，参议院有 15 个常设委员会，90 个小组委员会；众议院有 22 个常设委员会，136 个小组委员会。任何一个法案都要在有关的小组委员会和委员会里进行反复的审议，利益集团因而也就有了更多进行游说的机会。还有一个变化是，20 世纪 70 年代以来，国会两院中增加了许多“核心小组”。这些核心小组并不是国会的正式机构，而是议员自己的组织。20 世纪 60 年代前期，到 1964 年，国会两院只有 4 个核心小组，1975 年为 21 个，1982 年年初，已经增加到 88 个。这些小组的规模有大有小，小的如华盛顿市区小组只有 6 名成员，大的如环境保护和能源研究小组有 300 多名成员。[①] 两院中的各种核心小组就其成立的目的来看，可以分为 6 类：（1）属于一党党内需要或两党共同需要而成立的，有 20 个，如民主党研究小组、保守的民主党论坛、星期三小组、共和党研究委员会等；（2）因个人观点或主张相同而组织起来的，有 13 个，如通过立法争取和平的议员小组、工业革新小组、战争中失踪人员工作小组等；（3）争取某种选民的利益，有 5 个，如国会黑人小组、国会妇女问题小组等；（4）维护地区利益的，有 15 个，如大湖区议员会议、东北部—中西部议员联盟、国会太阳地带委员会、新英格兰国会核心小组等；（5）维护州和地方利益的，有 15 个，如乡村核心小组、城市郊区核心小组、家庭农场工作小组等；（6）争取某种工作利益的，有 20 个，如汽车工业工作小组、国会钢

① 李寿祺：《利益集团与美国政治》，中国社会科学出版社 1988 年版，第 56 页。

铁核心小组、港口核心小组、煤矿核心小组、纺织品核心小组等。[①]

当然，随着一些客观情况的变化，核心小组的数量和种类有一定的变化。上面所说的各种核心小组都和有关的利益集团有着千丝万缕的联系，并且比以往更有组织地在国会内部代表他们的利益和要求。从某种意义上说，核心小组就是代表利益集团在国会利益的非正式组织。

从上述的种种状况来看，现在，在国会制定法令的过程中，利益集团之间的竞争乃至斗争比以前更为错综复杂，议员们为了自己的政治生涯，一般都不太愿意得罪利益集团。[②] 有越来越多的迹象表明，国会不能按照国家利益进行立法的程度在加深。问题的中心是参议院和众议院已经淹没在特殊利益的竞选捐款和院外活动的汪洋大海之中。

（二）利益集团与英国议会

在英国，行政权力主导着英国议会的立法过程。所有政府议案实质上都得以通过，而大部分普通议员的议案则无疾而终。其他议案之所以有幸通过，只是因为政府不反对它们。英国政府通过在下议院中（通常）纪律严明的多数，实现了对议会的控制。非选举产生的上议院在立法过程中只占据相对次要的位置，即可以改进对于政府议案的审查情况，却并不具备将其驳回的权力。议会实质上只是一个反应性的、政策影响性的议会，可以修正（在非常例外的情况下）驳回政府的立法倡议，而其自身的立法倡议权则是微不足道的，它并非一个完全意义上的立法机关。

利益集团可以对立法的各个阶段实施影响：（1）议程设定，在政策议事日程上增加一个项目；（2）政策形成，在协商和（议会法案）草拟阶段协助政策和立法形成；（3）以法定文书形式通过议会（上下两院）表决；（4）执行，压力集团协助发现政策和立法中的纰漏并提出修正建议。利益集团能否影响政策的制定以及影响的程度如何取决于其资源、战略以及社会和经济杠杆作用等几个因素。

研究表明，近年来，随着议会重要性的提高，议会已日益成为利益集团游说的目标之一。据《议会集团调查研究》显示，75%的集团声称与议

---

① 李寿祺：《利益集团与美国政治》，中国社会科学出版社1988年版，第55页。

② 同上书，第56页。

会成员定期或频繁接触，59%的集团声称定期或频繁地与上议院往来。[①]压力集团越来越多地利用议会的原因包括：普通议员独立性明显增强；1979年后新选举委员会的成立，提供了另一可能施加影响的渠道；专家的政治影响加强；政策咨询公司日益增多；1979年后保守党政策使压力集团与政府间的距离拉大，使得保守派普通议员和上议院成为立法的主要障碍。

由于议会是能够影响决策的机构，没有压力集团会忽视议会的作用，尽管是有限的作用（见图1－1）。集团设法与议会接触主要有三个目的：（1）修改立法—或改变政策—通常改变很微小，但对于相关利益集团或者事项却意义重大；（2）倡议立法；（3）为首次提出或是与议会一同提出的议题赢得额外的宣传或支持，以便影响公众观点的氛围。

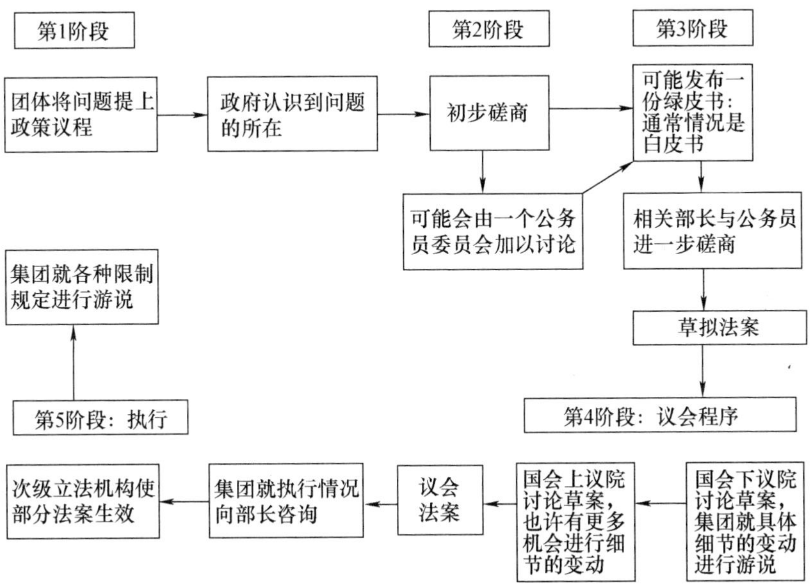

图1－1　利益集团对英国政府和议会的影响

资料来源：［英］比尔·考克瑟、林顿·罗宾斯、罗伯特·里奇：《当代英国政治》（第四版），孔新峰、蒋鲲译，北京大学出版社2009年版，第235—236页。

① ［英］比尔·考克瑟、林顿·罗宾斯、罗伯特·里奇：《当代英国政治》（第四版），孔新峰、蒋鲲译，北京大学出版社2009年版，第235—236页。

利益集团关于立法的典型活动包括通知议员，宴请他们以使他们赞成该集团的观点，请议员安排与负责议案的部长进行会晤，请议员在“二读”辩论中发言，以及请求议员在该议案报告阶段提出修正案。在上议院，议员们也定期代表利益集团提出问题，在辩论中发言，以及提出立法修正案。通过促使议员采取这样的措施，利益集团希望能够说服部长通过对他们有利的修正案，放弃有争议的细节，阐明含糊的观点，或者对专门条款进行确凿阐述。

分配给普通立法议员很少的时间为利益集团提供了促进变革的机会，而不仅是对其作出回应。20世纪60年代，富有同情心的议员发起了大部分社会立法，解禁了离婚、堕胎、同性恋、戏剧审查和资本惩罚等方面的法律。此外，利益集团可以在更广泛的范围内利用议会（经常是与其他策略相结合），在更长的时间里宣传他们的诉求以及从他们的利益出发来影响国家政策。此类机制包括：通过运作政党委员会、全党委员会和选举委员会，促使议会提出问题，获得最多人数的签名以发起早期动议。

利益集团通过与议会接触而获得的利益范围很广，从意义最为重大的事项到比较适度的问题，甚至还有些微不足道的问题。意义重大的问题包括普通议员偶尔发起议案提议，例如店员联盟、教会和不同的自愿组织反对1996年的《商店法案》成功进行的提示工资运动，大型酿酒商法对贸易出售自己的“剩余”分店等。另一种表现则是施压通过立法修正案，例如男同性恋压力集团成功迫使议会做出1994年《刑事审判与公共程序法》的修正案，将同性恋的合法年龄从21岁降低到18岁。然而，也有一定数量集团没有从他们的游说行动中获得多少好处。《议会集团调查研究》表明，将近39%的集团认为自己“没有非常成功地影响立法”，还有不到6%的集团认为自己的游说是“不成功的”。相反，超过55%的集团声称“非常成功”（7.2%）或是“相当成功”（48.3%）。[①] 同样，利益集团对立法程序提供的建议或意见也为议员们提供了“至关重要的能力”，否则他们就会缺乏这样的能力。

---

① ［英］比尔·考克瑟、林顿·罗宾斯、罗伯特·里奇：《当代英国政治》（第四版），孔新峰、蒋鲲译，北京大学出版社2009年版，第235—236页。

二 利益集团和行政部门

（一）利益集团与美国政府

利益集团同政府的关系是在政府的活动过程中形成的。一个研究院外活动的美国学者卡尔·施里夫特盖塞（Schlifke）曾经说过："院外活动是立法同时产生的，压力集团是与政治同时产生的。"① 利益集团不是美国政府的一个组成部分，但是自从美国建国以来，一直是美国政治的一个组成部分。利益集团同政府的关系，从联邦一级来说，就是同国会、行政部门和最高法院等机构的关系。正如一些学者所指出的，这种关系并不是有来无往的"单行道"，政府同样有求于利益集团。

美国联邦政府的行政部门原来是很小的，乔治·华盛顿担任总统期间，行政部门工作人员的总数约为350人，但是，到了1901年时为25.6万人。以后，联邦政府行政部门的职能和权力不断扩大，它的机构和人员也不断膨胀，2005年的统计资料表明，美国联邦政府（不含各州）有公务员180万人，另有邮政员工90万人。② 按照美国宪法的规定，总统和他领导的行政部门负责贯彻已经制定的各种联邦法律。然而，国会制定的法律，相对地说，是比较原则性的，行政部门在实施这些法律的过程中，要面对不同的具体情况，制定各种具体政策和规定。

这种具体的政策和规定，对于利益集团来说，往往比法律本身更具有现实意义。在美国，人们一般认为，具体管理美国的是联邦政府的行政部门，行政部门是联邦政府的主要工作单位，掌握着很大的实权。行政部门在某种政策和规定方面作出变动，会直接或间接地影响这些利益集团的得失。因此，从利益集团方面看，现在联邦政府的行政部门，从某种意义上说，比国会更重要。行政部门的组织结构和工作方式不同于国会。行政部门各个单位的分工虽然有交叉、重叠，但是都比较专业化和固定化，而且各个单位内部实行严格的职务等级制度。利益集团对行政部门进行工作，着重于选择同自己有关的机构和人员建立长期和深入的联系。它们同行政

① 李寿祺：《利益集团与美国政治》，中国社会科学出版社1988年版，第51页。

② 朱向东：《西方一些国家公务员范围》，http：//www.people.com.cn/GB/14576/28320/36615/36616/3311234.html。

部门的关系主要有两个方面：一是总统以及直接为他服务的办事机构，二是行政各部和独立机构。

1. 总统及其办事机构

美国总统这一职务被认为是世界上最有权力的职务之一。在美国的宪法中，我们可以清楚地看到："行政权力属于美利坚合众国总统。"① 美国总统既是国家元首，也是行政首脑和武装部队的总司令。他不仅主管联邦政府部门，而且在立法和司法方面也有重大的权力。利益集团总是把总统当作十分重要的工作对象，但是不容易直接对他本人进行工作，主要通过白宫办公厅等办事机构中的官员。即使如此，总统还是经常要花不少时间同不同的利益集团交往，比如会见那些要求商谈问题的集团代表，参加一些集团的重要会议并且在会上讲话，阐明政府的政策，甚至还要接待专程前来同总统合影的集团头面人物，等等。从另一方面来说，总统也需要利益集团支持他对这种或者那种问题的立场以及他准备采取的某种行动。

美国总统有一个庞大的办事机构包括 9 个办公室、局和委员会，一批高级官员和专家，帮助和代理总统处理各方面的政策问题。利益集团把总统的办事机构看成对政府，特别是对总统施加影响和压力的重要渠道，力求能够通过这些机构的主要官员，来实现自己的愿望。

2. 行政各部和独立机构

利益集团同政府的行政各部和独立机构的关系尤为密切。行政各部和独立机构负责处理具体的国内和国际事务，各有具体的职责，掌握实权。利益集团对联邦政府的行政各部和独立机构进行工作，最常见的一种做法就是它们的代表或专职人员同主管单位的有关掌权人物经常保持接触，了解动向，提供情况和咨询，并且提出自己的要求同有关的行政官员建立友好关系。这种关系主要是通过实际工作的长期合作而形成的，同时辅之以大量联络感情的社交活动。

一些实力较强的利益集团对行政各部和独立机构的影响还要大一些，深远一些，这主要体现在以下三个方面：第一，它们能够影响行政各部和独立机构负责官员的人选和任命。利益集团认为，如果与自己有关的政府行政单位让不能与之合作的人掌权，这将带来很多麻烦。事实上，总统提

① 美国宪法第 2 条第 1 款。

名的高级官员人选，在参议院批准以前，都要征求有关利益集团的意见，而利益集团的态度常常会起相当大的作用。特别是劳工、商务、农业、交通等部的部长人选，如果没有劳工、企业、农业等有关集团的支持，那么，总统和参议院一般不会轻易任命和批准的。美国的实际情况是，长期以来，联邦政府行政部门的高级官员，包括部长、副部长、助理部长、独立机构的负责人等，一般都同有关的利益集团有着各种各样的联系。第二，联邦政府的行政各部和独立机构设有许多顾问委员会，聘请熟悉情况的人士担任委员，其中包括许多利益集团的代表。从政府方面讲，设立这种委员会的目的是要加强同社会力量的联系，吸收公民参与政府的工作，发挥他们的咨询作用。而从利益集团方面讲，参加这种顾问委员会可以使它们更深入地卷入和影响政府的政策制定过程。第三，联邦政府行政部门中的独立机构是由国会批准成立的独立单位。它们的性质和宗旨并不相同，多数是管理性质的，拥有监督经济中某些部分的权力，处理性质过于复杂而不是普通立法范围所能包括的事务，因而被认为是半立法性和半司法性的。

（二）利益集团与英国政府

在英国，行政机构权力的集中使得政府成为利益集团的主要目标。建立良好的正式与非正式接触体系可以使局内集团与政府联系起来。通过政府建立的范围广泛的委员会的利益集团会员身份，政府咨询文件的传阅，以及就立法内容与集团进行广泛协商（法定手段），正式接触正日益变得制度化。

尽管政府与集团之间的正式协商十分广泛，但绝大多数接触还是非正式的，通常以很低的行政级别进行（见表 1－1）。大部分接触都是行政人员与利益集团代表，以非正式方式通过电话或面对面讨论进行的。局内集团①与政府部门之间的例行协商与谈判关系所具有的两个主要特征引发了评论。

① 从利益集团的地位而言，将利益集团分为局内集团与局外集团，局内集团是政府认可的，而局外集团却不是，不管它是否在核心行政级别寻求到认可。

表1－1　**利益集团对能够影响国家政策的机构排序**

机构	次序
行政人员、政府部门	1
部长	2
媒体	3
议会	4
公众观点的专门领域	5
公众的普遍观点	6
其他利益集团	7
政党派别的普通观点	8
某个特殊的政党	9

首先，政府能否承认某一集团（承认其为局内人），依赖于集团的信誉度。这取决于下列因素：集团的代表性——真正为该集团在其社会领域内所代表的绝大多数人代言的能力；其要求的合理性及于政府目标的兼容性——口号为现实、适度、责任、磋商；其建议的可信度与质量——历史记录与政府需要的限度同样重要；与政府“将同一种语言”——能熟悉政府的程序；经济杠杆与否决权——20世纪80年代有些集团在这方面的权力缩小了，如全国工会同盟，但仍是其中一项因素，如1993年教师联合会发起的抵制标准评估测试运动。相反，政府不予认可的集团（因此仍为局外人）有如下特征：不兼容性——持有的目标与政府目标不相符；争议性——某集团受到其他集团反对的可能性，如未出生儿童保护会协会（SPUC）组织的堕胎法律改革协会（ALRA）。

其次，利益集团通过与政府部门的联系建立的政策网络是有限度的，政策网络这一概念就是政策共同体与问题网络之间的连续性表明了广泛的关系。在政策共同体，一个集团或多个集团与政府部门间的关系是密切的、相对排外的、双方同意的、合作的。第二次世界大战后，政策共同体最好的例子是农业，两个主要参与方（随后为农业部、食品与渔业部以及全国农场主联合会）之间的关系紧密。卫生和运输是另外两个很好的例子，政府部门与拥有特权的集团在半自治的共同体内制定政策。在政策共同体内，部长、常任官员与集团拥有共同利益为特定政策领域增加资源，政府部门也时常基本认同集团的观点。例如，运输部既重视公路，也重视铁路，前能源部愿意与能源制造商一起抵御能源使用者，而农业、渔业与食品部（MAFF）始终支持食品制造商的利益，而反对消费者。但是这种稳定的关系由于英国所发生的一系列农业危机而被削弱，2001 年爆发的口蹄疫流行病将危机推到顶峰。继疯牛病和其他丑闻之后，对食品安全的担忧成为 2001 年大选后，农业、渔业和食品部被新的环境、食品和农业部（DEFRA）所取代的原因之一。

问题网络没有政策共同体稳定，包括更多的参与者——时常是几位部长和众多的利益集团——他们经常发现很难就政策达成一致意见。20 世纪 80 年代，财政部、内务部、教育部和社会安全部等众多的政府部门和利益集团关于内部城市政策的制定就是网络问题的一个例证。

为了能与政府进行定期磋商，为了能取得官员的信任，也为了能允许陈述自己的观点并令人信服地取得让步，利益集团必须遵守某些行为规范。它们在任何时候都必须慎重对待在白厅①进行的讨论，避免“曝光”，尤其是不能批评部长，即使它们感到很委屈。有时它们还得向自己的成员推销政策，有时，这种安逸共生的关系会破裂，一个集团会攻击它的政府“保护人”。1992 年就发生了这样的情况，工程雇用联盟公开提倡要求一个比贸易与产业部的迈克尔·赫塞尔廷“更为有效和忠实的执行者”。

一方面，利益集团这种体制对于政府的利益包括：最新的，通常是技术性很强的专业建议；不同领域的“市场”信息；每个专门领域的主要利益集团都顺从它们的政策；帮助对有要求的项目进行管理。另一方面，压力集团会得到的利益包括：政府听取它们的意见（至少会这样）；在初期，以它们的方式去影响政策（包括立法）和决定的机会；实施政府的资助。研究表明，对于环保和贫困一类的很多集团来说，政府是重要的资金来源。

三 利益集团与其他权力

美国和英国政治系统的差异性导致两国利益集团在不同权力场域里发挥的作用有所不同。美国是联邦制国家，利益集团既能够对国会、行政部

---

① 白厅（WhiteHall）是英国伦敦市内的一条街。它连接议会大厦和唐宁街。在这条街及其附近有国防部、外交部、内政部、海军部等一些英国政府机关设在这里。因此，人们用白厅作为英国行政部门的代称。

门及其总统和法院系统，也会对联邦层面和各州的政策产生影响；而英国是个君主立宪制国家，利益集团的影响力主要会指向政府、议会和欧盟等。

（一）利益集团与美国法院系统

美国的联邦法院系统包括最高法院、11 个上诉法院、91 个地方法院和 3 个有特别裁判权的法院。在这 4 种法院中，最重要的是最高法院。

根据美国宪法的规定，最高法院对涉及大使、其他使节和领事，以及以某一州为诉讼一方的案件有初审权，有受理下一级法院所审理案件的上诉裁判权。在特殊情况下，最高法院可以干预低级法院处理的案件，并且可以要求有关的案件立即送交最高法院审理，如图 1－2 所示。

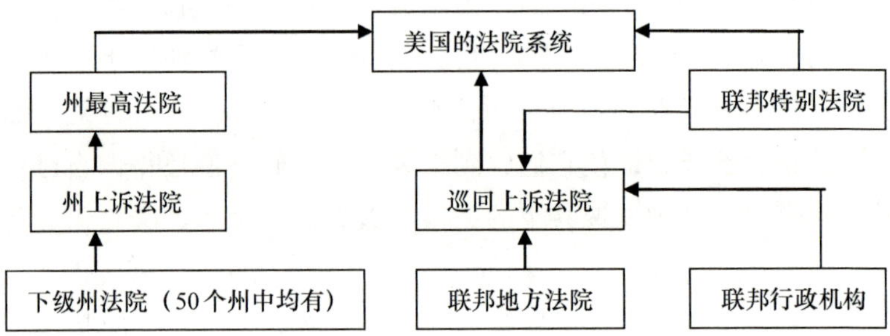

图 1－2　美国的法院系统

资料来源：［英］维尔：《美国政治》，王合、陈国清、杨铁钧译，商务印书馆 1981 年版，第 225 页。

在每年报来的数千宗案件中，最高法院通常只是审理 160 宗左右。其中，大部分的案件涉及法律的解释和国会立法的用意。最高法院的许多工作是判定立法或行政部门的行动是否合乎宪法。美国的法院，从理论上讲应该是中立的，无党派或集团偏见的，它根据宪法和其他法律的原则和前例来判决诉讼中的案子。然而，法院不是机械的判决者，它在处理具体案子时，必须将已定法律原则同新的问题结合起来，作出解释和判决。法院在它们自己的职责范围以内，掌握着有关法律的解释权。人们常常认为法院是一种“被动的”决策机构，由诉讼来活跃它的决策活动，即判决活动。它通过对一个一个案子的判决，不断地对各种法律做出具体的解释，做出具体的政策性规定。因此，利益集团同样把它们看成决策过程中的重要环节。许多利益集团常常在它们认为立法和行政部门不能解决问题时，转而通过诉讼等方式，求助于法院的判决。

利益集团利用法院解决问题，主要体现在争取通过法院的裁决来改变立法、行政机构所作出的决定；争取法院支持某种要求和观念，并通过法院的裁决，使这种要求和观念合法化；利用诉讼，揭露问题，以影响国会的立法等几个方面。

2003 年 6 月 23 日，美国联邦最高法院宣布了两项判决，那是 2003 年最重要的判决。第一项判决是《格鲁特对伯林杰》（*Grutter V. Bollinger*），针对密歇根大学法学院的入学政策。第二项判决是《格拉斯对伯林杰》（*Gratz V. Bollinger*），针对密歇根大学部的入学政策。密歇根大学是美国著名的八所“常春藤联盟”学校之一，为了实现学生群体的种族多元化，该校在招生录取过程中实行少数民族裔配额制的特殊政策。

密歇根大学法学院为了促进非洲裔、西班牙裔和印第安裔的考生在全院学生总数的比率，采用一项入学政策，将申请人的种族，列为优先考虑的因素；其他因素包括大学平均成绩、法学院测验分数（LSAT）、社区服务、特殊才能等。至于密歇根大学部则更进一步规定，申请人总评分为 150 点；其中特殊才能最高可获得 5 点，密歇根州居民可获得 19 点，校友的子女可获得 4 点，社区服务可获得 5 点等。可是非洲裔、西班牙裔、印第安裔，学校自动给每一位申请人加 20 点。满分虽然是 150 点，但是一位申请者若得到 100 点以上，便会被录取。换言之，只要是特定的少数民族裔，便可自动得到 1/5 的优待加分。因此，一位白人和一位黑人如果其他成绩相同或相近（20 点之内）黑人会被录取，而白人遭到拒绝。①

格鲁特（Grutter）和格拉斯（Bollinger）两人分别向联邦地方法院控告密歇根大学的入学政策对白人“反歧视”，违反联邦宪法第 14 条修正案所保护的“平等权”。两宗案子由联邦地方法院一直打到联邦高等法院，各有胜负，最后一起上诉到联邦最高法院。在格鲁特对伯林杰的案子中，联邦最高法院 9 名法官以 5 票对 4 票裁定，密歇根大学法学院在招生时，对非洲裔、西班牙裔和印第安裔考生的政策，不违反宪法。因为法学院没

① 李昌道：《美国平权措施的宪法争议——析联邦最高法院的两项判决》，《复旦学报》（社会科学版）2004 年第 1 期。

有设立“配额”，它们在审查申请人资格时，仅视种族为因素之一。对每一位申请人个别审查，对个人的成绩、考分和背景等做整体考虑，而种族虽然是有利因素，却不是决定性的因素。因此，密歇根大学的入学政策，没有违反宪法赋予白人学生的平等权。①

联邦最高法院的判决必将为此类教育政策制定和实施奠定坚实的基础。利益集团对法院进行工作，不能使用院外活动的一般做法。它们不能对法官进行个人纠缠，不能发动任何形式的基层院外活动或者对法官进行贿赂，这些都是非法的。它们主要是在诉讼过程中，设法影响法院判决的内容和设法影响法官的人选和任命。例如，许多利益集团组织，不仅有法律顾问，而且设有专职诉讼的机构。全国有色人种协进会也有一个名为“法律保护和教育基金”的机构，专门负责处理法律和诉讼事务。利益集团影响法院判决的做法主要是向法官提供各种精心准备的辩护状，论证自己提出的要求和主张的法律依据。这种辩护状有时候能够起到重要的作用，它们可以启发法官的思想，改变法官对案子的看法。1978 年，最高法院审理过一个比较著名的“巴基（Bakke）案件”，这个案件是关于医科学院是否应该优先录取少数民族学生的问题。案情简况为，原告艾伦·巴基（Bakke），两次申请加入加州大学医学院，两次遭到拒绝。他向联邦法院控诉，指控加州大学“反歧视”。原来加州大学每年招生名额 100 名，其中 16 名保留给特定少数民族裔的申请人。巴基是白人，成绩优于受“保留名额”保障入学的一些少数民族裔学生；但是巴基与那些给白人学生的 84 个名额竞争，却不成功。他在诉状中说，这种保留名额的入学政策，有利于少数民族裔而有害于白人。② 在这个案件的审理过程中，黑白利益集团双方都十分重视提出法律论据，向法院一共提交了 40 多份辩护状，设法影响法官的判决。根据美国的司法系统的惯例来看，最高法院的最终判决具有示范效应，也就意味着这项判决是此类案件的基准，并为教育政策的制定提供理论依据。

（二）利益集团与欧盟

英国与欧盟一体化日益加深，大大增加了英国利益集团在欧盟层面的

---

① 徐冰：《“倾斜”的“常识”》，《星岛月刊》（加拿大）2003 年第 1 期。

② 李昌道：《美国平权措施的宪法争议——析联邦最高法院的两项判决》，《复旦学报》（社会科学版）2004 年第 1 期。

游说活动。据一项预测表明，20世纪80年代到90年代中期，布鲁塞尔集团的成员人数由5000人增加到1万人，翻了一番。[①] 1996年《欧洲统一法案》和1993年《马斯特里赫特条约》在很大程度上促进了这一趋势的发展，需要欧洲范围内作出决策的领域有所增加，扩大使用有效多数选择权，以及给予欧洲议会更多的立法权。商业和农业利益机构、贸易联盟、英国医师协会和法律协会之类的职业协会，以及环保组织全都到欧盟进行游说。

利益集团可以直接进行游说，很多利益集团在布鲁塞尔拥有办事处，商业组织居于主导地位，雇用顾问公司，欧洲范围内的组织有欧洲产业工会与雇员工会同盟（UNICE）、欧洲工会同盟（ERUC）、专业农业组织委员会（COPA）、欧洲消费者协会执行局（BEUC）以及欧洲环保局（EEB）等。

利益集团对欧盟机构游说的目标顺序为欧盟委员会、部长理事会、欧洲议会、欧洲法院。利益集团的游说是有一定限制的，在欧盟委员会的决策过程中，高级别的政治性活动中，利益集团的机会很少；而在低级别的议题上，技术性强的议题上利益集团的机会较多。

利益集团较少对部长理事会直接施加压力，而是需要靠自己的政府去保护其利益，它们时常把游说自己国家的部长同"布鲁塞尔路线"结合起来，事实也证明，布鲁塞尔路线正在越来越多地被使用。1993年，因有效多数投票原则的扩展，民族国家政府对于某些行业部门的影响进一步削弱，这便进一步强化了布鲁塞尔路线，使利益集团更有必要同欧盟委员会发展关系。然而，利益集团的侧重点是常驻代表委员会（COREPER），因为该委员会及其组成派别在有关部长会晤之前就已解决大部分问题。利益集团分别游说各国政府，随后通过谈判磋商来解决除最敏感或最有争议的政策问题之外的所有问题，而那些敏感或是有争议的问题留待相关部长解决。

随着《欧洲统一法案》和《马斯特里赫特条约》的签署，欧洲议会的立法权力不断增强，因此，利益集团对欧洲议会的重视程度也在不断提

---

① ［英］比尔·考克瑟、林顿·罗宾斯、罗伯特·里奇：《当代英国政治》（第四版），孔新峰、蒋鲲译，北京大学出版社2009年版，第235—236页。

升，尤其是对于那些代表消费者。对环保和动物权益的集团来说，越来越有吸引力。

但是值得注意的是，有些利益集团的聚合是为了在欧盟内进行游说，以组成一个欧洲集团。这样的集团的优势是有广泛的影响力，但是弊端也无法避免。显然欧洲集团是代表更多的成员利益，而不仅仅是一个单独的组织。例如，专业农业组织委员会（COPA）比英国国家农民联盟（NFU）代表的工人更多。但是，欧洲层面的利益集团由于国家差异，很难就政策议题达成一致意见。例如，机动车制造共同市场委员会于1990年解散，原因是其成员无法就政策问题取得共识。

利益集团也利用欧洲法院促使英国政府实施欧盟立法，例如关于饮用水质量的问题。同时也向国内的政策制定施加影响，例如，矿工联盟关闭矿井（1992年）和法律协会提议的法律援助规则（1993年）。

第三节　利益集团的类型、战略和策略

组织化团体和利益集团在20世纪的影响越来越大，政治互动模式因此发生了巨大变化。当20世纪五六十年代对“集团政治”的热情达到顶峰时，我们甚至认为商业利益团体、工会和农业院外活动集团是主要的政治行动者。20世纪60年代以来，致力于消费者保护、动物权利、性别平等和环境保护的单一议题集团却不断壮大，进一步拓展了利益团体的范围。这些集团随后与更大的社会运动产生关联，比如妇女运动、民权运动和绿色和平运动等。利益集团的发展使利益集团类型多样化趋势仍在不断深入，多样化的利益集团组织的活动必将产生多样化的战略和策略。利益集团的战略和策略对于利益集团发挥集团影响力，实现组织目标至关重要。

一　利益集团的类型

（一）利益集团分类依据

从利益集团多样性的名称可以看出，利益集团的分类视角是多种多样的。在利益集团的形成模式上，根据利益集团的形成模式的不同而将其划

分为三种类型：同源性利益集团（communal group），其成员的形成是与生俱来的组合而不是主观的选择，这样一些利益集团的形成主要来自同属于某一种族、语言、文化和区位集团；机构性利益集团（institutional group），其成员主要由那些在政治结构或政府机构中，尤其是在官僚机构和军事机构中拥有职位的成员；协作性利益集团（associational group），其成员来自通过精心组织而实现某种特定利益的人们的聚合。①

根据利益集团的基本活动和特性划分为以下四种类型：第一，利益团体成立和开展活动的资金来源；第二，成立时的情况和主动权；第三，团体的基础，即利益集团的性质；第四，团体具有的法人资格。② 在发达的工业社会中，利益集团构成了政治体系的次体系。从广义上说，我们能够区分利益集团体系——区分利益集团次体系在社会决策过程中发生联系的方式。第一种是竞争性的，这在美国表现得很充分。这类利益集团在为其成员谋求利益和保护而进行活动时，相对来说是自主的。第二种类型可称为非自主性的，在这种体系中，如在法国和意大利，工会、农民组织、青年社团以及诸如此类的组织可能是由天主教会或共产党或社会党所控制的，其组织成员的利益从属于控制他们的那些机构的利益。利益集团体系的第三种类型是阶级合作性的，这里指的是这样一种情况，各个主要的利益集团——商业的、劳工的、农业的等——与政府行政机构保持联系，在一个有组织的谈判委员会进行谈判的过程中制定出政策。这种体系不用政党，而通过专业和职业利益集团与国家行政机构之间的交互作用进行运转。这种利益集团是根据法律而建立起来的，至少从理论上说，它们同国家政府行政机构的交互作用是双向过程。最后一种是国家控制型的利益集团体系，这种利益集团的作用就是担当党和政府政策的“传送带”。它们抢占利益表达，从而保证党和政府精英人物的政策在经济和社会的各个领域里得到贯彻。③

也可以将类型复杂、数量众多的利益集团从是否谋求“私益”和“公

① Roger Charlton, *Comparative Government*, London, New York: Longman Inc, 1993, pp. 100 - 103.

② ［日］辻中丰：《利益集团》，郝玉珍译，经济日报出版社1989年版，第35页。

③ ［美］加布里埃尔·A. 阿尔蒙德、小G. 宾厄姆·鲍威尔：《比较政治学——体系、过程和政策》，曹沛霖、郑世平、公婷等译，东方出版社2007年版，第98页。

益”而分为两大类型：集团利益性利益集团和公共利益性利益集团。二者的区别取决于该集团赖以存在的利益基础的性质。前者的主要目的在于竭力为某一性质的集团利益而斗争，并争取满足每个集团成员的利益要求，它所争取的可能是经济利益、政治利益和心理上的满足等；后者的主要目的在于维护那些在某些方面或某种程度上直接涉及全社会成员的共同利益，这些集团包括环境保护集团、消费者集团等。

（二）美国和英国的利益集团

根据利益集团在美国各州出现较频繁程度的统计，把利益集团分为：第一类是在40个以上的州都出现，企图影响州政府及决策的团体，包括：个人商业公司、基层地方政府（市、区政府）、州政府各部门、委员会、商业或企业协会、公办或私办的促进效益和效能的公司或协会、银行和财务机构或协会、保险公司或协会、公务人员协会或工会、大学与学院（公、私立）、教师协会或联盟、地方政府协会、农民或农产品组织及协会、传统的工会、工会联盟、环境保护主义者、油和瓦斯公司或协会、医疗业协会、承包业、营造业和开发业者的联盟。第二类是在20—40个州内曾出现，进行频繁活动的利益团体，包括：制造业公司、旅游业、制造业协会、铁路业、农产商业公司、运动业（特别是狩猎及鱼钓业者）、商业渔业、健康理疗业、矿业。第三类的利益集团，仅在少于20个州里活动，它们是拉丁裔团体、博弈彩券业。以上的利益集团，不论是第一类、第二类或第三类，都是持续性地在进行活动。还有不少的利益团体，不是持续性的，有时有，有时没有，属于断断续续地在进行活动。①

按照成立宗旨和工作性质来划分，可以将利益集团分为企业集团、商业集团、劳工集团、农业集团、专业集团、种族和民族集团、妇女集团、宗教集团、代表其他方面的集团（如退伍军人组织等）、公共利益集团、单一问题集团和基金会。在这里特别需要指出的是，基金会本身就是构成美国权势集团的主要部分。同时，这又是独立于政府之外的，而且特别注意保持自己的非官方性和独立性。它与政府的关系在大方向上是一致的，在主要政策上配合默契。此外双方又有距离，有时又存在矛盾。加之美国

---

① Gray. H. Jacob, R. B. Albritton, *Politics in the American States*, Harper Collins Publishers, 1990, pp. 132 – 133.

政府中由于不同党派的存在，也造成了政府部门对基金会的态度来回摇摆，具体政策也是在不断调整的。其结论是政府与基金会的关系是既有千丝万缕的合作关系，同时也有各自独立的运行机制。具体来讲，一部分各大基金会的领导人来自政府的离职人员，同时基金会的领导人也有可能到政府机构中任职。这种政府与基金会之间的人员流动都表明，他们的合作和对立是客观存在的。政府与基金会的合作和对立与政府政策的导向、基金会的利益、社会影响以及由此产生的相互利用、相互协调有很大的关系。例如，专业集团随着经济、政治和文化的发展和社会分工的专门化，经济、政法、文教、科技、新闻出版、宗教和政府等方面的各种专业人员的利益集团迅速增加，而且每一个大的专业内部又有许多分得更细的专业集团。以教育界为例，它既有总的综合性集团组织，又有不同学科和不同教学专业的组织，既有代表教育机构的组织，又有代表教学和管理人员的组织。①

例如，（1）代表教育界利益的总的集团组织有美国教育理事会和争取教育计划得到充分拨款委员会；（2）代表教育机构的组织有大学协会、学院协会、州立学院协会和大学协会、州立大学和赠地学院协会、独立学院和学校协会、社区和初级学院协会、私人教育理事会等；（3）代表大中学校教师的有全美教育协会、美国教员联合会以及大学教授、教师和各种专科教员的协会；（4）代表不同学科和教学专业的有数学、政治学、历史、心理学、家政学、新闻教育、工程教育、工业美术、教育研究、法学院、医学院、音乐学院等协会；（5）代表校董事会和管理人员的有大学和学院董事会、中学董事会、中学管理人员、中学校长、女院长和女行政负责人、大学招生注册人员、学院和大学行政人员等协会；（6）代表图书馆的有美国图书馆协会、研究性图书馆协会等；（7）代表学生和家长的有学生协会、学生院外活动组织、家长和教员大会等；（8）代表职业教育和成人教育的有职业教育、成人教育、大学附设部等协会。

上面列举的只是教育界各种利益集团的一部分。由此可见，美国专业利益集团组织的种类和数量相当庞杂，而且每一个领域都有相应的组织和团体。从实际情况看，许多专业集团组织在政治上并不是很活跃，但是有

---

① 李寿祺：《利益集团与美国政治》，中国社会科学出版社1988年版，第19页。

些协会在国会立法过程中院外活动能力比较强，影响也比较大，如全美教育协会（NEA）和美国教师联盟（AFT）等强势教育社团。

正如著名学者罗伯特·达尔（Robert Dahl）所说的那样，从最广泛的含义上说，任何一群为了争取或维护某种共同的利益或目标而一起行动的人，就是一个利益集团。遵循这个观点，在美国的教育领域必定存在并活跃着大量的利益集团。有资料表明，在华盛顿特区利益集团的数量从 1977 年的 4000 多个增加到 1999 年的 1.9 万多个，增长速度是令人吃惊的。这种爆炸式增长包括教育利益集团的增长，从 1960 年开始大约有 76% 的教育利益集团开始形成了，到 1999 年就有了大约 650 个这样的组织。①

在英国，有部门集团（sectional groups）、目标集团（goal groups）、内部集团（insider groups）和外部集团（outsider groups）等主要集团（Primary groups）和次要集团（secondary groups）等类型。以某种经济职能的运行为基础的集团称为部门集团，这类集团的目标是扩大某些属于特定专业、行业及职业人员的利益，如教师、店铺经营者、矿工和企业负责人等。英国的部门利益集团有英国工业联合会、英国工会联合会、英国医学会、英国律师协会和英国全国教师联合会（NUT）等。与部门集团不同，目标集团以宣传某些信仰、立场和原则为目标，因此又被称为立场集团、思想集团或偏好集团。英国的目标集团有绿色和平组织、儿童贫困行动组织、大赦国际、"庇护所"组织、"宪章 88"组织（Charter 88）等。

虽然部门集团和目标集团有一些不同之处，但是二者之间的区别并不是绝对的。首先，部门集团可能追求某些目标。以英国医学会为例，该组织在代表医生利益的同时，也参与管理如饮酒、吸烟和拳击安全等诸多公众健康问题。其次，就其总体目标和动机来说，许多组织明显是目标集团，但这些组织也经常需要保护其物质利益。以牛津饥荒救济委员会（Oxfam）这一慈善组织为例，它拥有固定资产，雇用专职人员。尽管其作为慈善组织不能参与公开的政治活动，但它也要保证税法变化不会影响其募捐活动。最后，一些组织既不是简单地被列入部门集团也不能被列入目标集团。例如，一些保护组织通常兼备两类集团的某些特征，对本地发展

---

① V. Darleen，Opfer，"Beyond Self-interest：Education Interest Groups and Congressional Influence"，*Educational Policy*，Vol. 15，No. 1，2001.

持反对态度的组织会对某些利益既保护又无私。

内部集团经常得到政府的咨询，而外部集团要么不愿意与政府建立密切联系，要么未能得到政府的认可。使用内部集团和外部集团的分类方法超越了部门集团与目标集团的区别。大多数内部集团属于部门集团，但是并非所有部门集团都是内部集团。同样，目标集团可能拥有内部集团的特征，如曼凯普慈善组织（Mencap）和霍华德刑法改革联盟。“内部”和“外部”之间的界限并不是一成不变的，实际上，二者经常相互重叠。

主要集团存在的唯一理由是政治游说，而次要集团从根本上说并不是政治性的集团。主要集团的实例包括职业游说公司、国家目标组织（“宪章88”组织）、特别问题组织（如反对烟草法医生组织“反对烟草电视广告”）、一次性全国运动（如“拯救广播四台长波节目运动”）、地区设施和对本地发展持反对态度的组织等。次要集团则包括教会、大学、工会、汽车组织及慈善机构，其主要目的分别是宗教、教育、经济、驾车和慈善事业，但是它们也经常代表其他成员提出政治诉求。

从国际比较的角度看，教育领域的利益集团的数量也是相当可观的（见表1－2）。

表1－2　**各国的团体数量及其分布**　单位:%

分类	英国	美国	加拿大	日本
经济・业界	36.8	19.2	19.1	37
农业	9.0	4.4	5.5	4
政府、法律、军事	4.4	3.4	3.7	4
科学技术	7.4	6.5	8.8	15
教育文化	9.8	14.6	15.4	16
社会福利	2.1	7.8	8.5	6
保健医疗	10.7	9.9	10.5	6
公共问题	3.2	10.7	3.7	1
民族・外交	0.5	2.6	4.1	2
宗教	1.9	4.9	2.5	1
退役军人	0.0	1.6	0.2	0
兴趣	2.6	6.8	0.9	1
体育	5.3	3.9	9.0	4

续表

分类	英国	美国	加拿大	日本
工会	0.1	1.1	2.2	2
商业会议所	3.7	0.8	6.0	2
希腊文字社交	2.3	1.7	0.1	—
团体数	7645	20076	8321	约12000

资料来源：Directory of Association in Canada Directory of British Association，Encyclopedia of Association，团体名鉴。

由表1－2可以看出，关于各种利益集团的分类数量，各国大致呈相同趋势。商业和企业集团最多，其次就是教育和文化集团，再次是医疗保健和社会福利等集团。由此可知，教育类利益集团在教育政策制定和实施过程中必定发挥着重要影响。

二　利益集团的影响战略和策略

为了维护自身利益，利益集团怎样施加影响呢？实际上，利益集团有许多战略和政治策略可资使用。所谓的战略是指一个利益集团在某种政策上争取合作力量的计划。所谓策略是指实现这种计划的具体做法。

美国的书刊常常用战略或者策略这类术语来说明利益集团进行院外活动的方法。有学者把利益集团的活动方法概括为2种战略和14种策略①。

直接接触战略是同参与决策者进行直接的交往。具体策略：（1）由集团代表或专职院外活动人员直接对参与决策者本人进行游说；（2）沟通关系的活动：社交性接触、经济资助；（3）提供情报和资料：帮助进行专题研究、起草法案和报告、在听证会上做证、参加顾问委员会。

间接接触战略是通过本组织的会员、舆论工具或其他团体来影响参与决策者。具体策略：（1）基层群众性活动：发动广大会员施加影响、动员有关选区的选民进行游说；（2）运用传播媒介工具造成社会舆论；（3）用抗议等活动引起参与者的重视；（4）组织联盟或联合阵线以壮大自己的力量；（5）越过参与决策者直接动员社会公众表态：公开倡议书、公民

① ［美］罗·赫热贝纳、鲁·斯科特：《美国的利益集团政治》，转引自李寿祺《利益集团与美国政治》，中国社会科学出版社1988年版，第64页。

投票。

20世纪70年代以来，利益集团还成立“政治行动委员会”，专为议员竞选筹集经费。虽然利益集团在立法机关的活动以及捐献竞选经费的数目要受《国会法》《联邦院外活动管制法》《游说公开法》和《游说公开技术修正法》的掣肘和限制，但是，利益集团在暗中变相地对国会议员们大献殷勤的行为，远远不是这些法律所能控制的。

在英国围绕议会的游说活动不像美国那样广泛和重要，由于英国政党纪律较为严格，而且议会通常受制于行政部门。所以，利益集团对政策的影响主要集中在政府部门，利益集团与政府部门的接触比例较高，如表1-3所示。利益集团所使用的策略基本与美国学者总结的大同小异。

表1-3 **内部、外部集团与政府部门接触的比例**

	周		月	
	内部集团	外部集团	内部集团	外部集团
首相	2	—	14	10
内阁大臣	12	5	45	37
一般大臣	14	10	67	38
高级文官	25	12	49	45
一般文官	55	12	76	62

资料来源：Bill Coxall, *Pressure Groups in British Politics*, Harlow: Pearson Education, 2001, p. 67.

值得注意的是，利益集团使用战略和策略的有效性的问题。究竟是什么使得一些利益集团比另一些利益集团更有影响力呢？通常情况下，这除了取决于利益集团所能动用的战略和策略本身之外，还与该集团的正当性、组织成员多少和资源数量等因素密切相关。

第二章　利益集团对教育政策的影响

依据政策科学的基本规律可知，任何一项政策的制定、执行、评估、监控和终结都是关于权力和利益的分配和再分配，不管是在民族间、地区间、阶层和阶级间，政策过程的结果总是反映了不同人、不同集团和社会力量的利益分配。而且，在政策过程中只有保障不同人、不同集团的利益要求有充分表达的机会，才能最大限度地反映各种利益集团的意志。进言之，一个好的政策，不应忽略和取消利益的差异性，而应该努力取得不同利益间的平衡。

第一节　教育政策的本质和基本规律

当教育系统内部或教育系统与其他外部系统之间由于种种原因而出现不协调状态时，就会产生相应的教育问题。这些问题迫切需要有应对策略，于是就出现了教育政策。那么什么是教育政策呢？教育政策的本质是什么呢？从不同的哲学信仰和理论观点出发，经常会得出不同的乃至相互冲突的结论，比如，理性主义者把教育政策看作人类理性的产物；渐进主义者由于看到了人类理性的非完善性，则认为教育政策并不完全是理性的产物；精英主义者则认为教育政策是社会上少数人的意见和行为的结果。上述观点由于方法论上的先天性缺陷，因而没有能够真正揭示教育政策的本质。根据矛盾论的观点，“任何运动形式，其内部包含着本身特殊的矛盾。这种特殊的矛盾，就构成一事物区别于他事物的特殊本质”。①

① 《毛泽东选集》第二卷，人民出版社 1952 年版，第 775 页。

我们认为教育政策作为一种有关教育的活动，不同于其他教育活动如课堂教学、课外活动等的特殊矛盾主要有两点：一是教育政策是教育系统中教育权利和教育利益如何分配的指令性文件；二是教育政策是教育系统中的政治措施和行为。

一　教育政策的概念分析

到目前为止，有关教育政策的界定已经有很多，对教育政策的理解，西方学者一般是建立在对一般政策理解基础之上的。西方学者对教育政策的理解比较宽泛。美国学者伊根·古巴（Egon G. Guba）概括了政策的八种定义：[①]（1）政策是关于目的或目标的断言；（2）政策是行政管理机构所做出的积累起来的长期有效的决议，管理机构可以对它权限内的事物进行调节、控制、促进、服务，此外，也对决议产生影响；（3）政策是自主行为的导向；（4）政策是一种解决问题或改良问题的策略；（5）政策是一种被核准的行为，它被核准的正规途径是当局通过决议，非正规途径是逐渐形成的惯例；（6）政策是一种行为规范，在实际行动过程中表现出持续的和有规律的特征；（7）政策是政策系统的产品：所有行动累积的结果、决议，在官僚政治中成千上万人的活动，从政策进入议事日程到该政策生效整个周期的每个环节，都在产生着、形成着政策；（8）政策是被当事人体验到的政策制定和政策实施系统的结果。

霍尔（J. R. Hough）主编的《教育政策——一份国际报告》（*Education Policy—An International Survey*）第一章《概念及理论问题》中提出，政策主要指有确定目标的行为，这种行为进程与模式以及这种进程中的许多相关措施。

国内学者对教育政策的理解一般比较确定，指的是有关教育方面的准则性的规定。[②] 袁振国认为“政策的真正定义是什么？问这样的问题是没有意义的”。并进一步指出：“只要政策的提议者能为他们的特殊目的找出一个合理性的依据，那么，这样的政策定义就必须被承认。”[③] 孙绵涛认为，教育政策是国家为完成教育任务、实现教育目标而协调教育的内外关

① 袁振国：《教育政策学》，江苏教育出版社1998年版，第158页。
② 同上书，第139—140页。
③ 孙绵涛：《教育政策学》，武汉工业大学出版社1997年版，第2页。

系所作出的一种战略性、准则性的规定。[①] 吴志宏认为，对教育政策最简洁的理解就是“教育行动的准则”。所谓行动准则，实际上就是依据一定标准选择做什么或不做什么。教育政策一般隶属于公共政策，而公共政策主要由政府制定，有人对公共政策下了这样一个定义：“公共政策就是政府选择做什么或不做什么。”[②] 成有信等认为，研究政策概念时，我们应该注意把握以下的规定性：制定政策和执行政策是组织责任行为；它是为实现一定的组织目标和任务服务的；它是对该做什么或不该做什么，该怎么做或不该怎么做而立下的规定。基于这样的认识，可以将教育政策定义为：负有教育法律或行政责任的组织及团体为了实现一定时期的教育目标和任务而规定的行为准则。[③]

教育政策也可以如此概括：政府在教育领域选择做什么或不做什么。当然政策制定总有一定的目的，并且总是在一定时期有效，教育政策是政府在一定时期为实现一定教育目的而制定的关于教育事务的行动准则。

基于上述分析，所以我们对教育政策完整的界定应该是教育政策是一种有目的性的、有针对性的、有组织性的动态发展过程，是政党、政府，包括一定的附属机构等国家权力机关和政治实体或集团在一定历史时期，为实现一定的教育目标或任务，通过干预、调控和补偿等手段协调和统合教育的内外关系所规定的，以促进教育系统良性运行的行动依据和准则。

（一）教育政策与教育方针

在教育实践中，人们经常把教育方针和教育政策连在一起加以使用，即对二者基本上可以不加区别地等同起来。但在研究教育政策时，应该澄清两者之间的联系与区别，特别是考虑到利益集团在教育政策的制定、执行、评估、监控和终止的全部过程中作为一个不可忽视的因素尤为重要。目前，国内学术界对教育方针有两种比较权威的意见。一种认为教育方针是“国家和政党在一定历史阶段提出的教育工作发展的总方向，是教育基本政策的总概括”。[④] 另一种认为教育方针是“国家在一定历史时期，根据社会经济发展的需要，通过一定的立法程序，为教育事业确立总的工作方

---

① 孙绵涛：《教育行政学》，高等教育出版社2001年版，第98页。

② ［美］M. G. 罗斯金等：《政治科学》，林震译，华夏出版社2001年版，第370页。

③ 成有信等：《教育政治学》，江苏教育出版社2000年版，第241页。

④ 《中国大百科全书》（教育卷），中国大百科全书出版社1985年版，第159页。

向和奋斗目标，是教育基本政策的总概括”。[①]

上述两个定义都表明教育方针与教育政策并无根本区别，从整体上看，它们都强调教育方针是有关教育工作的总方向，都是教育基本政策的总概括。从本质上分析，两者同属一个理论范畴，都是代表一定阶级利益的政治实体所确立的行为规范和行动模式，都是为了实现教育目标，完成教育使命而制定的行动准则。

教育方针是各种类型的教育政策中的一种重要的表现形式，寓于教育体系之中。人们之所以经常把教育方针置于教育政策之前加以连用，除习惯的作用外，主要是由于教育方针的特殊性，即最基本政策的总概括属性所决定的。[②] 由此看来，教育政策是教育方针完成教育使命和教育目标的载体，教育方针需要通过教育政策这一中介环节来完成教育任务。

教育方针和教育政策又有区别，在教育方针的制定主体上，前者认为是国家或政党，后者则强调国家。另外，后者还特别提出依据立法程序来制定教育方针，使之反映到有关教育的法律中去。混淆二者的区别，将使教育方针和教育政策的执行、监控和评估发生困难乃至失误。这种区别主要表现在：从内容上看，教育方针主要是规定教育的性质、目的以及实现教育目的的基本途径。相比较而言，教育政策的内容广泛得多，且具体明确，它既可以是宏观层面的重大教育问题，如美国的《莫里尔法案》；也可以是中观层面的教育问题，如美国加州新双语教育政策；还可以是微观层面的教育问题，如纽约学区的课程政策。

由此可以看出，我们所说的教育政策包含了教育方针，教育方针是一种特殊的教育政策。从本质上看，教育方针一经形成就具有了比一般教育政策更鲜明的原则性、稳定性，在某一特定的历史时期，总教育方针只有一个。而教育政策却有较大的变通性和灵活性，而且，在纷繁复杂的教育工作中，总是同时存在着多方位、多层次和多功用的教育政策，教育政策通常是以一种体系和系统的形式表现出来和发挥作用的。从制定的主体上看，制定教育方针的主体级别高，一般是由政党和国家最高权力机关来承担这一责任。而制定教育政策的主体则有较大差异，它既可以是中央级的

---

① 吴畏：《教育方针的理论与实践》，河北教育出版社 1990 年版，第 2 页。

② 张新平：《教育政策的基本理论研究》，载孙绵涛等《教育政策论——具有中国特色的社会主义教育政策研究》，华中师范大学出版社 2002 年版，第 12 页。

领导机关，也可以是地方的权力机关和政府部门及其附属机构。

（二）教育政策与教育法律

在教育实践中，教育政策与教育法律这两个教育术语经常结伴出现，人们在谈论它们时，也经常将两者放在一起。一般认为，教育政策与教育法律是教育活动的两个重要方面，它们之间既有联系又有区别。

其联系主要有以下几点：首先，从国家管理教育的重要手段方面来看，都是国家协调和规划教育的重要手段。其次，从国家管理教育的权威性方面来看，教育法律一经确立之后，会对教育政策产生制约和影响。教育政策不仅不与教育法律相抵触，而且要有利于教育法律的执行和实施。当教育政策与教育法律发生矛盾时，则应该以教育法律为准绳，依法办事。最后，教育政策是制定教育法律的依据和基础，教育法律是教育基本政策的规范化、具体化和条文化。因为教育政策反映了一个国家特定的政治、经济、文化和科技的发展要求，体现了统治阶级的教育意志、需求和利益，任何教育法律的制定和实施都必须以此为根本依据。因此，可以认为，教育法律是在教育政策指导下，在教育政策实践中，通过总结成熟的经验和认识的基础上形成的，它们都是从那些具有长期稳定性的、对全局有重大影响性以及在实践中获得了巨大成功和富有成效性的教育政策的基础上演化过来的。

从区别方面来看，教育法律与教育政策毕竟不是一个概念，所以还存在以下几个方面的差异：第一，从制定者和执行者的角度来看，教育法律是由国家权力机关制定和执行的，而教育政策多是由政党及其相关组织制定和执行的。第二，从二者具有的约束力的角度来看，教育法律具有国家强制性，对社会全体成员都有约束力，而教育政策不具有国家强制性，只对某部分人或集团有约束力。第三，从执行方式的角度来看，教育法律的执行要依靠国家的强制力去规范人们和团体的行为，对于违法者要予以法律制裁，而教育政策通常依靠行政权威，运用号召、宣传、教育、解释、鼓励等方式来贯彻。此外，教育政策在执行过程中强调及时性，允许人们在解决实际问题时因地、因事、因人而异，提倡创造性地贯彻执行政策。教育法律则强调统一性和规范性，否认灵活变通，任何人都不得离开法律的轨道而自行其政。第四，从表现形式的角度来看，教育法律的表现形式有宪法中的教育条款、教育法律、教育行政法规、地方性教育法规和教育行政规章等，而教育政策主要以决定、指示、决议、纲要、通知等形式出现，内容比较广泛、原则和概括。第五，从发挥的作用的角度来看，教育法律主要表现为国家的强制性作用，而教育政策主要是指导性和协调性的作用。第六，从种类和形式的角度来看，教育法律主要是调节教育法律关系，而教育政策可以是针对全局性重大问题所制定的教育方针和教育总政策，也可以是针对全局性重大问题所做的决定，具有弹性、更广泛性的调节作用。

通过对教育方针、教育法律和教育政策之间关系的分析，笔者认为教育方针和教育法律也是教育政策的另外两种方式，它们的共同之处就是对教育实践进行指导、规范和管理。因此，从国家或政党调节、指导和规划教育的角度看，二者同样属于教育政策范畴。

二 教育政策的本质

（一）实现教育利益的权威性分配

教育政策活动就像一面镜子，真实地记录和反映了不同历史时期不同阶级、阶层和团体获得教育权利和资源的情况。古今中外概莫能外，即便是个别福利国家的教育政策活动也是如此。教育政策的“教育利益的权威性分配”的本质属性仍然存在。关于这一点，公共政策研究中的集团理论就像清醒剂，帮助人们更深刻地理解教育政策的本质。集团理论认为，不管政策如何变换，它始终都不会偏离利益这个关键和核心。著名政治学者厄尔·莱瑟姆（Earl Latham）认为：“公共政策实际上是在任何特定时候，通过集团斗争而形成的一种均衡，在它所代表的这种均衡之下派别和集团不断为获取自己的最大利益而斗争……立法机关仲裁团之间的斗争，认可成功的团体，记录失利团体的让步的情形。”①

著名学者维洛（Velo）也有类似的观点。他认为：“自由主义分子和保守主义分子，共和党和民主党间，不管他们怎么称呼自己，最重要的分歧就在他们所代表的利益团体中。”② 既然教育政策是有关教育的权力和利益的具体体现，那么教育政策决定者在制定教育政策时，能否统筹兼顾各

---

① ［美］詹姆斯·E. 安德森：《公共决策》，唐亮译，华夏出版社1990年版，第22页。

② 同上书，第26页。

个集团、各个阶层、各个阶级的利益，优先考虑在社会中居于主导地位的统治阶级的利益就显得非常重要了。特别在民主、平等价值日益成为当代社会共同追求的目标的今天，教育政策能否保障某一集团的利益而又不牺牲其他集团的利益为代价，就成为当代政策研究亟待解决的一个重大问题。[①] 因此，发挥教育政策权威性分配的功能，实现教育利益分配合法化是教育政策的本质属性之一。

（二）完成教育行动的政治性保障

教育政策的制定和实施本身是一种重要的政治行为和措施，一经确立则具有政治权威性，同时还是各种政治行为综合影响的产物。因此，理解教育政策完成教育行动的政治性保障可以有三个方面的含义，一是教育政策活动是一种重要的政治措施和行为，关键是由教育政策作为一种阶级意志的基本表达形式这一性质所决定的。在阶级社会里，处于不同社会地位的各阶级，都有由其经济地位所决定的不同政治要求和利益要求，而同一阶级的内部成员，其政治要求和利益要求基本上是相同的。这种共同的政治要求和利益要求，就是阶级意志。不同的阶级有不同的阶级意志，教育政策通常被不同阶级用来表达各自阶级的教育意志。二是教育政策的制定和实施是由国家教育行政管理部门依照法定程序制定，这种教育政策活动同样具有政治权威性。在教育政策活动进入执行阶段，教育政策执行主体则依靠国家强制力作为后盾强制执行，保证教育政策活动的顺利完成。三是政治体制、政党政治、政治文化、政治气候等一系列政治因素总是在广泛地影响着教育政策的制定和实施，教育政策就是这些政治因素综合作用的结果。

三　教育政策的利益调控规律

（一）教育政策调控的含义

教育政策的利益调控规律是指政策在干预教育行为和活动的过程中对利益的调整和控制。教育政策对教育行为和活动的干预作用，在形式上表现为各种行为规范对教育行为与活动的约束和鼓励，在本质上则是对各种

① 孙绵涛等：《教育政策论——具有中国特色的社会主义教育政策研究》，华中师范大学出版社2002年版，第19页。

利益关系进行调整。任何一项教育政策一旦输入教育系统，就会造成某种利益关系的改变，甚至导致整个教育系统利益结构的大调整。教育政策就是通过对利益关系的调整来控制教育领域中各个利益主体的需要，从而使每一社会阶层、每一利益集团的利益追求与教育系统乃至整个社会的整体利益相一致，促进教育系统各个要素协调、有序发展。然而人们并不能随心所欲地运用教育政策干预教育行为和活动，必须遵循教育客观规律，科学地运用政策手段，才能达到预期的目标。

教育政策运作之所以具有这种利益调控作用，主要是由于两个方面的原因：第一，由教育系统内的各种利益差别决定的。由于每一类主体在教育系统的地位的差别、思想观念的差别以及知识水平的差别，造成了人们不同的利益要求，即需求的层次和具体内容有所不同。但是由于教育资源的总量是有限的，所以各种利益要求不可能同时都得到满足，而社会各个阶层、各种利益集团都希望在有限的教育资源中获得数量上均等的一份，甚至期望获得更多一些，这就造成了各种利益之间的冲突。如果这种冲突激化，就会造成教育系统的不稳定，影响教育系统的良性运行。教育政策的一个重要作用就是调整、控制教育系统内部甚至是部分外部的各种利益的方向和目标，减少各种利益之间的摩擦。在这种利益关系的调整中，必然要以抑制和满足的方式实现利益导向的作用，使各种利益之间互相补偿、互相促进，促进教育体系协调发展。第二，由教育政策本身的性质决定的。任何一项教育政策都有明确的利益指向，也就是说，每一项教育政策都有特定的获益者或利益被抑制者。一项教育政策不可能同时满足教育系统和社会上所有阶级、阶层和利益集团的所有利益，而只能满足某一阶层或利益集团的利益，否则一项教育政策就没有实际的指导意义。教育政策就是通过这种利益调控来改变教育系统的利益结构，抑制、转化那些不合理的和不利于教育系统良性运行的利益要求，以促进教育整体利益的实现。

（二）主导利益集团优先规律

主导利益集团优先规律是指在教育系统内运用政策调整利益关系时，总是优先满足教育系统内的主导利益集团的利益要求。教育政策作为教育系统的利益关系的调节器，在调整教育系统内部利益关系时，在特定的时间和空间范围内，一项教育政策中的行为规范总是把某些利益要求置于优先发展的地位予以考虑，而其他的利益要求则被置于次要地位。教育系统中存在林林总总、形形色色的利益要求，哪些利益诉求将会被优先考虑，是由主管教育的国家行政机关来决定的，因此符合主管教育的统治阶级的教育利益总是处于优先满足的地位。概言之，当教育政策的利益取向是团体利益取向时，教育政策目标变为追求强势集团的福利最大化，在集团决策机制中教育政策被强势集团所操纵，弱势群体的社会福利受损失，强势利益集团的意志得到最有效地体现，这种状况的优势是使得国家和主导集团的教育目的和行为优先得到满足，弊端是使得相对弱势集团教育利益受损，可能加剧教育公平的实现，导致教育政策的制定被操控。

（三）损益补偿规律

损益补偿规律是指在一项教育政策中受到损害的利益，应由其他的政策予以相应的补偿，以保持教育领域内的利益关系的平衡。在教育实践活动中，尤其是在教育决策时，往往很难找到最佳政策方案，而经常是选择一些能够解决问题的可行性方案，这使教育政策不可避免地产生相应的负效应，对某些利益造成损害，这些损害不利于教育系统协调有序地发展，因而应该由其他的政策作出补偿性的规定。若长期只满足某种利益，而被压抑的一些利益长期得不到满足，会导致一系列严重后果。一是长期抑制某种利益，会导致这部分利益集团对政策的制定、执行和评估等教育政策的各个环节产生抵制情绪和不满，妨碍教育政策目标实现。二是长期抑制某种利益，会导致不正常的利益转化，导致教育系统的紊乱和不协调，增加系统内耗，浪费教育资源。

（四）多数满意规律

多数满意规律是指虽然每项教育政策都有其利益取向，但是其实际结果应当是使多数人普遍受益，而获益极多和利益受损最大的应当是一小部分人，即实现利益的正态分布，至少不应由于一项教育政策的实施使大多数人的利益要求都受到损害。如同政策的本质特点所决定的那样，教育政策具有一定的利益指向，每项教育政策既有既定的受益集团，也有既定的利益受损集团。但是一项教育政策最终形成的结果，往往是大多数人的普遍利益，而直接获益最大和受损最大的集团都是少数，大多数集团的利益不能受到损害，否则，这项政策就会遭遇强大阻力，缺乏贯彻实施的现实基础。在教育领域中，政策是国家和教育主管部门有目的的制定和管理教育的手段的统一体，政策的实际效果如何，往往不以人们的主观意志为转移。政策的实现程度，取决于它是否符合多数集团的利益。

在教育政策实践中，政策的实际效果与预期效果有时并不一致，甚至大相径庭，这是由于政策在实施过程中被各种利益集团利益要求修正的结果。一项教育政策付诸实施以后，利益受到损害的集团，会自觉地抵制政策的执行，或者修改政策中不利于自身利益的部分，从而使政策实际效果与预期效果发生偏离。政策损害的利益越多，效果偏离的可能性就越大；反之，因为政策受益的人越多，偏离的效果就越小。因此，即使一项政策可能是以实现一小部分集团的利益为目的的，也必须考虑多数集团的利益，对于多数集团普遍关心的问题必须予以适当的解决，否则这一小部分集团的利益也可能是难以实现的。

第二节　利益集团对教育政策过程的影响①

从教育政策实际运行状况看，它实际上表现为教育政策制定、执行、评估、监控和终结等环节所组成的动态活动过程。教育政策过程在很大程度上可以看作对教育价值和利益输入和输出的过程。而作为政策系统重要构成要素之一的利益集团无疑将会对教育政策有着十分重要的影响。这是因为利益集团不仅是教育政策的主体，也是教育政策的客体，同时还是教育政策环境的组成要素，利益集团的多重角色决定了在教育政策活动中必须重视利益集团因素。

一　对教育政策制定的影响

教育政策制定是政策过程的第一和首要阶段，是指教育政策从问题界定到方案抉择以及合法化的过程。教育问题可以说是形形色色，不胜枚举。但不是每个教育问题都是政策问题，只有那些引起了政府和教育行政部门的充分注意，并试图出台教育政策方案予以解决的问题才是教育政策问题。毫无疑问，利益集团在这个过程中扮演着一个十分重要的角色。众

① 本节发表于《比较教育研究》2006 年第 10 期，发表时略有调整和改动。

所周知，利益集团的一个共性就是通过影响与它们自身有关的教育政策来提高或促进集团内公共的利益。在美国，教育利益集团，有些甚至是涉及自身教育利益的教育系统之外的利益集团通过合法的渠道，以“接近”联邦国会、联邦政府、联邦法院和州级相关机构的工作人员（其中包括议员、部长、法官和州长等）的手段，并采取相应的影响策略来表达自己所代表的集团的利益要求和意愿，从而希望该集团所关注的教育问题成为政策问题。同时，国会和政府在提出或出台教育政策方案和动议时，经常还会面临备选方案的选择问题。利益集团的存在无疑会使得国会和政府的抉择不至于特别有利于某一利益集团而对其他的集团造成不应该有的伤害。以《莫里尔法案》（*Morrill Act*）为例，该法案的两位出身农商阶级的倡导者特纳（Turner）和莫里尔（Morrill），实质也是农业集团和产业集团的代言人，他们提议：（1）以最低的花费建立一所对所有需要教育帮助的农业、商业及艺术劳动者开放的学院；（2）为了产业阶级的利益，建立包括实用及职业科目教学在内的课程体系；（3）从联邦拥有的大量土地中，赠地资助这种学院的创办。[①] 以上就是1862年《莫里尔法案》的核心内容。在该法案完成立法程序后，并未立即产生积极的社会反响，但是多年以后的实践证明了《莫里尔法案》既是美国历史上重要的教育法案，也是重要的农业法案，该法案的酝酿和提出经历了很长的一个时期，但是它的合法化历程恰恰就是教育政策制定的过程。

在英国，利益集团对教育政策的制定有一定影响。1961年夏天，一个私立的英国慈善集团——纳菲尔德基金会——为英国科学教师协会（Science Masters' Association，SMA）提供资金进行科学教育研究，纳菲尔德基金会参与开发新的学校课程，这成为教育系统的一个里程碑。此后，英格兰和威尔士的学校中大部分的精力和规划都转向了课程问题，在第一次世界大战以后很长一段时间内它们都专注于1944年《教育法》的实施。纳菲尔德基金会的主动措施驱动了政府齿轮的转动。1964年出现了一个新的机构，尽管存在一些争议，该机构至今仍是英国学校系统的一个正规组织。这个机构就是课程改革与考试学校委员会。[②] 从这个角度来说，利益

---

① 李素敏：《美国赠地学院发展研究》，河北大学出版社2004年版，第43页。

② Elliott, J., *The Curriculum Experiment*, Buckingham: Open University Press, 1998,. pp. 20 - 21.

集团的要求可以成为教育政策制定过程中的一个重要因素，利益集团的存在，不但有利于教育政策制定的合理化，也有利于教育政策的民主化，更是教育政策制定科学化的有机组成部分。

二 对教育政策执行的影响

教育政策的执行就是执行某项政策所做出的各种决定。教育政策执行可以说是主观见于客观的活动。在教育系统中，有时教育利益集团既可能是教育政策执行的主体，也可能是教育政策执行的客体。毫无疑问，教育利益集团对教育政策所持的价值判断会影响教育政策执行的效果。由此，当某些政策的实施有利于某些利益集团时，它们会表现出积极和拥护的态度，从而有利于该项教育政策的执行，有利于教育目标的实现；而当某项教育政策的实施会损害或危及相关利益集团的利益时，它们通常会表现出消极或反对的态度，甚至会给工作的执行设置种种障碍，严重影响教育政策的顺利执行和政策执行的效果，甚至导致教育政策失真。

美国的各种教育利益集团的建立和发展源于民众参与教育的历史传统，它们弥补了地方分权教育管理体制的不足，但在美国教育政策运行过程中，利益集团影响了教育政策的执行。由于美国教育管理权在各州，因此，导致州与州之间在教育经费政策、课程政策、学生政策、教师政策和教育管理政策等方面的政策差异较大，教育水平难以统一，而联邦政府又无权制定相关教育政策来协调各州的教育发展。正是在这种情况下，各种旨在协调各州之间以及各州与联邦政府之间教育关系的州层面和全国性教育集团应运而生，美国教师联盟（AFT）和全美教师协会（NEA）在维护教师专业化和权益等方面，对教育政策的执行和实施产生了广泛而重要的影响。①

在各种各样的教育利益集团中，有些民间教育认可组织、审定组织、协调组织起到了官方集团不能起到的作用，有些教育集团所提出的教育宗旨起到了统一认识的作用，有些教育集团所提出的调查报告和咨询报告起到了左右教育政策的作用，有些教育集团则借助研究成果提出符合本集团

---

① 李爱萍等：《战后美国基础教育改革政策制约因素分析》，《外国中小学教育》2004 年第 10 期。

利益的教育政策的建议。就整个20世纪来看，除了联邦政府在第二次世界大战后制定的《1958年国防教育法》《1965年初等与中等教育法》《2000年教育战略》和《2000年目标：美国教育法》，涉及基础教育改革政策性文件都是由一些全国性教育团体来制定和执行的。

在英国，教师组织对教育政策执行有较大影响力，有时甚至是决定性影响。20世纪70年代以来，英国经济不景气，使政府开始削减教育经费预算，并针对教师待遇加以设限，引进“绩效津贴”（merit payments）政策，引起大多数教师的反对与抵制。1984年，英国全国教师联合会（NUT）经过会员投票通过，与其他教师组织联合采取罢教的行动，除了要求提高教师待遇之外，同时要求政府改善教师的工作条件。英国政府试图从其他较小规模的教师组织着手，协调支持政府政策，但是，由于全国教师联合会的坚决反对，使得该项政策宣告流产。① 美国和英国的专业性教育利益集团对两国教育政策的执行产生重要的影响。因此，磨合利益集团和国家教育管理机关的关系，协调教育政策意图的一致，是教育政策执行环节顺利实施的基石。

三　对教育政策评估的影响

教育政策评估，是指按照一定的价值准则，对政策对象及其环境的发展变化以及构成其发展变化的诸种因素所进行的价值和利益的判断。其中包括对教育政策的科学性、可行性及其实施后的效果、效益所进行的综合评价。总的来说，利益集团对教育政策评估的影响体现在两个方面：其一针对的是作为评估主体的利益集团。当某项教育政策的实施有利于该集团时，作为评价主体的利益集团对该项政策评估工作往往持肯定和积极态度，政策评估工作就比较容易开展，所得到的信息和结论也更具有客观性；相反，则可能会表现出消极的态度，甚至为评估工作人为地设置障碍，以阻碍评估的顺利进行。其二针对的是作为评估客体的利益集团。当某项教育政策的推行有利于自身的利益时，在评估过程中会表现出积极和配合的姿态；反之，可能会出现不合作的态度，甚至不惜夸大其词、恶意诋毁某项政策，从而导致“信息失真”现象的出现，使得教育评估工作难

---

① 杨莹：《英国教师组织的现况》，《台湾教育》1993年第500期。

以开展，政策评估的结论也就难免失之偏颇。

“启智计划”的评估就是一个例子。在这里，行政集团是以一个评估客体的身份出现的，而西屋学习公司和俄亥俄州立大学则是以评估主体的身份出现的。以尼克松总统为首的行政集团的反贫困计划是他任期内力求有所突破的重大政策，他必须利用各种资源来达到他在政治上的目标。当西屋学习公司和俄亥俄州立大学的评价报告尚未正式发表时，由于评价结论呈现否定的倾向已经透露出来，尼克松总统就等不及正式发布，即在对国会的文告中揭露，显然是利用这一重大政策的评估结果作为其他政策的资源。自然，尼克松总统的目的不是在对“启智计划”削减；相反地，他的目的在于利用“启智计划”的不足来扩大推动其他反贫困计划政策，其中最重要的政策就是对儿童教育的各项方案。尼克松总统的文告正显露了评估的政治内涵。①

长期以来，英国中小学的学校纪律状况令英国社会各界非常不满。2005 年 4 月，英国大选前夕，就如何有效地解决日益严重的学校纪律问题各个政党竞相发表各自观点，是各个政党极力拉拢选民争取选票的重点教育政策之一。保守党发言人、保守党教育发言人达缅·格林（Damian Green）就学校纪律的重要性发表看法时指出，“没有学校纪律，学生就不能学，教师也不能教”，同时，他尖锐地批评了工党政府在任期内并没有认真对待和解决日渐混乱不堪的糟糕的学校纪律问题。自由民主党教育发言人菲尔·威利斯（Phil Willis）说，应对学校纪律状况恶化的有力对策就是强化学校纪律，对那些在学校中违法乱纪的学生及其家长应该采取更为严厉的惩罚与制裁措施。工党教育发言人、时任英国教育与技能部部长卢斯·凯莉（Ruth Kelly）指出，工党认为严明的学校纪律是确保学校教育教学正常运作的重要保障。她承诺工党政府将会继续加强学校的纪律，对行为恶劣的学生采取“零容忍”（zero tolerance）政策，以便为其他学生在学校中安心地学习与舒适地生活创造一个更为安全的环境。托尼·布莱尔（Tony Blair）首相在 5 月 5 日大选投票前对新闻媒体表示，由他领导的新一届工党政府将会进一步研究有效的对策来有力地控制学校纪律的日趋恶化。5 月 20 日英国教育与技能部学校部部长雅克奎·史密斯（Jacqui

① 袁振国：《教育政策学》（新世纪版），江苏教育出版社 2001 年版，第 381 页。

Smith）向新闻媒体证实了政府将采取更为严厉的手段来维护学校的纪律。他说，擅长处理学校纪律问题的校长、教师和专家们将组成一个新的小组与政府和重要的全国性教育组织（包括所有教师工会）一起研究并制定出新的要求来规范学生的行为。“行为与纪律领导小组”（Leadership Group on Behaviour and Discipline）将会建议政府如何让有效的学校纪律规范落实到每一个班级，以及怎样改善家长对他们的子女的行为负责和使尊敬在所有学校中建立起来。他说：“尽管过去成功地处理了学校中极端恶劣的行为，然而尊敬的文化、良好的行为和严格的纪律必须成为任何时代中所有学校必要的规范。”① 雅克奎部长认为，解决学校违法乱纪现象的最好途径就是通过获得家长的支持，来让学校的校长和教师严格要求每一位学生，这种仅仅通过单一的立法措施来制止破坏性的行为不是最佳的选择。他透露，政府已经赋予学校权力，提供培训以及支持，来处理学校中的破坏性行为。英国的朝野都对中小学纪律问题给予从自身角度出发的价值判断，这种价值判断说明了利益集团对教育政策的评估有影响，尽管这种影响仅是朝野双方趋同的一种影响。

教育政策评估的结果符合行政集团的政治利益，即可以成为该集团制定其他政策的资本，行政集团就积极地支持和配合这项教育评估活动的进行。

四　对教育政策监控的影响

教育政策监控是为了政策合法化与保证政策的贯彻实施而对政策的制定、执行、评估和终结等活动进行监督与控制的过程，其目的在于保证教育政策系统的顺利进行，提高教育政策制定和执行的质量，促进既定政策目标的实现和提高政策效率。在教育实践活动中的利益集团会经常通过接近、传媒、舆论、动员等各种策略来影响教育政策过程。一方面，他们试图阻挠、反对、阻止不利于本集团利益的各种教育法规、教育政策的通过与实施；另一方面，则会积极争取、实施有利于本集团利益的教育政策的通过与实施。教育政策监控的着眼点就在于获取必要的信息，以对现实的

---

① 北京师范大学教育学院：《英国教育部将采取措施加强学校纪律》，《基础教育参考》2005年第9期。

教育政策进行监督、控制与调整，而利益集团为这种信息的获得提供了可能。当其对某项政策持肯定的态度时，通常会输入有利于该项政策制定与实施的信息，以维护该项政策；相反，当其对某项教育政策持否定的态度时，则往往会输入不利于该项教育政策推行的信息，以阻碍或反对该项教育政策的推行。

美国在促进基础教育均衡发展政策过程中，有若干相关的利益集团对教育凭证制度的监控产生较大影响。这些利益集团主要包括：商业集团、学生家长（尤其是住在城市中心贫困的少数种族学生家长）和宗教集团（保守势力），其中宗教集团的表现最为明显。以美国基础教育改革中教育凭证制度为例，该制度可以分为限制性和非限制性两种。限制性教育凭证制度将家长对学校的选择权限制在公立学校和非宗教性的私立学校之间，而非限制性的教育凭证制度则囊括所有的学校，包括宗教性学校。20 世纪 90 年代，宗教集团在美国政治舞台上十分活跃，它们以共和党为载体，对在国会、政府、州和地方的共和党成员游说和施加压力，致力于恢复正统宗教观念统治的社会。教育领域一直是宗教右派势力争夺的阵地，而实施教育凭证制度是该集团施加影响的有效途径。与宗教集团相对，少数民族集团，尤其是黑人集团坚决反对教育凭证制度。尽管少数种族家长们出于自身利益考虑拥护教育凭证制度，但是跻身于政界或活跃于社会活动的黑人领袖们多持相反意见。根据政治经济联合中心的统计，有 69% 的黑人官员反对教育凭证制度，比较有名的有前亚特兰大市长安德鲁·扬（Young）、马汀·路德·金（Martin Luther King）三世等。①

在利益集团对教育政策监控的影响过程中，利益集团的利益要求必然通过政党在国会中教育法案的立法中表现出来。但是，我们如何区分政党体制和利益集团的相互关系呢？许多参与这两者之中任何一方面活动的人，毕竟也参与另一方面的活动，政党和利益集团是“你中有我，我中有你”。从形式上看，政党和利益集团的区别在于前者能为各项公职提名候选人，而后者却不能。如果一个集团想要在选举中提出自己的候选人参加竞选，这个集团就变成了政党，就要遵守美国为控制政党活动所制定的各

① Garrett, Jennifer, “School Choice 2001: Increasing Opportunities or America's Children to Succeed”, http: //www. Heritage. Org/ Research/Education/ Schools/background. ofm.

项法律条款。可是在实践中，这种比较简单的区别并不意味着能够在这两种政治组织形式之间画一条泾渭分明的界线。担任由选举产生的职务的人，尽管是一个政党的成员，却很可能同某些利益集团有密切联系；同时，虽然这样的利益集团在形式上并不提名自己的候选人，却可能会公开地赞成某个政党或该党的候选人，为其竞选活动提供经费，并且为选举或击败某些候选人而进行秘密的或公开的活动。如果政党的党员同时也是某个利益集团的成员，那么这个利益集团也可以算是这个政党的“一翼”。或者从一个方面来说，一个利益集团也许会煞费苦心地超脱于两党之外，以便能够得到两党的垂青。因此，既可以把利益集团看作政党的替身，又可以把它看作政党的补充。①

2000 年 5 月，联邦众议院两次否决了共和党要求实行教育凭证制的修正案，几乎同时，参议院也否决了一个要求扩大教育凭证制试行范围的修正案。在 2000 年的总统大选中，共和党的小布什积极支持非限制性教育凭证制的实施，而民主党候选人戈尔则针锋相对，提出废除教育凭证制等主张。所以教育凭证政策的制定和实施效果就要依赖于两党在总统大选谁能够胜出而定，胜出一方的教育政策主张将会有很强的竞争力。为赢得大选，两党都在争取和扩大各自支持自己的利益集团，两党的教育政策通常是与政党的政治利益息息相关，利益集团经常借助政党的力量影响教育政策的制定、执行、评估和终结等活动的进行，利益集团通过对政党的影响来实现对教育政策监控的影响。

在英国，全国工党教师联合会是工党内部一个非常重要和有影响力的压力集团，是工党的一个附属协会，尽管它的会员不是太多，但是，它的活动对工党第二次世界大战后教育政策的发展产生了重要影响。全国工党教师联合会对英国综合中学政策的监控产生较大影响。在 1945 年以前，全国工党教师联合会努力通过出版物、地方教育当局以及借助影响力较大的团体等方式积极表达政策主张，此时，尽管全国工党教师联合会一直坚持利用这些途径发挥影响，但是，它在战前取得的成果是有限的。1945 年工党政府上台执政以后，联合会才有了更广泛的影响。全国工党教师联合会的努力直到 1950 年的年会上才有了回报，这时要求建立综合中学的呼声达

① ［英］维尔：《美国政治》，王合等译，商务印书馆 1981 年版，第 107 页。

到一个新的高度，综合中学政策成为教育会议上的唯一主题。① 在 1951 年 6 月，工党出版了一个包含着政治哲学和教育目的的《中等教育报告》（以下简称《报告》），《报告》描述了工党眼中的新社会的教育目的，即“不是说每一个儿童都将获得同样的成就，而是每一个儿童必须获得充分发展自己才干的平等机会。教育机会平等的原则是内在于社会民主之中的”，② 而三轨制教育制度不能提供平等的教育机会。《报告》的出台标志着作为利益集团的全国工党教师联合会影响党的教育政策取得了成功。在一定程度上，《报告》标志着工党在中等教育的组织形式和综合中学问题上有了明确的态度，采纳了综合中学政策。

五　对教育政策终结的影响

教育政策终结是政策制定者通过对政策进行慎重评估后，采取必要的措施以终止那些过时的、多余的、不必要的或者没有实际政策效果的一种行为。教育政策的终结不仅代表着旧的教育政策结束，而且象征新政策的开始；教育政策的终结不仅有利于教育资源的节省，还有利于教育政策绩效的提高。教育政策的终结总是会直接或间接涉及各种相关利益集团的既得利益，利益集团在面临这个问题时，通常都会权衡利益得失后做出相应的反应。

在美国，教师组织有很强大的势力，其中主要以全美教育协会（NEA）和美国教师联盟（AFT）最具代表性。1960 年以来，两大教师组织在成员人数上迅速成长，从 1960 年的 77 万人增加到 1995 年的 285 万多人，到 2005 年两大教师组织的成员总数已经超过了 400 万人，③ 目前约有 90% 的美国教师分属这两大教师组织。④ 关于这两大教师组织自身的组织结构、会员福利、组织收支的情况以及在教育领域中如何运用政治活动的方式影响教育政策的具体问题将有专门的章节研究。教育政策实施后会产生既得利益集团，以择校政策为例，在没有实行自由择校政策之前，教师

① “Comprehensive School Reform and the 1945 Labour Government”, *History Workshop Journal*, X, 1980, p. 52.

② Labour Party, *A Policy for Secondary Education*, London, 1951, pp. 5 – 7.

③ About American Federation of Teachers, Who We are the National Education Association.

④ 张煌熙：《教师组织与“集体谈判”的运用》，http：//cbs. ntu. edu. tw/gem_ browse. php/fpath = gem/brd/education/O/F00100HO&num = 4。

组织就是一个既得利益集团。实行自由择校的政策后，教师组织的利益受到了损害，原因在于教师组织要维护公立学校的继续存在，如果大部分的学生都因有政府的补助（教育券）而转入私立学校或教会学校，那么有很多所谓“坏”学校将因没有足够的学生而只好关门，因为政府需要鼓励学生进非公立学校（每名学生约需要3000美元/年），公立学校的经费会受到不良影响，而可能越办越差。教师工会为了维护自身利益，避免非公立学校的激烈竞争，因此希望维持原来的政策，更不希望该政策的终结，反对自由择校政策的实施，

在英国，教师组织影响教育政策的改变甚至终结的案例有许多，例如教师组织在20世纪20年代对教师工资问题的影响、教师绩效决定教师工资、控制班级规模和1988年国家课程改革等。1993年，英国全国教师联合会联合其他的教师组织对国家考试计划进行抵制。鉴于这种情况，时任教育大臣的约翰·佩顿（Payton）委派学校课程与评价委员会（The School Curriculum and Assessment Authority，SCAA）的主席荣·迪林爵士（Sir Ron Dearing）对英国国家课程作出重新评估。针对1988的国家课程，迪林和他领导的研究小组提出了具体的改革意见和“瘦身”计划。①

综上所述，利益集团对教育政策的影响是全方位和全程的，即渗透到教育政策的制定、执行、评估、监控和终结的每一个环节之中。正确认识和对待利益集团对教育政策的影响，有利于我们清楚地了解教育政策运作的现实状况，为教育政策制定和实施的科学化和民主化奠定基础。

---

① 许立新：《意识形态·政治权力·国家课程改革——英国个案研究》，《外国中小学教育》2007年第1期。

第二篇

美国和英国利益集团对教育政策的影响

没有其他制度和机构的合作，国家本身在很大程度上是虚弱无力的。因此，如果我们真正关心社会正义，我们就要把它的原则应用到个别地或者整体地产生贯穿整个社会的分配后果的亚国家制度上去。

——［英］戴维·米勒

第三章　美英教师组织基本状况分析

美国和英国的教师组织是专业性社会组织，这类组织有一套成熟的组织目标与管理体系，以专业视角或自身利益提出对教育政策制定和实施的诉求。深入分析教师组织的组织架构及其组织的活动，可以为我们了解和认识教师组织如何影响教育政策的制定和实施奠定基础。

第一节　全美教育协会的基本状况

1857 年，美国 10 个州教育协会在费城集会，组织成立了“全国教师协会”（the National Teacher Association，NTA）。1906 年，国会授予全美教育协会特许状，将“全国教育协会”的名称改为“美国全国教育协会”（National Education Association of the United States，NEA）。[①]

一　组织架构

（一）组织结构

全美教育协会（NEA）是一个自主性的全国性教育协会，其各级附属协会也是一个具有独立自主性的组织，拥有相当的自主权。协会的总部设在华盛顿，管理机构包括联邦、州和地方三级。中央一级的管理机构主要有执行董事会、执行委员会和评议董事会。另外，还有 54 个州立分支——包括华盛顿特区的 2 个、波多黎各 1 个、海外 1 个，以及 1.3 万个地方分

① 美国全国教育协会（NEA）现在多译为“全美教育协会”。

支。[①] 执行董事会由164人组成，其成员包括：每个州立协会至少有1名成员，协会退休会员至少6名代表，学生分支3名代表。如果一个州的现任会员超过2万名，在其执行委员不超过150名的情况下，有权增加1名。执行委员会包括3名执行官员以及6名协会官员。评议会的功能有弹劾执行委员会；对那些违反了教育专业伦理规范的会员进行处理；对会员进行批评、终止雇佣合同以及开除；对代表大会、董事会或者执行委员的工作进行评议，同时在必要的时候提出补救措施等。

全美教育协会（NEA）的最高权力机构是会员代表大会（the Representative Assembly，RA）。会员代表大会要对全体会员负责，其职权是：（1）制定协会的发展政策及其目标；（2）选举协会主席、副主席及财务秘书；（3）审核项目预算；（4）修订协会章程及内部工作规则；（5）审核决议、立法项目、各委员会及主管人员的报告等。协会的主席、副主席、财务长等由会员代表大会选举产生。代表的选举规则是，协会的各州附属协会有权在每1000名会员中选出1名代表参加会员代表大会，地方协会每150名会员中选举1名代表。会员代表大会使更多的会员参与协会的决策与管理事宜，享受代表的权力和荣誉，体现了协会的自治组织的性质。[②] 会员代表大会设置了三类常设委员会，即会员大会常设委员会、策略目标常设委员会和咨询常设委员会。各个委员会下设的重要部门有：（1）政策及策略规划中心，协助协会政策的贯彻、实施和评估专业与教育上的问题。（2）国际关系办公室，与加盟国际教育联盟的各国会员就儿童、妇女、教育专业、人权等问题保持沟通与合作。（3）一般咨询办公室，提供协会干部、职员和各加盟单位有关集体协商、会员权利和其他法律问题的咨询服务。（4）地方会区教育振兴中心，结合协会活动旨在改善地方会区的教育设施，并促进地方会区各单位，如家长、社区及政治团体等的相互合作。（5）政府关系，1972年成立政治行动委员会（NEA-PAC），旨在与各政党保持良好关系，以便顺利通过各种教育法案。（6）教学与学习中心，内部包括全国教育改革中心、教育技术中心、全国改进教育基金会等三个部门，这三个部门为教师提供不断发展的教育技术信息，确保教师保

① 郭朝红：《影响教师政策的中介组织》，天津教育出版社2006年版，第38页。

② 同上。

持高质量的教学能力，达到改进学生学习成绩、改善课程与教学及建立终身学习习惯的机制。（7）组织发展与培训中心，协调所有全美教育协会加盟单位干部及职员办公的训练活动的畅通。

全美教育协会（NEA）是一个以自愿参加为基础的组织，由地方、各州以及全国的教师会员网络支撑。协会的政策由会员代表大会制定，在会员代表大会闭会期间，由9人组成的执行委员会是最高决策机构。会员代表大会也有一些行政单元，比如由164人组成的董事会和9人检查委员会，掌握一年主要政策的执行情况，协会的主席、副主席和财长也是由会员代表大会选举产生的。

（二）宗旨与会员

全美教育协会（NEA）的宗旨是推进美国公立教育事业，目的是提高教育的职业地位，改善学校教学质量，促进教学专业兴趣、完善教职员的福利、推进公立教育事业的进步与发展。协会的组织目标有10项：（1）担任全国教育界的代言人；（2）提高教育目标；（3）促进儿童或学生的健康及福利；（4）促进教育专业人员的专业能力；（5）使教师及其他致力于教育工作的雇员在学习过程中获得基本能力；（6）维护教育人员的权力及增进他们的福利；（7）确保专业自主；（8）团结教育人员使其成为有效的公民；（9）促进并维护人权及公民权；（10）为其会员争取独立团结的教育专业利益。[①]

协会会员一般有以下6类：（1）现任会员，指真正从事教育工作的会员。1961年，全美教育协会的代表大会在新泽西州的亚特兰大召开，通过了一个修改全国教育协会章程的方案，要求从1964年9月开始，任何积极参与专业性教育工作的人，只要拥有学士学位或更高一级学位的将有资格成为现任会员。（2）预备会员，指未真正从事教育工作但对促进教育发展有兴趣的会员。（3）退休会员，指有过5年现任会员资格但现已退休的会员。（4）学生会员，指属于美国未来教师俱乐部成员的中学生会员及属于学生教育协会的大学生会员。（5）通讯会员，指未居住在美国本土的教育

① 台湾比较教育协会：《新世纪的教育挑战与各国因应策略》，扬智文化出版社2000年版，第365页。

家会员。（6）团体会员，指各种图书馆及大专院校以团体名义加入的会员。①

（三）专业规范

全美教育协会（NEA）自从1929年颁布专业规范，到目前为止已经历六次修订。协会所制定的教师职业道德准则，被称为美国教育界通用的教育专业人员必须遵守的职业道德准则。它对从事教学工作的人更适用。该准则是由全美教育协会这个民间组织所制定，并不具备普遍性和法律效力，但对多达95%的公立学校教师都有约束作用。20世纪60年代，协会所制定的新的职业道德准则包括了协会的职业道德委员会对该准则的解释，主要包括教师的四类责任：教师对学生；教师对社区；教师对专业；教师对专业雇佣惯例。

1977年协会又对准则进行了修订。修订后的准则内容有所精简，包括序言和两项准则，但中心意思几乎没有什么变动。协会至今一直沿用该项准则。

（四）州教育协会

现在全美教育协会（NEA）有2700万会员，52个州有附属组织，近1.3万个地方组织。② 州教师组织的会员，是来自各州的教师或其他教育人员。在协会的组织结构中，发挥重大作用的是州一级的教育组织。教育在美国宪法中没有被提及，教育被理所当然地认为是各州的事务。州教师组织所提供的服务很多，主要如下：出版事业期刊、通讯、立法报告及其他学报，使大家对教育有进一步的认识；从事教育研究工作，并报道其研究成果，以促进教育的革新与发展；为会员提供在职教育，以促进其进步，如提供空中教学节目，或提供领导方面的训练活动；为教师提供就业安置服务，使教师能各得其所；从事教育立法方面的研究，并为议会议员提供立法上的专业意见，以促进良好的教育立法；为会员谋福利，如争取待遇的提高、工作环境的改进等。

州教师组织的最高决策机构是州会员大会或州代表大会。大会举

① 台湾比较教育协会：《新世纪的教育挑战与各国因应策略》，扬智文化出版社2000年版，第365页。

② 张煌熙：《教师组织与“集体谈判”的运用》，http：//cbs. ntu. edu. tw/gem_ browse. php/fpath = gem/brd/education/O/F00100HO&num = 4。

行的方式因州而异，主要有下列几种：有些州是所有的会员均可参加大会；有些州是由地方教师组织推选代表组成；还有一些州是上述两者的混合，即是由地方教师组织推选代表组成，但任何会员只要愿意，也可以自由参加。有些采用后两种方式的州，为了弥补部分会员不能参加大会的缺陷，则会另外举行分区年会，使会员有发表心声及参与决策的机会。[①] 州教师组织为分工合作，通常会设立几个委员会，每个委员会负责处理某些特定方面的事务。此外，各州教师组织也均设有专职执行秘书及一些专任职员，来负责处理日常事务。执行秘书是教师组织决策的最高执行人，他的能力高低与组织的成败关系密切。组织所任用的职员一般都对州内的政治事务相当熟悉，经常出席州议会、议会小组、特殊委员会、州教育董事会及其他决策机构的听证会，发表证词，影响州教育政策的制定与实施，以利于州教育的发展，维护教师组织的利益。

（五）地方教育协会

美国各地方都设有地方教育协会。地方教师组织通常有自己的组织章程和规定，并设有主席和财务秘书，分别处理会务和财务事宜。地方教育协会的主要目标有提供教师研究自身问题的媒介；提供教师相互交换意见的机会；发展共同目标，并提高教职员的士气；提供教师参与决定地方教育政策的机会；提供教师自我发展、自我创造及行政领导的机会；改进教师在教育专业、经济、社会及公民等方面的地位；协助教师改善教学方法；促进学校和社区的合作，以促进学校和社区的发展；激励教育人员的热诚及自动自发的专业精神；推展社会及休闲活动，培养会员的团队精神；团结地方教育人员的力量，支持州及联邦的教育方案；协助新任教师熟悉该地方的教育及社会环境等。[②] 地方教育协会每年都召开若干会议，会议的议程通常包括专业学者专题演讲、分组委员会工作报告、推选出席代表大会的代表、拟定日后的工作计划、前次会议决议的执行情况的报告等。

---

① 王艳荣：《教师组织发展的初步研究》，硕士学位论文，福建师范大学，2005 年，第 5 页。

② 华欣文化事业中心：《教育组织与专业精神》，华欣文化事业中心 1982 年版，第 16—19 页。

（六）协会的道德规范

秉承尊重每一个人的独特价值和尊严的信念，教育工作者应该确信追求卓越、献身真理、养成民主精神的事业有着至高无上的意义。实现这些目标的本质在于：保护教与学的自由；确保所有人享有均等的教育机会。教育工作者承担着维护最高道德标准的责任。

教育工作者明确以上重要责任与教学过程息息相关。为了得到同事、学生、父母以及社会成员的信任和尊重，教育工作者应当追求并保持最高水平的专业操守。全美教育协会制定的《道德规范》表达了所有教育工作者的期望，并为具体教学行为提供了判断标准。协会及其下属机构规定：凡违反本规范任何一条的处罚都将是开除会籍。这项由全美教育协会及其下属机构规定的条款在任何情况下都应当强制执行。

（七）全美教育协会的收支

1. 协会的总收入

对于庞大的协会系统而言，整个系统的正常运转无疑需要大量的财力作为后盾。协会总收入由会员会费、代理费和协会外部收入三个部分组成。

（1）会员会费

协会会费标准与美国教师薪水标准有直接关系。协会初建时，会费标准为1美元。会员会费约占协会总收入的90%以上，会费的款额每月从州或地方教育协会汇送到协会全国总部，然后再由总部分配，一般有36%的经费返还给州和地方教育协会。根据协会的报道，1995—1996年，公立学校教师的平均工资加上福利大约为37846美元。根据协会对会费的规定，可以计算出每位教师每年交给协会总部的会费平均为105美元。而且每位会员还必须向地方和州缴纳会费。平均每位教师每年向协会缴纳大约400美元。北卡罗来纳州最少为115美元，波多黎各最多为579.60美元。①

（2）代理费

代理费是指在协会选出谈判代表为会员谋取利益的情况下，那些非会员虽然没有向工会交纳会费，但是同样享受了工会谈判代表的服务以及谈

① Myron Lieberman, *Agency fees: How Fees: Fair are "Fair Share Fees"*, http://www.educationpolicy.org/EPIseries/agencyfees-bklt.htm.

判后所带来的若干好处，为此，非会员必须向工会支付一定数量的金钱。如果非会员不支付代理费，通常会遭到解雇。

代理费问题源于单一代表制以及公平的代表职责。在开展集体谈判时，那个被多数雇员推选为谈判代表的工会就是单一代表。一旦当选为谈判代表，工会必须为所有人谋取利益，既包括非会员也包括现任会员。无论是会员还是非会员，也不论是为了个人和集体的利益，均不允许就自己的事情进行谈判。所有非会员均合法地享受工会代表服务所带来的好处。如果非会员拒绝交纳代理费，则没有公平承担谈判费用。在这种情况下，人们通常将非会员称为“搭便车者”（free riders）。从工会的角度看，非会员好比那些从政府处受益却不缴纳应付税金的公民。因此，代理费也被称为“公平份额费”（fair share fees）。[①]

美国共有 21 个州不允许收取代理费，允许收取代理费的那些州，[②] 州教育协会必须在合同中进行包括服务费在内的协商，而且服务费的数量因地区和地区、州和州之间的不同而有所差别。交纳服务费，但不是协会成员将不参与会员事务。比如，他们不能就是否与学校董事会签署合同进行投票，除非全美教育协会允许。在服务费等于会员会费的地方，一些教师成为工会成员并交纳全额的教育协会的会费。代理费和会费越接近，则更多的教师将选择成为会员并支付全部会费而不是代理费。在某些教师看来，加入工会的原因也是由于因为代理费与会费的区别不大，他们不值得退会而带来失业的风险。

（3）外部收入

除了会员会费和非会员的服务费，协会还有外部的资金来源。这些资金来源主要表现在州附属机构支出的预算中，其收入是为了资助执行董事的日常工作，这些收入包括在协会的出版物上刊登广告的收入，图书资料的销售和出租展厅与会议中心的租金收入等。以 1993—1994 年为例，特殊

---

① Myron Lieberman, *Agency fees*: *How Fees*: *Fair are "Fair Share Fees"*, http: //www. educationpolicy. org/EPIseries/agencyfees-bklt. htm.

② 这里有两种情况：颁布集体谈判法以及州法律要求支付代理费的州有夏威夷、明尼苏达州和纽约州；颁布集体谈判法以及州法律允许支付代理费的州有阿拉斯加州、加利福尼亚州、康涅狄格州、特拉华州、伊利诺伊州、马里兰（仅在巴尔的摩和 4 个县）、马萨诸塞州、密歇根州、蒙大拿州、新泽西州、俄亥俄州、新奥尔良州、宾夕法尼亚州、罗德岛、华盛顿、威斯康星州和哥伦比亚特区。

的预算项目有会议和设备出租的租金收入、数据处理、会议收入、出版物销售额和广告收入等约为 800 万美元。1993 年在旧金山的全美教育协会（NEA）全国代表大会证实 1993—1994 年度协会的预算总额为 1732.6 万美元。全美教育协会的收支数量远远高于任何一个专业组织，然而，正如上面所提及的，源于组织外的 800 万美元并没有计算在协会总收入之中，相反，外部收入只是被看作计划开销的一个补充。简言之，协会总收入中忽略了外部收入这部分。由此看来，1993—1994 年度全美教育协会总收入预算超过了 1.81 亿美元。①

2. 协会的总支出

协会财务支出主要包括用于组织运作方面、行政官员的工资和协会特殊基金等方面的支出。

（1）组织运作的支出

全美教育协会在华盛顿特区有 550 名工作人员，这些工作人员负责协会运转、计划和管理等工作，协会还有 6 个地区的分支机构，每个机构也有工作人员负责日常运转与管理事务。1993—1994 年度协会工作计划和相关预算如表 3 - 1 所示。

表 3 - 1 **1993—1994 年度全美教育协会工作计划和相关预算**

管理部门	工作内容	数额（万美元）
倡议中心	集体谈判、津贴处	147.3104
	人权和公民权处	525.6623
	法律服务处	2349.3241
	研究处	646.1546
	倡议处	25.4693
会员加盟中心	城市教育复兴中心	133.879
	集团组成关系处	765.214
	州关系处	4863.1161
	培训与组织发展处	264.1039
	会员与加盟办事处	54.529

① Charlene Haar, Myron Lieberman, and Leo Troy, "The NEA and the AFT: Teacher Unions in Power and Politics", http://www.educationpolicy.org/files/neaftbk/book.htm.

续表

管理部门	工作内容	数额（万美元）
政策和战略计划中心	战略计划中心	35.172
	管理处	1019.7448
	国际关系处	45.8991
	政策和战略规划处	363.6136
公共关系中心	新闻处	713.1783
	政府关系处	942.3589
	健康信息处	47.9213
	出版处	744.7253
	公共关系处	23.4693
教学与学习中心	国家改革中心	187.3219
	全国教育改进教育基金会	50
	专业标准和实践处	448.4174
	教学与学习处	27.8619
管理和资助中心	商业与资助处	1237.613
	会议与设备管理处	578.5453
	数据处理处	612.56
	人力资源处	243.5008
	管理和资助处	50.7284
偶发事件处理中心		173.206
全美教育协会总支出		17320.6

资料来源：Charlene Haar, Myron Lieberman, and Leo Troy, "The NEA and the AFT: Teacher Unions in Power and Politics", http://www.educationpolicy.org/files/neaftbk/book.htm。

根据协会财务长和独立审计员的财务报告，偶发事件基金的使用需要全美教育协会执行委员会或董事会的批准和授权。1993—1994 年度全美教育协会的外部收入支出如表 3－2 所示。

表 3-2　　**1993—1994 年度全美教育协会的外部收入支出**

项目	数额（万美元）
印刷	373.3
会员与加盟	266.459
数据处理	140
管理	18.5
人力资源	11.1321
会议及其设备	4.2
商业和财政	3.5
通讯联系	1.55

资料来源：Charlene Haar，Myron Lieberman，and Leo Troy，“The NEA and the AFT：Teacher Unions in Power and Politics”，http：//www.educationpolicy.org/files/neaftbk/book.htm。

1993—1994 年度协会外部预算支出为 818.6411 万美元。该协会近 36%的经费预算通过“员工服务一体化项目”[①]（UNSERV Program）（20%）、“统一援助服务项目”（Unified Legal Services Program）（9.8%）和其他项目（6.2%）等方式返还给州或地方教育协会。[②]

（2）行政官员的工资

该协会是一个机构和人员相对比较完备的教育协会。在维持协会的运作过程中，行政官员的工资是一项重要开支。协会行政官员的工资情况如表 3-3 所示。

---

① UNSERV（Unified staff Service Program）是指全美教育协会开展的员工服务一体化计划。该项目最早于 1970 年开始采用。全美教育协会实施该计划的目的是为各地方分会提供全职带薪的专业人士以加强他们的工会计划和服务。UNSERV 项目的具体实施情况为：全美教育协会的每个州立协会雇用一些专职的工作人员，这些人就是员工服务一体化项目的工作人员。他们都是一些非常善于为工会组织的合约谈判、政治行动、学区财政、公共关系以及任何其他工会号召的活动方面提供帮助的专家。其职责是管理机构内所有的政治活动；与政治行动委员会协调活动；培训工会政治行动委员会的代表以及分发材料。

② Charlene Haar，Myron Lieberman，and Leo Troy，“The NEA and the AFT：Teacher Unions in Power and Politics”，http：//www.educationpolicy.org/files/neaftbk/book.htm.

表 3 - 3　　全美教育协会行政官员工资情况

职务	数额（万美元）
主席	16.541
副主席	14.541
财务长	14.541

资料来源：Charlene Haar，Myron Lieberman，and Leo Troy，"The NEA and the AFT：Teacher Unions in Power and Politics"，http：//www.educationpolicy.org/files/neaftbk/book.htm。

此外，行政人员还有一些津贴，其津贴包括：①基于工资 20% 的生活津贴。当签订一年为协会服务和工作的合同的同时，这项津贴合同也同时开始生效。但是需要指出的是，这部分津贴是工资之外的。②20% 的额外津贴。全美教育协会官员们可以自愿参加协会的健康保险计划，如果不想参加全美教育协会的健康保险计划，协会将发放 2 万美元的津贴。[①]

（3）协会的特殊基金

除了总基金，协会还有特殊目的基金，这些特定基金被指定用于协助会员和雇员完成特殊项目。在协会管辖范围内的基金因其数量的大小、纳税状况、受益对象以及基金的结构方式等的不同而不同。这些基金的运作非常复杂，其中包括退休基金、成员福利公司、会员保险信托公司、固定退休福利计划基金、退休后医疗保险计划基金、全国教育发展基金协会基金等。

（八）会员福利

1. 联邦和州的教师福利

在协会提供的会员福利中，以不同的方式为会员提供服务，一些服务是工会直接提供的，一些通过竞标的方式由获得合同的独立承包商提供，涉及工会的范围也大相径庭。联邦和州教师工会为会员提供的服务如表 3 - 4 所示。

① Charlene Haar，Myron Lieberman，and Leo Troy，"The NEA and the AFT：Teacher Unions in Power and Politics"，http：//www.educationpolicy.org/files/neaftbk/book.htm.

表 3－4 **联邦和州协会为会员提供的服务**

计划类别	保险计划	财务计划	投资计划	折扣计划
服务内容	汽车保险	信用卡	养老保险	折扣计划
	牙齿保险	信用计划	设立金融市场账户	旅行折扣
	健康保险	抵押人	互助保险金	购买/租用汽车
	债务保险	—	公债	购书/杂志订阅
	人寿保险	—	—	法律服务
	罢工福利保险	—	—	—
	定期人寿保险	—	—	—
	视力保险	—	—	—

资料来源：http：//www. educationpolicy. org/files/neaftbk/book0004. htm。

协会会员福利运作是由基金、物资和以帮助支持协会及其计划和政治运作的过户资金组成的一个复杂系统。

对于大多数会员来说，协会的政治活动日程安排是他们第二关心的，大多数会员在他们成为正式会员之后最关心的是工作保障和教师的福利待遇。协会为其成员提供与教师工作条件和学生行为相关事务的合法保护或合法代表。除此之外，协会会员自动享受协会会费附带保险（NEA Dues-Tab Insurance），其中包括 1000 美元的人寿保险、5000 美元的意外死亡和伤害保险、5 万美元与工作相关的意外死亡保险。同时，多数全美教育协会的附属机构的工作每年给工会提供了数百万美元的收入。此外，资产的所有权和附属机构的资产给协会提供用于各种用途的经费保障，尽管所占用的这些大量的财力并没有完全为会员提供各种福利，但是，会员数量超过 200 万的协会的集体购买力显然为会员提供了无与伦比的潜在福利。

2. 协会的特别服务

协会向会员提供投资、金融、个人服务和保障基金等服务项目，具体如表 3－5 所示。

表 3－5　**全美教育协会特别服务**

项目	内容
投资服务	养老保险
	设立市场金融账户
金融服务	信用卡
	信誉计划
个人服务	租车折扣计划
	杂志服务
	计算机营销
基于全美教育协会会员的保障基金	人寿保险
	意外伤亡
	健康保险

资料来源：http：//www. educationpolicy. org/files/neaftbk/book0004. htm。

3. 会员福利公司

作为一个完全归属于协会的子公司，一个盈利性的公司，协会保留会员福利公司（Member Benefits Corporation）的目的是管理协会特殊服务领域中的各项合同。这个公司首先获得管理成本、营销成本、培训成本、会员服务成本的收支平衡，然后在盈利的基础上为全美教育协会特殊服务项目服务。会员福利公司是由 3 名执行官员管理的，这 3 名官员同时是协会董事会的成员，其年收入为 6. 7 万—10 万美元。到 1992 年 8 月 31 日前，会员福利公司总资产超过 200 万美元。①

4. 会员保险信托基金

协会会员保险信托基金是一个独立的免税组织。美国普鲁登士（Prudential）保险公司负责人寿保险、意外死亡、伤害和残疾保险；华盛顿（Washington）全国保险公司负责一个综合性的残疾保险计划。被称为协会会员集体购买的人寿保险和其他保险福利的两个计划归入雇员福利计划。正如上面所提到的，信托基金是特殊服务领域的一部分，因此，由提供管理和促进信托基金计划服务实现的会员福利公司进行管理。1992 年 8 月 31

① Charlene Haar, Myron Lieberman, and Leo Troy, *The NEA and the AFT: Teacher Unions in Power and Politics*, http：//www. educationpolicy. org/files/neaftbk/book. htm.

日，协会会员保险总资产为8815.9667万美元，而且，信托基金已经与全美教育协会就会员资料的保存提供数据处理服务的相关协议达成一致。在此相关协议下，信托基金每年补偿协会7.5万美元或每个会员会费的0.4%。除此之外，在1992财年期间，信托基金为协会系统2000计划（NEA System 2000 Project），即一个软件开发计划，相关的一部分成本免除了50万美元。①

5. 面向会员的直接服务

协会的成员主要以中小学教师及其工作人员为主，所以协会为一般会员和附属机构的会员提供出版发行的服务。后来由于协会发展的需要，同时也为高等教育及其支持人士等团体提供发行出版服务。协会出版发行几种杂志，在会员出版物的广告宣传中经常包括协会会员福利和特殊服务。提供直接服务给会员的项目典型地反映了协会的政治和社会定位。因此，工会的项目集中在“妇女和女童议题”“平等获得的机会和少数派领导者培训”或“妇女领导者的培训”等项目上。在工会化之前，协会是几个致力于课程和讲授的全国性的、有组织的基地之一。比如，全国科学教师协会（National Science Teacher Association，NSTA）和全国数学教师理事会（National Council of Teacher of Mathematics，NCTM）这两个组织有其自身独立组织机构却隶属于全美教育协会，而且与协会共同使用全美教育协会的办公大楼。协会的研究部门实质上是一个有关所有教育方面信息的源头。然而，随着教师协会的出现，像校长和学校管理者组织撤出了课程和讲授组织。此时，协会的研究部门关注学校财政、生存成本和其他主要与教师组织集体谈判活动有关的主题，它的多数工作体现在支持协会及其分支机构在津贴或者收入等协商议题上。

6. 州协会福利项目

由于协会的各州协会具有相对独立性，加入协会的州分支机构通常依靠自己的力量资助会员的福利。联邦条例中的报告和公开的规定对州和地方教师组织是没有效力的。美国各州教育协会的情况千差万别，其州协会的福利项目也不尽相同，以密歇根州教育协会的福利计划为例：密歇根教

---

① Charlene Haar，Myron Lieberman，and Leo Troy，*The NEA and the AFT*：*Teacher Unions in Power and Politics*，http：//www.educationpolicy.org/files/neaftbk/book.htm.

育协会（MEA）拥有和控制着三个附属的社团，即密歇根教育特殊服务协会（Michigan Education Special Services Association，MESSA）、密歇根教育协会金融服务（Michigan Education Association Financial Services，MEAFS）和密歇根教育数据协会（Michigan Education Data Network Association，MEDNA）。

1960 年，密歇根教育协会将密歇根教育特殊服务协会（MESSA）改组为一个完全自主的、营利性的协会参与密歇根教育协会成员的保险福利项目。人寿、意外伤害和死亡、残疾、健康、牙齿和视力等项目都包含在保险项目之中。密歇根教育协会（MEA）的地方加盟工会被鼓励将密歇根教育特殊服务协会的保险项目加入劳动合同当中去与各自学区进行集体协商。在这些情况当中，管理学区雇员的保险福利的社团也是在合同谈判期间代表学区雇员的组织的一部分。这种情况发生时，全美教育协会（NEA）在控制会员补偿性福利时具有空前的影响力。

1973 年，密歇根教育协会创立了密歇根教育金融服务协会（MEAFS），现在这种附属机构被认作密歇根教育协会金融服务机构，用于为密歇根教育协会会员提供大量的投资服务，包括养老保险金、退休投资账户、信用卡、互助基金、车主保险和房主保险等，此外，还有很多全美教育协会的特殊服务项目。

密歇根教育数据协会（MEDNA）建立于 1982 年，作为密歇根教育协会的一个完全自主的、营利性的分支机构，与全美教育协会的会员福利公司和密歇根教育数据协会的目的相比较，密歇根教育数据协会与其他分支机构不一样，它是对密歇根教育协会而不是对密歇根教育协会的会员服务。密歇根教育数据协会为密歇根教育协会的办事员、管理及其他分支机构提供包括数据处理、通讯和清算账目等广泛的服务。密歇根教育数据协会接受来自密歇根教育协会及其他一些分支机构的补偿，为这个密歇根教育协会多种经营的公司形成一个可供利用的能源储备。

二　政治活动

美国教师组织参与政治行动的意识和实践活动由来已久。在 20 世纪下半叶以来，由于协会宣布并进行集体协商活动才使得教师组织的政治行动凸显。

（一）全美教育协会政治行动委员会的成立

协会的政治行动委员会（Political Action Committee，PAC）建立于1972年，是20世纪60年代教师工会运动的一个重大成果。该运动也以协会政治行动委员会的创建达到顶点。

1957年，协会代表大会通过了一项"教师如公民"的决议，要求教师在行动上与最普通的公民行动一致的决议。该决议力求将每位教师塑造成为政府事务的积极参与者和大选中的积极投票者的建议制度化。1968年，佛罗里达教师举行罢教，之后，全国性的教师参与政治运动达到顶峰。协会也开始发展教师政治行动计划。当这些活动发展到顶峰，协会执行董事会收到一份关于建立一个全国性的政治行动团体的建议。尽管协会及其分支机构长期从事政治游说，但这些活动通常是按照既定的立法程序来实施的，没有将国会等机构作为一个发挥协会影响力的舞台。建立一个全国性的政治行动团体意味着全美教育协会（NEA）要以更直接的方式投入政治活动的全部过程，通过直接影响立法者的选举来参与政治活动。

反对建立全国性政治行动团体的言论在协会的执行董事会非常盛行。因为，执行董事会的成员大多是州立协会选出来的。1969年，执行董事会没有通过建立全国性政治行动机构的决议。在1970年的代表大会上，支持建立全国性政治机构的少数派获得了协会主席和大多数代表的支持。协会主席和少数执行委员向执行董事会提交了一个创建全国性政治行动机构的决议。如果执行董事会否定该决议，则该决议可以由个别执行委员以个人代表的身份提交大会讨论。最终的结果是，执行董事会中的保守派被说服了，即使他们反对决议，代表大会也有权越过他们进行投票表决。最后，执行董事会通过了一个折中的决议，即第二年继续倡议在协会设立全国性政治行动机构，并决定当年即在某个州开展一次试验性的政治行动。

执行董事会的委员和州立协会的执行委员并非协会内部唯一担心建立全国政治行动运动的机构。一位负责政治行动的协会总部职员曾经列举了当时一系列反对建立全国政治团体的人员名单：传统的教师、学校管理者、校董、州立法人员、各个层级的官员，以及某些州的官员。所有这些团体和个人均以反对集体谈判为借口，指责开展政治行动如同开展集体谈判一样始于非专业行为，对教师不合适。那位职员也指出那些赞同建立全国性政治行动机构的人，主要包括激进的教师、政府雇员团体、自由主义倾向的政治家以及劳动工会。很明显，协会内部关于建立全国政治行动委员会的矛盾和冲突正是协会内部针对教师激进主义、集体谈判和工会策略的争论的延续。① 为了建立全美政治行动委员会，协会的历届主席在70年代早期做了大量工作。1972年6月，协会政治行动委员会最终建立。目的是选出支持全美教育协会代表大会所制定的政策的联邦候选人。为了达到这个目的，政治行动委员会对候选人实施捐赠，并鼓励会员为竞选充当义务服务人员。政治行动委员会的捐赠有时仅针对1位国会候选人，而这位候选人是由州立协会的特定机构推荐的。为了在州和地方达成相同的目的，协会总部鼓励并支持在地方和州建立了政治行动委员会的分支机构。

协会政治行动委员会的成员十分复杂，包括执行董事会成员、执行委员会成员、少数民族核心会议的成员、高等教育核心会议和女性教育核心会议的成员，以及异常儿童教育工作者核心会议的成员、咨询委员会的学生会员、教辅人员、退休委员会和城市教育协会全国理事会的成员等。政治行动委员会负责甄别总统候选人，并向代表大会推荐合适人选。最后，如果有合适的人选，则由代表大会决定谁是协会最终确定的支持人选。

最初，政治行动委员会的经费是通过“反向扣除制”（Reverse Check-off System）完成。通过这个制度，政治行动委员会从教师薪水中直接扣除一定数量的经费来维持组织的活动经费。协会政治行动委员会建立后，工会开始禁止使用“反向扣除制”。然而，协会声称自己是一个专业协会，不是工会，因此免受关于工会政治行动委员会的限制。1978年7月20日，联邦选举委员会提供了有关协会及其政治行动委员会和18个协会分支机构，通过“反向扣除制”的方式获得集体谈判的政治献金的做法。从政治行动委员会的角度理解，协会确实是一个教师工会。因此，它利用反向扣除制度是不合条件的。1979年4月1日，法院给出了一个底线，即协会在使用“反向扣除制”时，事先必须获得每位成员的书面同意，且全美教育协会（NEA）还必须向那些没有递交书面同意的，也就是不愿意缴纳代理费的教师偿还预先收取的经费。

---

① Urban, Wayne J., *Gender*, *Race and the National Education Association*: *Professionalism and its Limitations*, New York: Routledge Falmer, 2000, pp. 184 – 186.

（二）政治委员会参与政治选举

教师组织的政治行动委员会参与国会议员和总统选举，主要是通过认可候选人，然后对所认可的候选人进行竞选资助。

1. 确定候选人

协会必须挑选合适的立法者作为支持其政策的候选人。协会的候选人认可程序在该过程中扮演重要角色。对于国会候选人的认可程序，政治行动委员会做了详细的规定和清楚的说明，甚至涉及对候选人的每一次拜访。协会的政治行动委员会的认可程序包括下列条款。①

（1）协会出版关于如何确定候选人的培训手册和指南。该书用于训练谈判小组。会员指南包括如何接见小组成员，以及协会会员接见小组中的人数要求。接见小组成员中的某些人是专门为了支持地方分支协会的政治活动而雇佣的。训练手册包括大量的政治问题的处理以及供接见小组所用的技巧。（2）候选人问卷调查。每位候选人都会接到带有暗示性的信封。协会的评估候选人的谈判小组要在接见候选人前至少花费一周的时间了解其在问卷中的表现。制定一定的时间表使谈判小组可以为接触准备一些问题。候选人被问及是否同意全美教育协会的25点声明，并确定前5位全国候选人。（3）协会的立法报告卡。报告卡表明候选人如何就协会重要的问题投票。会见小组将在对候选人的真实投票记录进行审核前，接受候选人支持协会的立场。（4）协会103届立法纲要。立法纲要的副本被用于训练谈判小组的成员，以及引出候选人的立场。协会要求接见小组与接见的候选人保持一致。（5）协会的立场。该文件提出协会在立法方面的基本主张。全美教育协会的立场原则包括联邦给出的集体谈判的基本权力的保证；给予建立在诸如美国社会保险医疗安全项目基础上的社会保险基金等。（6）接见小组工作表。工作表主要用于促进对候选人的全面了解。实际上即鉴定小组主席通过小组工作表来了解候选人。（7）责任条款。政治行动委员会需要帮助候选人，提供从各种渠道获得的对候选人有利的所有信息，如候选人的往来信件、协会游说分子以及协会派往国会的联络人员的报告等，并对选举前景进行预测。（8）选区环境。政治行动委员会需要

---

① Charlene Haar, Myron Lieberman, and Leo Troy, *The NEA and the AFT: Teacher Unions in Power and Politics*, http://www.educationpolicy.org/files/neaftbk/book.htm.

为候选人提供一些基本信息，包括选区的人口统计学和经济方面的信息。（9）记分单。其中概括了候选人的问卷和接见的信息。该记分单必须完整，同时作为被推荐候选人的确认推荐表，以备将来游说时的认可之需。（10）政治行动委员会的确认推荐表。推荐表通常在分支协会主席核实确认程序、协会决定确认和支持后签名。

政治行动委员会确认程序的复杂性和严密性都说明了确认过程已经制度化。同时，说明认可成功与否事关协会大批会费的去向和政治目标能否实现。美国民主的背后是金钱的选举，因此大量政治献金的使用不可避免。

2. 政治献金的运用

协会政治献金的主要来源是协会会员的个人捐赠。对于像全国教育协会这样会员人数惊人的组织而言，即使会员个人的捐赠数目很少，庞大的会员基数也意味着很少的个人捐赠均会变成一笔数目巨大的捐赠。捐赠具体由政治行动委员会来实施。这实际上也是政治行动委员会建立的重要目的。

政治行动委员会刚刚建立时，其政治捐献的行动受到一定程度的限制。最大的障碍来自州立协会。它们一方面通过一群由其挑选出来的人控制政治行动委员会的活动；另一方面，州立协会还力图限制政治行动委员会的筹款活动。不过，1973 年，政治行动委员会最终从代表大会获取了支持。代表大会通过一项政策，授权政治行动委员会从每位会员缴纳的会费中提取 1 美元作为委员会的活动经费，同时还强制州立协会执行此项政策。

事实表明，政治行动委员会的成就非常突出。1972 年 7 月，成立不久的委员会被要求为即将来临的国会大选做准备。委员会决定在 1972 年大选中不支持任何总统候选人。尽管协会的某些官员和活动分子非常看好民主党候选人麦戈文（George McGovern），认为他能战胜时任总统尼克松（Richard Nixon），但毕竟选举充满变数，协会不希望冒风险。在 1972 年的国会选举中，政治行动委员会积极支持了 184 位政府候选人。在协会认可的 165 位众议院候选人中有 128 人当选；19 位协会支持的参议院候选人中有 13 人获胜。在 1972 年的选举中，协会的政治行动委员会共花费了 3 万美元，超过2.5万位协会会员积极为国会竞选出力。① 这就是协会政治行动委员会建立第一年的重要行动。它以实际行动证明了自身的价值。此后，政治行动委员会的影响力逐渐扩大。

1974年的国会选举及1976年的国会和总统选举更让人印象深刻。1974年，协会支持的符合教师协会利益的候选人比1972年更多，而且也和上次一样成功。1976年，协会以及政治行动委员会由于支持民主党候选人卡特竞选总统而受到众多媒体的广泛关注。协会公开表态支持卡特竞选总统，这让卡特深为感激。自1976年以后，协会一直支持民主党候选人。当协会在吉米·卡特当选总统的战斗中扮演了重要角色后，卡特极力支持建立教育部的立法。于是，支持卡特成为1979年创建教育部——这是协会自1917年以来长期追求的一个目标——得以实现的最为重要的原因。自1980年后，协会一直是民主党代表大会中占据代表席位最多的机构。

为了实现替联邦大选筹集资金的目的，协会的政治行动委员会在1993年的代表大会上发起筹款活动，这些活动以50万美元为起点。协会的出版物将其称为国防教育基金（Education's Defense Fund）。协会政治行动委员会还将美国政坛上的令人感动的筹款活动，无论成功与否都将其编撰成册。1972年成立政治行动委员会后，由其认可的联邦候选人中几乎80%均当选为国家官员。全美教育协会政治行动委员会的筹款方式有个人对个人的方式（为了最大限度地筹集经费，协会的手册还建议最好在发放薪水日进行该项活动）、直接邮寄、电话筹集、举办特别的筹款宴会或舞会，以及拍卖等方式。另外，协会还出版系列手册告诉人们如何循序渐进地支持协会的政治行动委员会，以及如何建立政治行动委员会的各级机构。该手册建议，为了使委员会的政治活动获得最大的效益，委员会的经费只能用于资助候选人。② 最近几年，全国性的政治行动委员会的数量已经趋于稳定，政治行动委员会献金的总数也开始稳定。不过，随着每次新的选举的开始，献金数量仍然继续上升。协会政治行动委员会也发挥了推波助澜的作用。到1988年，政治行动委员会一年的政治献金达到310万美元，仅全

---

① Urban, Wayne J., *Gender, Race and the National Education Association: Professionalism and its Limitations*, New York: Routledge Falmer, 2000, p. 187.

② Charlene Haar, Myron Lieberman, and Leo Troy, *The NEA and the AFT: Teacher Unions in Power and Politics*, http://www.educationpolicy.org/files/neaftbk/book.htm.

国房地产经纪人协会、美国医疗协会和卡车驾驶员协会等组织有比协会数目更大的献金。1991—1992 年，围绕协会政治行动委员会的联邦选举经费增加了 450 万美元。1992 年，事实上，协会的所有州立分支以及 1.3 万个地方支部的许多政治行动委员会开展了行动。各州的分支机构均代表政治行动委员会。

1992 年有 4000 个以上的政治行动委员会注册。当年，由于协会的政治行动委员会比往年的经费有所节余，因此，使得其政治献金额度高达 581.7975 万美元，使用前一年剩余的没有支出的资金，协会政治行动委员会以 581.7975 万美元的资金总量仅排在美国医疗协会（American Medical Association）和联合体政治行动委员会（Teamsters）① 之后，位居全国第三。在协会政治行动委员会的所有献金中，232.3122 万美元以现金的形式捐赠给了候选人，349.4853 万美元用于国会选举。②

1996 年的大选中，协会政治行动委员会的政治献金为 503.1657 万美元，在所有政治行动委员会捐赠中排名第五。1998 年的大选，全美教育协会政治献金数目排名第八；2000 年，排名第六。在 1998 年选举时，协会在资助政治候选人和团体的排名中名列第三。据调查，协会的政治献金 95% 到了民主党那里，5% 到了共和党处。1999 年的《财富杂志》对全国范围内最具影响力的 114 个游说团体进行调查，协会政治行动委员会排名第九。由于具有了这些政治权力，协会已经完全可以被视为一个庞大的特殊利益集团。目前，协会的政治行动委员会已经更名为全美教育协会儿童和公共教育基金。这种名称上的改变在短期内不会使该机构的行动方略有所变化。

除了通过政治行动委员会使用政治献金，还有三个方面的开支：第一，游说开支。与大多数利益团体相同，协会雇佣全职的游说分子，以确保不断与制定法律的人以及政府官员保持联系。在这方面，州和地方分支机构也是如此。2002—2003 年，协会用于游说的预算为 170 万美元。这只是一个大概的数目，要对游说开支进行任何明细的量化则需要将其分支机

---

① 民主党员、共和党员和无党派人士投票人教育委员会（Domorcratic/Republicn/Independent Voter Education Committee）。

② Charlene Haar, Myron Lieberman, and Leo Troy, *The NEA and the AFT: Teacher Unions in Power and Politics*, http://www.educationpolicy.org/files/neaftbk/book.htm.

构的所有预算进行综合，这显然不太现实。第二，独立开支。如委员会经常会在广播和电视上发布一些广告，鼓励会员积极关注和投入政治选举。从表面来看这些不算竞选捐赠，因为并没有直接宣传应该投这个或那个人的票。各州在这个方面的开销各不相同。某些地方，代表候选人的直接开支与独立开支的区别越来越模糊。委员会回避那些直接宣传候选人以及感谢候选人为工会所做工作的广告。第三，媒体开支。委员会及其分支机构就政治问题进行沟通的通信费用也是其政治开支的一个重大内容。协会利用他们的出版物、互联网，采用发送电子邮件、直接寄信以及其他方式与其会员沟通，这些也是需要费用的。

目前，协会仍然是美国政治选举中的重要政治力量，每年为其支持的竞选者捐赠的政治献金数目惊人。这正应验了美国政坛的一句名言——“哪里有权力，钱就流向哪里”。[①] 协会在力争成为美国政坛举足轻重的角色过程中，用其巨额的会费收入投向它所支持的候选人。除了金钱，协会充分发挥它杰出的公关能力，通过向国会议员游说以及向各州立分支机构派遣特别的职业游说分子来达成其在美国各级政府中的政治目标。此外，协会为了扩大会费收入，还向那些不是工会会员的教师收取所谓的代理费。正是通过上述的种种手段，协会利用金钱开道，将触角伸向美国的各级政府，并以此影响美国政治、教育议程和教育政策。

第二节　美国教师联盟的基本状况

美国第一个教师联盟是“芝加哥教师联盟”，成立于1897年，它是美国教师联盟最早的组织。1916年4月15日，芝加哥教师联合会（Chicago Federation of Teachers，CFT）、纽约教师联合会（New York Federation of Teachers，NFT）、俄克拉荷马城教师联合会（Oklahoma Federation of Teachers，OFT）和华盛顿教师联合会（Washington Federation of Teachers，WFT）四个地方教师联合会首次集会于芝加哥，宣布成立美国教师联盟（The

① Mike Antonucci, *Teacher Union Political Spending*, A Report of the Education Intelligence Agency, 2002, p. 18.

American Federation of Teachers，AFT）。5 月 9 日新成立的美国教师联合会加盟了美国劳联—产联（AFL - CIO）。1918—1919 年，美国教师联盟的地方组织机构的数量从 24 个迅速增长到 160 个，会员人数也由不到 2000 人增加到近 1.1 万人，队伍急剧壮大，曾一度超过全美教育协会的成员人数。①

一　组织架构

（一）组织结构

美国教师联盟（AFT）的最高决策机构为两年一次的全国代表大会，由大会选举产生执行委员会实施各项方针政策。美国教师联盟（AFT）全国代表的产生要符合下列标准：每个有 25 名或少于 25 名的地方机构产生 1 名代表；每 100 个会员或近 100 名会员的地方组织，按人数平均计算，并且已经向联盟支付了足额的会费，则可以再产生 1 名代表；各州无论其会员数量多少产生 1 名参加全国代表大会的代表。1992 年，有 2862 名代表出席了联盟的全国代表大会，他们分别代表了 461 个地方教师组织、25 个州和 2 个理事会。包括主席、财务长和 38 个副主席组成的执行委员会负责两次全国代表大会期间的指导工作。实际上，联盟的执行委员会的功能与全美教育协会（NEA）的会员代表大会、执行委员会和评议委员会相似。执行委员会贯彻大会的指令，根据大会决议行动，解释说明大会的章程，制定必须提交下届大会的规则，产生和任命委员会成员，负责解决组织内部争议等。联盟总部之下设有 19 个行政部门，协助主席推行组织的任务，其重要部门如下：（1）教育问题部门，主要职责是会同各地方分会共同研究各地的教育改革和重建议题，监督改革是否对学生的学习成绩有影响。（2）公共事务部门，主要职责是与国内主要新闻媒体维持良好关系，以便于会员的教育见解、工作问题、健康医疗等问题能时常见诸媒体，增进社会对美国教师联盟的了解。（3）研究部门，主要职责是提供州或地方分会有关全国各州教师工资对照表、生活消费情况、退休金和健康信息分析及游说和集体谈判的资料等。（4）《美国教育家》杂志（*American Educator*），主要职责是刊登对教育问题的看法和观点，以月刊的方式印刷和分发给每位会员。（5）国际事务部，主要职责是办理国外教师组织间的联

① 肖平：《美国教师联盟之探究》，硕士学位论文，福建师范大学，2007 年，第 18 页。

谊及援助和开发相关国家的各种教育培训计划。

（二）宗旨与会员

联盟的宗旨是为教师谋利益，改善教师的经济保障和工作条件，进行集体谈判，支持学术自由。早在1918年，联盟就提出了黑人教师的平等待遇和消除义务教育的种族歧视等要求。联盟设有各种教育问题的讨论会，如全国提高学校效率的讨论会、全国教师与督学的关系讨论会和全国专业标准讨论会等。①

联盟的具体组织目标有：争取集体协商谈判的权利；促进地方及州教师联盟的互助合作；争取教师应得的权利；提升教育水准；改善护理保育人员的素质；提高教师素质，确保教师拥有良好的工作条件及工作环境；改革教育；增进学童权利；促进社会福利；促进民主；鼓励地方及州成立退休教师组织；反对因种族、政治、性别、经济等因素造成的不平等待遇。②

联盟的会员大部分是来自学校的教师，排斥教育行政人员的加入，但是属于学校的医护人员及半专业人员也可申请成为会员。联盟的会员大致为以下五类：公私立学校教师；教辅人员和与学校相关的人员；高等教育工作人员和专业人员；护士、专业人员、相关卫生和其他保健工作人员；符合联盟章程规定的有组织的州和地方公共工作人员及其他工人。除此之外，联盟还吸纳了17万多的退休人员。值得一提的是，联盟会员中有众多社会各界的精英和名流，如爱因斯坦（Einstein）、杜威（Dewey）、休伯特·汉弗瑞（Hubert Humphrey）、普利策奖得主法兰克·麦考特（Frank McCourt）、诺贝尔和平奖得主埃利维·厄瑟尔（Elie Wiesel）、前参议员暨驻日本大使迈克·曼斯菲尔德（Mike Mansfield）、美国卫生与福利部部长唐娜·夏拉拉（Donna Shalala），以及前联合国副秘书长暨诺贝尔和平奖得主罗夫·邦克（Ralph Bunche）均为联盟的会员。③ 这些知名人士的加盟无疑增强了联盟的社会影响力，使之成为美国社会、政治和教育领域中有一定影响力的组织。

---

① *about aft*，http：//www. aft. org/about/index. htm.

② 台湾比较教育学会：《新世纪的教育挑战与各国因应策略》，扬智文化出版社2000年版，第366页。

③ *AFT Mission Statement*，http：//www. aft. org/about/mission. htm.

（三）收支状况

1. 美国教师联盟的总收入

到1992年6月30日，美国教师联盟（AFT）1992年财政总收入为6亿774万0516美元，年度总收入的90%以上来自会费和服务费。1993年9月1日开始，联盟会员会费每人每月8.55美元。[①] 美国教师联盟有下列外部收入（见表3－6）。

表3－6 美国教师联盟外部收入

项 目	金额（万美元）
出版发行收入	21.29
捐赠服务收入	20.1339
地方组织保险金	365.2231
保险金经营收入	170.1716
赠予收入	71.188
限制性成员收入	64.8213
旅行规划酬金	14.745
展览收入	40.7216
政治教育委员会捐款	194.4479
总额	961.9027

2. 美国教师联盟的独立基金

依照联盟的章程，联盟执行理事会有权筹备和通过每年的财政预算。联盟按照明确的比例将联盟的收入分配到几个相对独立的基金会，这些基金会的管理相对独立，这些基金会包括：第一，斗争基金。联盟斗争基金的职能有：①假若罢教至少持续了五天并且会员没有报酬，支付因为错过第一个发薪日而筹集罢教贷款的利息。②补偿地方教师联盟因为罢教而损失的法定会费。③如果罚金是估计的数额，基金会资助上诉。

第二，保障基金。联盟保障基金为地方和州组织提供保障与会员工作

① Charlene Haar, Myron Lieberman, and Leo Troy, *The NEA and the AFT: Teacher Unions in Power and Politics*, http://www.educationpolicy.org/files/neaftbk/book.htm.

安全和会费程序等相关的权利。在涉及有关工作安全的仲裁时，基金会将为此提供资助。

第三，建筑基金。联盟建筑基金是依照章程所要求的将每个会员会费的25%储蓄起来用于购买美国教师联盟办公大楼而建立和运行的。这项基金将持续到完全购买下整幢办公大楼。但该幢大楼本身所遇到的任何额外的支出均不在美国教师联盟收入之列。美国教师联盟执行理事会1992年批准了在华盛顿购买一幢大楼的1/3作为办公所用，而1994年联盟就成了包括美国联邦教育部租用的四层楼和教育研究和发展办公室租用的两层楼在内的整幢大楼的唯一拥有者。

第四，教育基金。联盟教育基金是一个指导和资助教育研究的美国教师联盟附属机构。

第五，美国护士基金。美国护士基金代表5万多名护士和其他保健专业人员。护士和专业保健人员联盟（the Federation of Nurses and Health Professionals，FNHP）是美国教师联盟（AFT）的一个分支机构，该基金会经常培训会员，举行医疗保健的学术研讨会和研究班。基金会中的9个董事会成员中的5个是美国护士协会（the American Nurses Association，ANA）的成员。该协会为美国护士基金提供人员和其他支持。在1991—1992年大选期间，美国护士协会（ANA）的政治行动委员会（PAC）为其认同的候选人捐助了288498美元的竞选费用。①

第六，政治教育委员会（the Committee on Political Education，COPE）。联盟政治教育委员会（COPE）基金一直与美国教师联盟（AFT）总基金相互分离，作为联盟的政治行动委员会，该基金是联盟在地方、州和国家政府层面的重要政治运作手段之一。有两种类型的基金用于联盟政治行动：（1）组织经费基金（主要指会费）。（2）政治行动基金。通常经费基金是为政治教育委员会筹集资金；为会员传达政治支持和其他候选人信息；为地方和州办公室候选人提供直接的捐助。一些州的法律限制对候选人的政治捐助数量并且要求政治教育委员会就政治捐助提交报告。联邦宪法规定，地方、州组织和美国教师联盟本身的政治教育委员会是相互关联

---

① Charlene Haar，Myron Lieberman，and Leo Troy，*The NEA and the AFT：Teacher Unions in Power and Politics*，http：//www. educationpolicy. org/files/neaftbk/book. htm.

的并限制三者在联邦范围内的联合。所以，任何涉及联邦候选人加盟的政治教育委员会，必须通过政治教育委员会进行调整以符合联邦选举关于捐赠的要求。

（四）会员福利计划

根据章程规定，美国教师联盟（AFT）成员可享有一定的福利待遇。在1986年，美国劳工联盟曾经宣称为其会员以及会员的家属们提供高品质的消费服务，而美国教师组织却将这种高品质的消费服务演变成为另一种特殊形式，即帮助美国教师联盟的会员创造一笔可观的收入，以促使这一联盟成为会员们日常生活中的一个重要组成部分。联盟为其会员提供的特别服务形式中包含了享用低利率的信用卡，在旅行、租赁汽车、观赏电影，以及进入主题公园游乐时享用特殊折扣，等等。联盟还规定，它们的会员还可以在筹集资金购买房屋时享有特别的抵押折扣，且会员只需在票据背面签上自己的名字即可。联盟的成员享有的具体福利有以下四大项目，分别是：第一，保险项目，包括：意外死亡保险与解散保险；汽车保险；牙科保健险；健康保险；私有房屋财产险；责任保险；人寿保险；罢工津贴保障；定期人寿保险；视力保险。第二，财政项目，包括：信用卡；银行存款计划；抵押。第三，投资项目，包括：养老金；金融市场账目；共有基金；有价证券。第四，旅行优惠项目，包括：旅行折扣；租赁、购买汽车折扣；读书俱乐部以及订阅杂志折扣；法定享受的服务。①

美国教师联盟（AFT）会员还有一个工会特别待遇协会（the Association of Union Privilege），该协会是由劳联—产联（AFL－CIO）于1986年创建的，用以帮助工会成员及其家庭成员能获得高质量的消费与服务。工会特别待遇协会（the Association of Union Privilege）福利包括一个低利息信用卡，服务和旅行，汽车租金的折扣，提供主题公园的门票，购买住房或分期购买住房的抵押担保以及音乐与视频的折扣等。当联盟会员或者任何其他的加盟工会采纳了这些项目，这些项目则可以帮助工会成员进一步增加福利。

除此之外，联盟还提供以下两方面的福利：

---

① 蔡清华：《美国教师组织与教育专业权运作关系之研究》，亚洲比较教育学会年会论文，2001年，第28页。

1. 美国教师联盟防御基金（AFT Defense Fund）

联盟防御基金维护美国教师联盟会员的权利，为地方和州教师联盟提供援助。美国教师联盟（AFT）中的5人保障委员会可以同意少于2000美元的申请。在多数州，防御委员会建议美国教师联盟的地方和州教师联盟分摊各自相应的规定成本的1/3，多数情况通常涉及联盟会员的工作保险和保障会员正当诉讼权的必要性。此外，防御委员会为涉及工作保障的仲裁案件提供资助，如果数额超过2000美元的申请，防御委员会要征得执行理事会的同意，1992—1993年，防御委员会的预算数额为70万美元。①

2. 美国教师联盟斗争基金（AFT Militancy Fund）

联盟斗争基金为成员的下列三种情况提供资助：（1）美国教师联盟将为由于罢教或者已经持续了至少5天而错过第一个工资发放日的罢教贷款支付利息，当会员们不能获得贷款时，地方教师组织和美国教师联盟将帮助他们获得相应的贷款。（2）美国教师联盟帮助地方组织支付由于罢教产生的法律费用。（3）如果估算出罚款的数额，地方组织可以在罚款的诉讼过程中申请帮助。美国教师联盟的3个副主席是斗争基金会的理事，监督了1992—1993年度数额约为200万美元的预算分配。② 由此可见，教师联盟组织为教师群体争取到了很多切身的利益，赢得了教师的赞赏和认同。

二 专业活动

（一）政治活动的内容

联盟虽然成立之时就加入劳工组织，但在其长期的发展过程中，以及与其他专业性组织的竞争过程中，也把影响专业发展、增进教师的专业化等问题看作组织的一项重要使命，因此联盟常采用相应的方式影响教育政策活动。

1. 选举人的政治活动与游说

联盟在全国、州和地方直接从事政治行动以确保候选人的选举，该候选人要支持他们的优先权，促进或反对投票结果事宜，如支持增加教育拨

---

① Charlene Haar, Myron Lieberman, and Leo Troy, *The NEA and the AFT: Teacher Unions in Power and Politics*, http://www.educationpolicy.org/files/neaftbk/book.htm.

② Ibid..

款、反对学校教育券等。联盟还通过提供信息、承诺选举人的支持与反对、努力形成公共意见等来寻求影响立法与实施的行动。

2. 开展集体谈判

自20世纪60年代以来，联盟与学区领导之间的传统对立关系的特点就是工业形式的集体谈判。这种集体谈判的特征是在劳资双方利益、标准化作业的规定、拥有不同程度的技能与市场性的教师待遇等方面有分歧，为此需要谈判达成协议。集体谈判使教师的相关要求在一定程度上得到了满足，但由于劳资双方的利益存在不一致性，集体谈判常常表现为气氛紧张，而且集体谈判的结果对教学质量的改善以及学生成绩的提高并没有完全表现出正相关性，正如乔·司登2000年的研究发现，集体谈判与学生成绩的提高没有联系，因而社会各界人士对集体谈判活动的态度是褒贬不一，研究人员对此也有不同的意见。不过，近年来的新联合主义对集体谈判的要求是“基于共同利益的谈判”，在这种谈判过程中，劳资双方在确认共同利益的前提下进行讨论，认为重要的是努力寻找解决问题的方法而不是围绕什么特权和控制等问题无休止地讨论。

3. 围绕会员采取改革措施

联盟围绕会员的发展与提高问题采取了很多措施。一是提高教师素质。联盟不断通过促进教师领导能力以及在同行评价、教师入职教育、教师专业发展等方面合作行动的方式致力于提高教师素质。同行协助和评价（Peer Assistance and Review，PAR）就是美国教师联盟（AFT）发起的教师评价制度。在这种评价中，教师被置于制定与加强专业标准的地位。二是加强新教师的入职教育。在新教师的入职教育方面，虽然美国教师联盟（AFT）的地方附属教师联盟没有为同行协助和评价计划提供足够的拨款，但有些地方教师联盟建立了同行协助计划以对新教师提供辅导或对任期教师提供帮助。不过，在全国，美国教师联盟（AFT）给地方附属教师联盟提供拨款，使其与地方学区、地方大学形成合作关系，为教师提供强化培训或为新教师提供支持性服务。另外，由于使用合同形式，这就给了有经验的教师选择的机会，可以到有职位空缺的学校任教。然而这样一来，新教师就只能安排到学生学业成绩较差的学校，结果造成教师的频繁调动，教学质量受到影响。三是促进教师专业发展。在教师专业发展方面，除了利用合约形式为教师提供专业发展的时间和酬金，越来越多的同行协助和评价地方附属机构正利用合约来规定有效专业发展的特征，认为教师所在的学区应该为教师提供“持续发展”的机会，使教师的专业发展始终与学校目标和学生学业成绩相联系。不过，联盟的合约也会对专业发展有负面影响，它降低了时间利用的灵活性以及教师参与学习新知识与新技能如何予以奖励的灵活性。四是进行教育改革。联盟经常采取有计划的教育改革行动，21 世纪初期，联盟积极制订各种计划，通过证明他们要对学生的学习承担义务等方式，对教师会员在提高学校质量、影响公共政策和公共意见方面的利益作出反应。同时，联盟把组织优先权放在强化课程标准与学前教育上。

4. 传播优秀实践的信息

联盟支持“教育研究与传播”计划，帮助教师把研究成果用于课堂实践。这些影响会员行动的努力措施越来越多，在某种意义上已经形成规定。与全美教育协会（NEA）一样，联盟在全国、许多州以及学区都有网站，为会员提供信息，允许会员在网上参与专业讨论。在选举期间以及正在考虑的政策方面，联盟通过新闻发布、媒体报道、政治宣传等手段影响公众意见。联盟还在国内重要报纸上购买了版面，支持有线公共电视节目，吸引公众注意优秀教学的重要性，与其他教育组织合作以传播和倡议基于研究的实践。

（二）政治行动委员会

美国教师联盟（AFT）的政治行动委员会成立于 1974 年，起先也称为政治行动委员会，考虑到不与全美教师协会（NEA）的政治行动组织混淆，改名为“政治教育委员会”（COPE）。政治行动委员会的出现最早可以追溯到 20 世纪 40 年代。从本质上看，联盟对劳联—产联（AFL - CIO）所关注的问题更敏感。当时，劳工组织被禁止为联邦官员的候选人提供特定的工会经费。相反，从会员那里集中收取政治捐款向候选人支付经费，成为向工会组织认可的候选人支付捐献的惯例。但是，直到 1971 年，美国《联邦竞选法》的出台以及最高法院对 60 年代末的管道工工会一案的判决使得政治行动委员会的捐赠具有了合法性。于是，所有的政治行动委员会，无论其属于工会组织还是其他组织均获得了合法地位。从此，政治行动委员会开始获得了大发展。

美国教师联盟政治教育委员会通过使用政治献金的方式资助认可的候

选人，在1989—1995年其政治献金多达500万美元，其中获得资助的有代表性的如民主党参议员候选人希拉里（Hilary），她在竞选时，因为反对教育券的实施而获得政治教育委员会的支持。[①] 但是与全美教师协会（NEA）政治行动委员会所不同的是，政治教育委员会的资金筹集是在劳联—产联（AFL－CIO）的努力和帮助下进行的，而且捐助的使用要和联邦、州和地方的选举有关并在联邦大会上进行统一部署。这可以从1992年政治教育委员会支持民主党的总统候选人克林顿得到印证。政治教育委员会认可了克林顿和戈尔作为民主党总统候选人。在1992年联盟的全国代表大会上，代表们接受了政治教育委员会提交的包括地方组织分发给会员们的克林顿和戈尔的竞选材料。随后，美国教师组织成员分配到伊利诺伊州（Illinois）、密歇根州（Michigan）、俄亥俄州（Ohio）、纽约州（New York）、宾夕法尼亚州（Pennsylvania）、佐治亚州（Georgia）、密苏里（Missouri）、路易斯安那州（Louisiana）、康涅狄格州（Connecticut）、俄勒冈州（Oregon）和明尼苏达州（Minnesota）进行竞选活动。根据政治教育委员会当时的估计，75%的美国教师组织会员将支持克林顿竞选总统。美国教师组织积极活动分子们自愿地进行电话游说、选举集会、分发小册子和张贴宣传标语活动，并参加最后的投票等。

（三）制定教师专业规范

联盟定有相应的专业规范，其内容如下：第一，教师对学生的承诺。（1）教师的职责应该是协助每位学生发展潜能并贡献社会。（2）教师应具有激发学生学习动机和对知识的理解的责任，进而制定和规划有价值的教学目标。（3）教师有不断增进学生受教育机会的责任。第二，教师对社会大众的承诺。（1）教师与所有公民共同负有健全公共政策的责任。（2）教师具有提高公民对学校的公共形象，并积极建立社区文化的责任。第三，教师对专业的承诺。教师相信，追求教育专业的质量将对美国及全国人民有直接的影响：（1）教师应尽力提高教育专业的标准，改善专业判断的环境，实现人们对教育专业的信任。（2）教师应积极主动参与教育组织及其发起的各项活动。第四，教师对学区的承诺。教师应该诚实并且积极努力

---

① Charlene Haar, Myron Lieberman, and Leo Troy, *The NEA and the AFT: Teacher Unions in Power and Politics*, http://www.educationpolicy.org/files/neaftbk/book.htm.

地从事教育工作；教师应该保证以积极的态度坚守这个专业规范。①

（四）倡导教学改革

20 世纪 80 年代中期，联盟制订一项帮助教师提高学生推理及判断能力的计划。时任美国教师联盟（AFT）主席阿尔伯特·珊克尔（Shanker）指出，"今天比以往任何时候都更应加强对学生的思维技能、推理判断能力的培养。人们越来越清楚地意识到面对日益复杂、迅速变革的社会世界，我们的孩子对日后的工作和生活是缺乏足够的准备的"。② 在联盟举行的为期 3 天的教育问题会议上，这项计划得到了与会者的肯定和支持。该会议还公布了这项计划试行情况的调查报告。报告谈到判断思维技能教学在全国范围内正受到应用中的标准化考试的干扰，这些所谓标准化考试是以检查学生的记忆力为出发点而设计的。报告还指出，目前通用的许多教科书中旨在刺激发展智力的内容不足。大学的教学大纲中也没有一项培训大学生如何帮助提高他们未来的教育对象——中小学学生的思维技能的内容。英语和社会学教师罗伯特·米梅拉（Memala）提出应当缩小教学班规模，使孩子们能够以小组的形式学习，使每位学生得以独立对各学科进行钻研。玛莎·哈里斯是华盛顿一所公立学校六年级一个天才儿童班的教师，她抱怨说："外界力量给培养造就思维敏捷的学生的工作增加了许多困难，使得这项工作复杂化。比如学生们热衷于看电视，结果没有觉察到阅读的必要性。他们吸收所看到的东西，却没有感到必须对这些东西进行批判性思考……"③ 塔克森高级中学社会学教师艾伦·利特尔（Litter）也有同感："由于学生数量多，因此与学生一道审阅他们的试卷，让他们检查自己的推理情况的时间不足，使得教师在培养学生判断思维的能力上感到困难。"④ 作为该项计划试点的加利福尼亚州的做法是，规定从国立大学毕业的每个学生在校期间都应修判断思维课。目前正对学校的课程设置进行调整，增加了判断思维部分的内容。该州还对语言艺术、数学和社会学科的考试进行改革。30%—60% 的考题内容是为检查学生的思维能力而设

---

① 杨深坑：《各国教师组织与教育专业权运作关系之研究》，高等教育文化事业有限公司 2003 年版，第 97 页。

② ［美］《教学如何进行》，《纽约时报》1985 年 7 月 13 日第 10 版。

③ 同上。

④ 同上。

计的。

珊克（Shanker）指出，为了保证判断思维训练在教学中得到顺利贯彻，教学组织机构要做出较大的改革，从而为师生双方创造一个得以共同进行创造性思维活动的良好环境。他同意缩小班级规模的做法，认为这样做有利于学生进行自由探讨，从而使他们感到提出正确的质疑与求出正确的答案是同样重要的事。有些教师还提议把思维技能教学当作一门完整的学科进行讲授，而不是以零打碎敲的方式进行教学。①

第三节 英国的教师组织②及其现状

英国的教师组织历史悠久且种类繁多，各种教师组织的成立背景、历史沿革、组织结构、管理运作、服务与咨询、成员和工作重点存在一定的差异性。但是基本任务都是致力于教育质量和专业地位的提升，以及保障教师权益等。教师组织也为会员提供法律、教学、急难救助、保险、住房、旅游和专业报刊等项目的服务。而且，有一些颇具影响力的教师组织已经发展成为大型的成熟的社会组织，所有的各类教师组织作为一种团体已经在英国教育的改革和发展过程中发挥着一定作用，在某些领域甚至发挥着举足轻重的作用。

一 主要教师组织

在英国，有些教师组织是针对某个学科组成的协会，有些是为小学、中学、职业技术学校或大学教师分别设立的协会，有些则是为行政人员而创立的协会。但是，其中规模最大、影响较大的组织则是以普通教师为对象的教师组织。当前，英国主要的教师组织有（英国）全国教师联合会（NUT）、全国男女教师协会（NASUWT）、教师与讲师协会（ATL）、教师专业协会（PTA）、全国校长协会（NAHT）和英格兰教学总会（GTC）等。

① 本节“主要教师组织”部分发表于《外国教育研究》2011 年第 3 期，发表时略有调整。

② 同上。

（一）全国教师联合会

全国教师联合会（NUT）建立于1870年，其前身是小学教师协会。在1889年更名为全国教师联合会（NUT），总部设在伦敦，除了专门的办公总部，还设有区分部，联合会的行政人员包括教师、各级教育行政人员约200人。联合会致力于义务教育和均等教育的原则，主张排除男女性别、种族或宗教的差别待遇。由于联合会在1919年采取男女教师同酬政策导致一些男性会员的反对，建立了一个新的协会，即男教师协会（National Association of Schoolmasters）。目前联合会拥有中小学教师、教育相关管理部门工作人员、退休教师以及学生会员18万余人，会员遍及苏格兰和威尔士地区，是英国也是欧洲历史最悠久、规模最大的教师组织；其宗旨是保障教师权益，强调师资培养过程专业化水平的提升以及专业自主等。教师联合会加入了英国工会联盟（Trades Union Congress，TUC），使得其同时兼具专业和工会性质的组织。联合会出版期刊《教师周刊》（*The Teacher*）和《中等教育》（*Secondary Education*），[①] 报道各项会务情况，提供教育新信息。

（二）全国男女教师协会

全国男女教师协会由先前的全国男教师协会和女教师协会于1976年合并而成，会员主要是中学的教师，分布在北爱尔兰和苏格兰等地区。协会总部设在伯明翰，伦敦也设有秘书长、副秘书长和出版部门的专门办公室，主管及官员100余人。协会也在英国各地设立30个以上的地区分部，以利于开展会务工作，是英国规模第二大教师组织。协会的宗旨是通过一线教师的代表、地方和国家行政人员以及法律专家组成的高质量网络为教师们提供一流的、合法的专业服务。[②] 该协会的活动内容还包括提供训练课程、提供法律和专业上的咨询、提供会员福利、急难救助、开展各项专业活动、奖励教师研究工作等。协会加入了英国工会联盟（TUC），同时也是具有专业与工会性质的社会组织。出版期刊《今日教学》（*Teaching Today*）。

---

① *More about the NUT*, http://www.teachers.org.uk/topichome.php? id = 2.

② *About NASUWT*, http://www.nasuwt.org.uk/JoinNASUWT/AboutNASUWT/AboutNASUWT/index.htm.

（三）教师与讲师协会

教师与讲师协会建立于1884年，由原先的助理男教师协会和助理女教师协会于1978年合并而成，现在已经发展成为拥有遍布英格兰、北爱尔兰、苏格兰和威尔士约16万会员的现代性组织，会员包括教师、代理教师、校长、讲师和学校管理人员等。教师与讲师协会主张男女教师机会平等的原则，专注于增进教师、讲师和学生的利益；作为教育工会，协会通过与政府和雇主的协商，利用会员实际经验对全国的涉及教师工资、社会地位和职业发展等的教育政策发挥实质性影响。该协会有三项组织目标：促进英国教育；改善与保护教师的地位；促进会员有平等的机会。总部设在伦敦，在全英国设有100多个支部，行政人员约120人，于1999年加入英国工会联盟（TUC）。出版期刊《更新》（*Up-Date*）①。

（四）教师专业协会

英国教师专业协会于1970年建立。该协会最初是由于不满全国教师联合会（NUT）内左派人士动辄诉诸罢教的方式争取教育资源与政府谈判而产生。教师专业协会的会员超过4万人，会员来自英国各地各个层面的学校教师。该协会严守不参与政党活动的原则，会员也不从事罢教活动。协会认为罢教活动会损害学生的权益，损害教师的声誉、形象和教育学生的立场等。教师专业协会提倡教育的专业主义，寻求教师专业品质、角色和地位的提升。总部设在德比市（Derby），并在英国各地设有分部，提供会员咨询服务与协助；提供各项商业、保险的福利等。英国教师专业协会没有加入英国工会联盟（TUC）。出版期刊《专业教师》（*Professional Teacher*）②。

（五）全国校长协会

英国的校长协会主要有两个，即全国校长协会（NAHT）和中学校长协会（SHA）。全国校长协会创立于1897年，是一个同时兼具专业协会性质和工会的独立组织，拥有会员2.8万人，遍及英格兰、北爱尔兰和威尔士，总部设在西萨塞克斯郡（West Sussex）。会员们是早期教育机构、小

---

① *ABOUT ATL*, http://www.acm.uk.com/LinkClick.aspx?link=860&tabid=100.

② *About ATL*, http://www.professionalteachers.org/aboutus.html.

学、中等专科学校、独立学校、六年制和继续教育学院、户外教育中心、社会服务和其他教育机构等的负责人。为了提高全国校长协会的影响和有效地为会员服务，协会在运作过程中分为三个组成部分，即工会职能；政治、政策和教育；信息与业务组。全国校长协会的机构和章程明确指出：（1）通过法律对团队的所有会员进行一对一的帮助，协会要完全保障全体会员的权益；（2）在工资、社会地位和退休金等代表会员利益等方面提供强有力的谈判代表；（3）在教育政策制定的全程发挥强大影响；（4）通过广泛的地区活动，全国会议和地方分支网络支持和鼓励会员；（5）进行包括最广泛的引领业务管理和新学校领导者的培训和发展活动；（6）公开发行的出版物，指导性文件和设立网站等。中学校长协会（SHA）成立于1976年，会员约8000人，会员主要是私立独立学校和政府辅助的教学学校的校长和副校长，总部在英格兰中部的莱斯特市。协会为会员提供教育专业服务及一般性服务。[①]

（六）英格兰教学总会

英格兰教学总会（GTC）作为一个独立的专业团体成立于2000年，其成员是所有的合格教师，所有合格教师是要强制加入的。该会在法律上的地位是“自行管理的专业团体”，其经费来自会员会费。

英格兰教学总会（GTC）是英格兰的一个独立的、非营利的、研究教学的、为公共利益服务的自治性专业团体，具有法定的咨询与管理权力。该会的工作方式不同于政府的官方机构或半官方机构，对教学专业负责，它不具备行政属性也不受政府控制，但向政府提出的专业性建议具有法定权威。根据《1998年教学与高等教育法》（*Teaching and Higher Education Act 1998*）第一条第六款规定，英国教学总会的委员会反映以下人员的利益：教师；教师的聘用者；师资训练的提供者；教导特殊儿童的教师；各宗教的教育部门；家长；工商界和一般大众等。[②] 英格兰教学总会是坚持专业事务为主旨，以不断促进教师专业标准的发展、提高教师专业地位，提升教师的公共服务质量的专业性组织。

---

① *About NAHT*，http：//www. naht. org. uk/welcome/about-naht.

② 杨深坑：《各国教师组织与专业权发展》，高等教育文化事业有限公司 2003 年版，第 8 页。

英格兰教学总会（GTC）使得教师团体成为政府教育决策过程中的关键组成部分，并具备以下功能：第一，为政府提供决策咨询。根据《1998年教学与高等教育法》规定：英格兰教学总会（GTC）要向教育大臣以及政府其他部门提供政策建议和决策咨询有：教学标准；教师的行为标准；教学专业的角色；教师的培养、职业发展以及业绩管理；教师录用；教学的健康要求；其他与教学有关的事宜。新近还增加有关教师的供应、教师队伍的稳定以及教学专业的地位等。第二，教师管理。根据《1998 年教学与高等教育法》规定，英格兰教学总会（GTC）有权对所有合格教师进行注册管理，有权对教师无法让人接受的专业行为和严重的专业能力欠缺现象予以惩罚，还发布《教师实践与专业价值法规》，对理想的注册教师的专业行为与实践标准作出规定。

此外，继续和高等教育教师协会（National Association of Teachers in Future and High Education，NATFHE）建立于1975 年，会员约7000 人，主要目标是为大学教师提高专业的和其他各项服务；联合教师及相关教师组织的力量提升专业素质和保障专业品质，以增进教师专业地位和福利。除了上述的教师组织，也有在不同历史时期、针对某一教育政策有一定影响的教师组织，如全国工党教师联合会等。

二 英国教师联合会及其组织架构

英国全国教师联合会（NUT）是英国规模最大的教师组织，是英国所有教师组织中成员最多，最具代表性的教师团体，成立至今已经有近 140 年的历史。

（一）组织目标与会员

根据英国教育改革和发展的变化，联合会的目标也有所调整。1965 年，全国教师联合会重新确立了新的组织目标，新目标共 5 项：（1）通过提高师范生入学水准和大学程度的师范教育水平，提高教师的地位；（2）提高教师待遇，改善教师工作条件，以确保教师的生活水准；（3）教师应与其他公务员一样，可以领取家属补助金；（4）合并各种教师组织；（5）使教师组织成为自主的职业团体。调整后的组织目标，将原来保障小学教师权益的目标扩大到不仅关心教师成员的各种待遇，而且强调提高师资培养水准以及维护职业自主权。①

由于联合会为教师提供一系列服务项目，如法律咨询与协助、教学上的专业交流、社交活动、投资理财、优惠贷款和一些消费折扣等，② 这些优惠条件吸引许多教师的加入，这使联合会的规模迅速壮大。1900 年左右的成员数仅为43621 人，但是1911 年已激增至72400 人，1920 年以前更增长至 10 万人。值得一提的是，1919 年朗达（Rhondda）地区罢课事件的成功，使全国教师联合会（NUT）在同年接受无证照教师入会，③ 因此增加了 1.1 万位新会员。“与伦敦教师协会结合”的方案也吸引了不少新会员。宗教因素造成教师间紧张的情况在 20 世纪 20 年代逐渐消失。1944 年教育法案重组中等教育结构，削减了四个中等教师协会独立存在的基础，④ 因此联合会的成员数量随之增长，例如其会员中文法学校教师的人数，从1938 年的 2000 人到 1954 年时已达 7000 人。随着联合会在全国力量的壮大，很多会员在国家关键岗位任职，比如早在 1895 年就有两位联合会成员詹姆士和欧内斯特在国会工作。到 1970 年的时候，许多内阁的成员都是来自全国教师联合会（NUT），比如担任英国外交国务大臣的迈克尔、担任教育内阁大臣的爱德华以及担任威尔士内阁大臣的乔治等。目前联合会拥有中小学教师、教育相关管理部门的教师、退休教师以及学生会员约 18 万人。⑤

（二）组织管理

联合会的教师会员范围是英格兰和威尔士地区。联合会在各地区都有地方性组织，总部设在伦敦，每年一度的会员大会在复活节召开，会员大会是全国教师联合会（NUT）的最高决策机构，参加会员大会的教师会员资格是由各地方分会按会员比例选举产生。有选举权的地方联合会最多代

---

① 国家教育管理信息中心：《组织运行目标》，《教育参考资料》1993 年第 7 期。

② Manzer，R. A.，*Teachers and Politics*，Manchester：Manchester University Press，1970，p. 28.

③ Gosden，P. H. J. H.，*The Revolution of A Profession*，Oxford：Basil Blackwell，1972，p. 86.

④ Tropp，A.，*The School Teachers*，London：William Heinemann，1957，p. 96.

⑤ 马向忠：《我国中央及地方教师组织参与教育政策制定之研究》，etd. lib. nsysu. edu. tw/ETD-db/ ETD-search-c/view_ etd？URN = etd-0701103-171003。

表数量为 12 人（见表 3－7）。[1]

表 3－7　**会员数量和代表数量关系**　单位：人

会员数量	代表数量	会员数量	代表数量
1—350	2	1851—2150	8
351—650	3	2151—2450	9
651—950	4	2451—2750	10
951—1250	5	2751—3050	11
1251—1550	6	3051 以上	12
1551—1850	7		

资料来源：根据英国全国教师联合会 2008/2009 章程整理；Conference National Union of Teachers Rules 2008/2009，http：//www. teachers. org. uk/resources/pdf/NUT-Rules-2008-09n. pdf。

联合会的方针政策都是由年度大会提出并制定的，联合会日常运作是由当选的 44 名会员组成的全国执行委员会负责进行的。全国执行委员会下设许多附属委员会，如政策与资源委员会、职业行为委员会、均等机会委员会、协调与财政委员会等。就教师组织与地方教育当局的关系而言，主要是地方级别的教师联合会与地方教育当局就教师的社会地位、工资、退休金等问题的交涉。此外，联合会对地方教育当局的教育政策的制定和实施有较大影响力。联合会在各自治市的地方分会负责与自治市教育委员会直接联系。但是，在郡议会区域范围内，根据郡议会所占的总席位数可能会设有几个全国教师联合会（NUT）的地方分会，将这些分会联合组成一个郡级教师组织，负责与郡教育委员会联系事宜。郡和自治市一级的教师分会是由选举产生的会员负责人经营管理，由于这些负责人都是全职教学人员，因此，他们常常是利用业余时间来管理组织事务。

联合会的总部有一个专职人员组成的工作班子，他们领取工资。在 1960 年以前，每年选举一位副秘书长（次年接任秘书长），1960 年以后，改为两年选举一次，并在全国范围进行投票选举。[2] 这些人员包括秘书长、

---

① *Conference National Union of Teachers Rules* 2008/2009；http：//www. teachers. org. uk/resources/pdf/NUT-Rules-2008-09n. pdf.

② National Union of Teachers，*Annual Conference the Reporter of the Executive*，London：Author，1998，p. 112.

副秘书长、工资与退休金部门的组织秘书与2名工作人员、法律部门的2名工作人员、教育部门的3名工作人员，以及会员部、宣传部和财务处各1名工作人员。另外，还有1名全职的文书工作人员和12名地方工作人员，其职责是处理全国的组织协调工作。一般而言，总部的工作人员都是教师，但也有个别例外情况。

全国教师联合会（NUT）的政策形成一般有三种方式：（1）通过大会决议产生的政策。联合会的各地方分会可以向每年的年度大会递交提议。这些提议在大会前3个月公示并发表，然后在年度大会上讨论并投票。如果提议获得大会的优先讨论并得到大多数代表的支持，则被定为联合会的年度政策。（2）在地方分会会议上获得通过并递交到联合会执行委员会得到认可的决议。联合会的任何地方分会都可以自行通过决议，并将决议递交到联合会执行委员会。这些决议经过执行委员会的讨论与研究被认为可以接受，则该决议就成了联合会的政策。（3）通过联合会执行委员会的日常工作产生的政策提议。在处理信件或与教育当局或政府部门协商过程中，执行委员会可以作出决策，作为联合会的政策。以第2、3种方式产生的新政策的任何条款都必须向下一次年度大会报告，内容体现在执行委员会的年度报告中。如果该报告获得年度大会的认可，则报告中曾采取的行动或决议会被确认为联合会的正式政策。由此可以看出，联合会尽力让其地方成员代表发起政策提议，从而使联合会的政策决定获得大多数会员的支持，体现其民主性。

（三）活动内容

全国教师联合会（NUT）在20世纪60年代以来的主要活动是向教育与科学部及地方教育当局提供政策建议，影响政府决策以促进教育改革；同时，联合会还监督各种教育法的实施；为会员提供各种服务，如为教师提供法律援助、设专职人员帮助解决教育中的疑难问题；提供人身安全及其他各项保险、提供个人贷款等。近年来，联合会的工作重点不仅在于提高教师待遇、改善教师工作条件，而且致力于提高教学专业水准、维护教师职业形象，以及国家教育改革、课程等方方面面的事宜，如联合会关心英国教育结构与目标的变革、课程的修订、教学新方法的开发、教师职前培养和在职培训的结构等。

联合会为了使自身的政策得到推行，不断向中央政府和地方教育当局分别施加压力。在英国教育管理领域，存在着这样一种普遍事实，即一项决定到底是中央政府采取的全国性政策还是地方政府采取的地方性政策从来都不清楚。这说明联合会有能力分别与中央和地方政府协商以确保二者或其一支持联合会的政策。众所周知，在英格兰和威尔士的教育领域有三大均衡的力量，即政府、地方教育当局和教师群体。全国教师联合会（NUT）作为教师群体的代言人，利用各种策略使其政策得到中央政府或地方教育当局的支持。

（四）分支机构

根据章程，联合会的分支机构有地方教师协会（Local Association）、单区分会（Single Association Division）和多区分会（Milti-Association Division）。以地方教师协会为例，各个地方教师协会吸收学校教师为会员，经全国教师联合会（NUT）执行委员会认可后，形成地方教师协会。每个协会都要确定协会名称，制定章程，招收会员，选出分会秘书长、秘书、财务长、委员会委员等。分会要有组织目标、会员资格、会费交纳和经费使用、行政人员与委员会、行政人员的选举与委员会、理事、会员代表的选举、学校代表、年报制定、困难基金和章程修订等。如果在一个地方教育局辖区内，有一个地方协会，则成立单区分会。如果在一个地方教育局辖区内，有两个以上的地方协会，则该地方协会联合组成多区分会，作为与地方教育局和地方相关单位沟通的代表。①

（五）职业规范

1. 英国全国教师联合会认定为违反职业规范的行为

任何被认为有损某个体本职利益和本职尊严的行为都应送交委员会进行裁决。以下列出的被认为是违反行业职业道德的行为，但也不排除其他行为：（1）如某位工会成员被解聘，并根据联合会行政委员会裁定该解聘属于不公正的，任何接受这个空缺职位的教师。（2）对另一位教师的工作或行为做口头报告，并未使当事人了解报告性质的老师；对另一位教师的工作或行为做书面报告，并未向当事人展示该报告或没有允许当事人获得报告复印件的教师。但此条款不适用于以下情况，在某教师求职过程中，

---

① *National Union of Teachers Rules* 2008/2009, Model Rules for a Local Association, http://www.teachers.org.uk/resources/pdf/NUT-Rules-2008-09n.pdf.

被要求提供一份保密的书面报告，该教师在当时有理由相信当事人在正常程序下将会得到该报告的复印件。（3）根据规则由联合会对工会成员之间的纠纷做出的仲裁，任何不遵守该仲裁决定的教师。（4）在学生面前，或在任何与学校工作无关的人员在场的情况下，对其他教师的工作情况进行斥责或批评的教师。（5）任何有意迫使其他教师在正常学校工作时间之外做与正常工作和组织无关之工作的教师。（6）任何在正常学校工作时间之外，将过量的、不合理的任何工作强加给其他教师的教师。（7）对其他人（尤其是同事和学生）歧视、骚扰或使用歧视或攻击性语言的教师。具体情况包括针对其他人的种族、国籍、肤色、原种族或国籍、残疾、性别、婚姻或公民伴侣状态、跨性别状态、性取向、宗教、宗教或类似的哲学信仰，另外还包括针对年龄、阶级、抚养责任以及任何其他的状态或个人特征的。只要对以上特征的歧视是被客观认为不公正的，此种歧视即不被允许。

2. 职业操守的执行委员会

违反全国教师联合会（NUT）的职业操守的教师将由职业操守委员会来裁决。（1）职业操守委员会由行政委员会任命，每两年一届，包括时任工会副会长和行政委员会的10个成员，其中5人应当是老师，尽可能不选择校长或副校长。委员会中4名成员可构成投票的法定人数，每次会议都要选出1个主席。（2）行政委员会每两年任命一届上诉委员会，听取来自职业操守委员会的上诉。该委员会是由时任工会会长、1名官员（副会长除外）、行政委员会的6名成员（不能同时担任职业操守委员会的成员，并最好是一般教学人员）组成。该委员会中3名成员可构成法定人数，每次会议都要选出1个主席。

（六）收支状况

1. 会员会费

英国全国教师联合会（NUT）的会员都需要缴纳会员会费，通常情况下，一般会员每年需要缴纳会费142英镑，2008年全国教师联合会有会员约27万名，因此，2008年全国教师联合会（NUT）约有3834万英镑的会费收入。[①] 联合会财务长根据章程征收资金建立专业活动基金。联合会的

① 林斌：《英国教育部门集体协商范围与教育绩效关系之研究：公共人力资源管理之观点》，http：//web. thu. edu. tw/g96540022/www/taspaa/essay/pdf/026. pdf。

所有支持专业活动的资金均来自专业活动基金。专业活动基金的使用必须严格遵照联合章程相关规定，并由执行委员会监督。

2. 会费支出

会费收入将组成各种需要的基金项目，联合会的基金有：保留基金；专业活动基金；政治基金；其他执行委员会基金等。上述基金都是根据联合会发展目标的需要，依照章程提供或者申请。来自专业活动基金的资金是专门用于资助罢教、停工或者其劳资关系纠纷。其他基金则是保障1971年《劳资关系法》为目的设立。联合会基金的基本作用分别为：第一，一般基金。根据全国教师联合会（NUT）章程规定，除分配作为专业活动基金的部分资金以外，每年来自教师联合会各个选区委员会的资金收入均属于一般基金。

第二，保留基金。每年12月31日，一般基金总额超过当年花销总额，剩余资金则转移成为保留基金。如果当年一般基金花销额度超出教师联合会收入，不足额度则由保留基金补充。

第三，专业活动基金。依据教师联合会章程规定，会员缴纳的会费；暂时不使用的会费进行投资所产生的收益等。根据教师联合会的规定，专业活动基金主要用于保障会员活动所需要的资金。此外，还有经教师联合会执行委员会认定，会员在维护联合会专业权利过程中，有金钱方面损失的，联合会将给予会员补偿或者免于损失。

第四，其他基金。根据教师联合会章程，执行委员会建立的基金。这类基金的活动目标受到联合会章程的严格限制。联合会财务收支状况有严格的纪律要求，每年都要有财务结算单和年度报告。一般情况下，在教师联合会年度大会召开前3周，关于联合会的财务结算单将由联合会秘书长递交给附属联合会秘书。经过联合会年度大会批准的执行委员会的财务结算单和报告将在年度报告里公布。具有可行性的年度报告将在年会结束前的早些时候出版。依照章程规定，在每年12月31日前，联合会秘书长将检查和总结由附属联合会递交给他的所有账目结算单。①

（七）会员福利

英国全国教师联合会（NUT）所有成员可以自动获得一些专业化的服

---

① *National Union of Teachers Rules* 2008/2009，*Funds*，http：//www. teachers. org. uk/resources/pdf/NUT-Rules-2008-09n. pdf.

务，都可以享受到集体性质的保险服务，包括个人意外伤害、住院、个人财产和在校期间的汽车所招致的损害等保险项目。还有一些有条件的服务项目：（1）保险服务。阿维娃（Aviva）保险公司为所有会员提供汽车保险和家庭财产保险等服务。（2）旅行保险服务。专门的简单旅行保险公司（Simple Travel Insurance）提供旅行保险方面的服务。（3）救援服务。大不列颠救援机构（Britannia Rescue）为会员以及与会员家庭关系亲密的朋友提供折扣15%的救援服务。（4）信用卡服务。苏格兰银行为会员提供可以享受年利息率为17.9%的信用卡服务。（5）教师房屋互助会（Teacher building society）。教师房屋互助会建立的目的是为教师提供抵押服务，至今仍旧延续这一原则。由于直接与消费者交易，教师房屋互助会可以真正理解教学专业的需要，为新教师提供第一步财产计划和储蓄计划等。（6）人寿保险服务。联合会为教师会员提供各种融资建议。教师人寿保险协会（Teacher Assurance）在1877年成立之时就是一个与全国教师联合会（NUT）保持友好关系的协会。教师人寿保险协会为教师提供生病的工资、养老金和教育捐款等。由于某种原因，政府不能提供财力帮助和养老金时，教师将收到教师人寿保险协会的支持。如果教师能够支付存款等，教师人寿保险协会将保障教师未来的工作、生活的投资。（7）税务伙伴（Tax buddies）。联合会为会员提供资信较好的退税公司。

（八）与英国工会联盟结盟

随着工资协商问题的发展增强了联合会里强硬派势力的扩张，是否加入英国工会联盟（TUC）成为1966年年会上全面讨论的议题。联合会内部传统上政治中立以及自认是专业取向的两股势力占据了优势，而致使此议题未能通过。这个时期的教师组织物质性利益取向还没有完全取代专业要求，20世纪50年代，联合会与中央政府联系密切，而且是要遵守合法性专业主义与排除政治势力结盟的非政治化主义，自信本身是忠诚的专业人士。所以，在20世纪60年代大多数成员仍认为与英国工会联盟结盟将导致与工党结合，并将有损自身专业形象。①

由于国家经济不景气，无法保证大幅度改善教师的工资水平，所以在

① Coates, R. D., *Teachers' Unions and Interest Group Politics: A Study in the Behavior of Organised Teachers in England and Wales*, London: Cambridge University Press, 1972, p. 33.

1967 年教师联合会的年会上支持的人数快速增加，许多年轻教师认为加入英国工会联盟（TUC）将会增加提高教师工资水平的舆论影响。通过英国工会联盟影响国家经济政策的声势不断高涨，1967 年 1 月 1 日工艺机构教师协会加入了英国工会联盟，该协会的加入对其他的教师组织产生微妙影响。[①] 1968 年要求与英国工会联盟的提案在不断增加，1968 年的会议上投票情况是赞成票 139606，反对票 82323，但在 1968 年 10 月投票决议却未能通过英国全国教师联合会（NUT）加入英国工会联盟（TUC）。尽管如此，1968 年年会决议授权执行委员会讨论结盟的可行性，最后 1970 年年会通过在同年 5 月 1 日加入英国工会联盟（TUC）的提案。但是结盟并未实质提升联合会的影响力，因为教育部部长撒切尔（Thatcher）的强硬作风使英国工会联盟（TUC）的影响力从 1979 年开始逐渐下降。[②]

---

① Coates, R. D., *Teachers' Unions and Interest Group Politics: A Study in the Behavior of Organised Teachers in England and Wales*, London: Cambridge University Press, 1972, p. 38.

② Manzer, R. A., *Teachers and Politics*, Manchester: Manchester University Press, 1970, pp. 76 - 78.

第四章　美国教师组织影响教育政策的方式[①]

美国教师组织作为专业压力集团，在其长期的发展过程中，有许多影响教育政策运行的策略，其中最具代表性的主要有四种，即组织间合作、从事教育研究、政策回应和政治活动等。

第一节　组织合作与教育研究

一　组织间合作

组织间合作是指教师组织与专业研究团体、州教育当局、地方学区、立法机构相互之间有着不同程度的合作关系，它们既相互独立自治、又相互依存共事。这种相辅相成的关系使得双方都认识到，离开合作将不利于教育政策目标的实现，对政策的影响力也相对减小。组织间合作有三个方面的表现，一是全美教育协会（NEA）和美国教师联盟（AFT）及其分支机构之间的合作，即教师组织相互之间的合作；二是教师组织与政府部门的合作；三是教师组织与其他专业协会的合作。

（一）教师组织间合作

为了达成共识以及增强对政策影响的效果，教师组织大多采取了相互合作的策略。以教师政策为例，美国教师联盟（AFT）认为，改善教师质量、提高教学专业性是其义不容辞的责任。为此，联盟通过与大学、教师教育院校、各种教师教育组织以及教育行政当局的合作与共同努力，做出

---

① 本章主要内容发表于《外国教育研究》2007 年第 1 期。

了自己应有的贡献。联盟要求所有教师会员及其成员组织：（1）与大学共同努力，确保教师职前培养计划具有较高的进出标准，严格要求教育学与学科专业的准备；增强实习教师的实践教学以及与教育系科教师的联系；（2）与大学、教师职前培养机构以及代表它们的组织，如全国师范院校资格鉴定委员会等一起发挥作用，为强化教师培养中核心课程的发展提供支持；（3）与教师许可证颁发机构、专业标准委员会等共同努力，要求进入教职的教师必须符合标准等。

全美教育协会（NEA）与美国教师联盟（AFT）作为美国教师的代言人积极参与了各种组织的活动。如卡内基教学工作小组和全国教师教育资格鉴定委员会（NCATE），在后一个组织中，两大教师组织的主席都是重要代表，并且在其执行委员会的31名成员中，全美教育协会（NEA）的成员就有5名，美国教师联盟（AFT）的成员有2名，另外其下属的各种分支机构中也都有两大教师组织的成员参加。

美国教师教育院校协会（AACTE）与全国教师教育资格鉴定委员会（NCATE）密切合作，共同为保障教师培养质量做出努力，在全国教师教育资格鉴定委员会（NCATE）的六个管理委员会中，均有全美师范学院协会的负责人任职。全国教师教育资格鉴定委员会（NCATE）的成员及教师还积极参与并支持州际新教师评估和辅助委员会（INTASC）的工作，主要体现在标准与评价的开发、试验新的成果、共同赞助学院发展等方面。同时，美国教师教育院校协会（AACTE）还与全国专业教学标准委员会（NBPTS）积极合作，共同举办研讨会，为该委员会提供建议，并对其草拟的标准进行评议。霍姆斯合作关系委员会也与美国两大教师组织和一些著名团体如美国教师教育院校协会（AACTE）、全国专业教学标准委员会（NBPTS）等建立了合作关系。

（二）教师组织与政府部门合作

教师组织没有直接的决策权，它们对教育政策的影响作用在很大程度上取决于政府的态度以及政府对其建议的认可程度。因此，教师组织与政府教育部门、立法部门的密切合作至关重要。如美国教师联盟（AFT），在教师政策制定和实施方面与立法机构、地方学区的决策者紧密合作，一起确保新任教师拥有一个良好指导的入职期，使得只有那些符合专业标准的教师才能被授予任期资格。同时，联盟还支持州任期法，保护教师个人权利与教师职业的高标准。全美教育协会（NEA）通过与政府部门、立法机构和地方学区合作等方式影响教育政策的制定，比如，在与中等教育改革和发展相关的各项政策中，协会通过设立“十人委员会”“十三人委员会”和“中等教育改组委员会”等专门组织与教育行政部门和立法机构积极合作，推动中等教育的改革和发展。

（三）与其他组织合作

在教材多样化政策方面，全美教育协会（NEA）和美国出版商协会（Association of American Publishers，AAP）联合，共同促进教科书的多样化建设。1994 年，协会少数民族事务委员会与美国出版商协会（AAP）的代表对这个问题进行了探讨。同年 6 月，在新奥尔良举行的协会少数民族与妇女事务联合大会又专门讨论教科书中的少数民族问题。因为许多学校已经采用了与少数民族学生及混血儿童有关的教材。例如，密歇根的四年级教师克利奥拉·斯克鲁格斯（Skelugus）利用描写不同文化的文艺作品，将多元文化与课程融为一体；得克萨斯中学的社会学科教师罗伯特·德克（Deker）开设了“体验多元文化”的选修课，以防止学生对他人形成偏见；在印第安纳波利斯州，80 位教师选用了反映多种观点及诸多民族文化的教科书。所以，协会希望出版商与已经是教科书顾问和读者的全美教育协会会员们保持一种持久的联系与合作。

针对如何选编反映多元文化的教科书的问题，大城市学校委员会提出了如下标准：准确性——有关历史知识的用语、概念及图像必须准确无误；代表性——教科书的内容必须代表社会各个群体，包括那些经常被忽略了的以及被歪曲了的社会群体；全面性——所附书目应当有助于深入研究，而不是敷衍了事；本土性——反映本土观点，取材于本土文化，体现各派历史学家的观点；平等性——有利于加强各个社会群体的力量，维持其特性，促进相互联系。[1] 尽管教师们的建议要想变成现实并非易事。但是，美国出版商协会（AAP）的负责人表示，教科书的出版商们将虚心听取教师的意见。

---

① 邹海燕：《美国教师要求出版多样化的教科书》，《课程·教材·教法》1994 年第 5 期。

二　从事教育研究

（一）发表研究报告，提供决策参考

从教师组织的角度看，其从事的教育研究一般有两个目的。一个目的是为组织成员提供相关政策的最新信息以及本领域的重要进展，保持信息畅通，以便于成员跟上最新发展的步伐；另一个目的是通过研究，为提高教师待遇、增加福利、改善工作条件等协议的形成提供依据。

全美教育协会（NEA）通过运用教育科学研究的方式对美国教育政策发挥影响作用，为了统筹教育研究活动，专门成立了“教学与学习研究中心”，该中心分为四个部门，其中有三个部门是专门从事教育研究的，即国家改革中心、教育技术中心、全国改进教育基金会。国家改革中心的主要目的是确保提升教师高质量的教学能力以及促使学生在高质量的教育环境下学习。教育技术中心主要为教师提供日新月异的教育技术发展信息。全国改进教育基金会的目标是：改进学生的学业成就、促进教师的专业能力、改进课程与教学效能、建立终身工作基础等。19 世纪末到 20 世纪中期以来，协会曾发表了大量的报告，其中最具代表性的有 1893 年的《十人委员会中学学习报告》、1918 年《中等教育的基本原则》报告等在全美产生了极大反响。《中等教育的基本原则》报告提出了美国著名的“教育七大原则”。①

20 世纪二三十年代，全美教育协会（NEA）对美国中小学教育发展起到了重要的指导作用。20 世纪早期，协会的研究部门就收集学校的财政信息，以便地方会员用作增加本学区拨款的根据。近年来，协会的研究包括了对教育辅助人员（ESP）的工作条件调查以及退休教师的健康与养老金问题的关注。另外，协会还不定期出版教师工资、学校财政和教师退休方面的科研报告。

美国教师联盟（AFT）也设立了“教育问题部门”，该部门每两年举办一次高质量的教育教学标准会议，研讨各类重要教育问题。2000 年，联盟发表了《建立一种专业：加强教师培养与入职培训》的报告。2002 年，

---

① 教育七大原则：健康；掌握基本的方法；高尚的家庭成员；职业；公民资格；适宜地使用闲暇；道德品格。

联盟对美国 50 个州的教师工资进行了最新调查，并于当年 7 月发表了《2002 年全美教师工资趋势的调查与分析》报告。报告指出，较高的新任教师工资与教师职业外其他就业市场的不景气已经在一定程度上缓解了美国教师的短缺状况。2001—2002 年，美国教师的平均工资是 44367 美元，比上一年度高出 2.7%，新任教师的年工资为 30719 美元，比上一年度增长 3.2%，但资深教师的工资没怎么增长。教师的平均工资较其他白领行业而言，实际上仍在下降，如 2002 年，中级会计的年薪 54503 美元，较上一年增加 3.5%；计算机系统分析师年薪为 74534 美元，较上一年增幅 4.7%，工程师的年薪为 76298 美元，较上一年提高了 1.8%。[①] 这些翔实的研究数据，为美国教师联盟（AFT）向教育当局提出增加教师工资的建议提供了强有力的事实与根据。从美国教师组织的教育科研看，其信息服务性与政策影响性十分明显。教师组织的科研报告不仅指出了现有教师教育领域存在的问题，而且通过客观分析，还提出了政策建议与行动计划，如美国教学与美国未来委员会（NCTAF）自成立以来，累计发表了《什么最重要：为美国未来而教》《做什么最重要：投资于优质教学》《不拒绝孩子的任何梦想：对美国儿童的承诺》等 13 份在全国有影响的报告。霍姆斯小组分别在 1986 年、1990 年、1995 年，发表了《明日的教师》《明日的学校》和《明日的教育学院》等三份重要报告。1986 年，卡内基教育与经济论坛的“教学是一门专业”工作小组发表了《准备就绪的国家：21 世纪的教师》的报告。1999 年，美国教育理事会（ACE）发表《接触未来：改变教师教育的方式》的报告，同年，教师教育工作者协会发表《教师教育的现场经验标准》报告，等等。这些报告对美国各级政府有关教师教育政策的立法提案以及政策的形成提供了权威客观的依据，发挥了重要的决策咨询作用。

（二）出版刊物，建立网站，促进信息交流

美国最大的两个教师组织都独立发行自己的刊物，通过发表会员撰写的文章、对政府政策的解读与反应、宣传教师组织的工作信息与活动安排等，不仅促进信息的畅通与交流，也对政府的相关政策起到了舆论监督作

① 《中美教师培养制度孰优孰劣？——专访美国华裔教育家陈树清博士》，http：//bbs. pep. com. cn/thread-184248-1-1. html。

用。如美国教师联盟（AFT）办有月刊《美国教师》、《美国教师联盟活动》周刊、《公共服务报告》、《美国教育工作者》季刊、《健康咨询》月刊、高校《校园报道》等刊物。全美教育协会（NEA）办有季刊《今日教育》、月刊《全美教育协会新闻报道》和周刊《现时NEA》等。这两个教师组织都有各自的协会网站，网站中包含组织介绍、组织运行、最新新闻、工资分析以及与教育相关的电子资料和图片等大量信息和数据，为教育信息互通有无提供了网络保障和支持，为进行教育科学研究提供参考；同时，也为各级政府教育政策的制定提供了大量翔实可信的资料。

第二节　表明政策立场

教师组织对政府的政策给予了高度关注，并适时作出相应的反应。在这里表明教育政策的立场主要有支持教育政策的实施、阻碍或者反对教育政策的实施、提出政策的修改意见和倡导符合教师组织利益的政策等政策回应方式。

一　支持政策实施

教师组织对政府的相关教育政策通常会作出回应，在多数情况下持支持态度，这就为政策的顺利实施和获得良好效果奠定基础。如美国自2001年颁布实施《2001年决不让任何一个孩子落后法案》（以下简称《法案》）后，全美教育协会（NEA）积极做出支持响应，向国会及布什政府提出了五项行动建议：（1）优先发展低水平学校，通过提供必要的额外帮助以使其达到高标准；（2）提高教师质量；为教师录用、保证每个教室拥有富有爱心的、合格的教师增加投资；（3）投资于儿童早期教育，确保更多的学生就学前做好学习的准备；（4）使学校现代化，为学生提供干净、安全、设备良好的教室；（5）为特殊教育实施全额拨款计划。

美国教师联盟（AFT）也为《法案》一些具体条款的实施做出了很大贡献。如法案对所有教学专业辅助人员规定了新的要求，专业辅助人员为了达到要求，必须通过州或地方的相关能力评定；在大学完成相当于两年的学习或持有两年的学位或更高一些的文凭等。为此，联盟监督和宣传各州涉及专业辅助人员的计划，为专业辅助人员提供“教育研究与传播”培训计划；与“乔治·米尼劳动研究中心”一起开发了学分计划，促进专业辅助人员尽快满足《法案》的要求，进行网上调查以了解法案的优缺点；要求州及地方在《法案》第一条法案资金的基础上，再提供拨款资助，等等。

二　提出政策建议

在教育政策运行过程中，教师组织对教育政策的主要反应是直接对教育政策发表看法、评论和提出修改意见。但是在这里还要重申一个事实，在美国教育领域里，各种与教育有关的协会和专业研究团体浩如烟海，种类繁多，这些组织纵横交错，相互渗透，我中有你，你中有我，有许多教育领域中的专业人员具有双重身份，同时是美国两大教师组织的成员，又是某个专业研究团体的主要工作人员。某一项教育政策的制定与出台是若干组织和专业研究团体合力的结果。只有弄清了这样的背景条件，我们才可以清楚地了解教师组织是怎样通过其他组织表达自身的要求。

教师组织通过对政策提出修改意见来影响政策，它们或给政府部门直接写信，或通过自己的刊物、网站以及新闻媒体，甚至在特定的学区分发传单等方式表达其政策反馈意见或政策建议。如美国教师联盟（AFT）主席与其他教育专家在《法案》两周年之际，一起讨论了该《法案》中的不足。其中就“高素质教师”的条款，提出修改意见。联盟的主要建议认为，这一要求给许多教师教育者造成了极大的压力，但他们却得不到相应的支持。“我们不得不问自己，为什么这样一个得到两大政党支持的法律现在却陷入这样一种泥潭，争吵、抱怨甚至憎恨”。[①] 国会可以通过听证会采取有力措施保证这一法律的有效实施，也可以将一些高素质教育人员的要求纳入《法案》。全美教育协会（NEA）也在2003年的年度大会上，专门研讨了《法案》条款的不足，提出了该《法案》的某些条款必须重新修订，如需要增加“确保过度依赖标准化考试不干扰师生的教与学”的条款等。

美国教师教育院校协会（AACTE）作为教师教育机构的代言人，在

---

① Inside AFT-Week of Dec，http：//www. aft. org/publications/inside_ aft8.

2003年2月13日致信给美国众议院“教育与劳动力委员会”主席保纳，提出国会在2004年重新批准认可美国《高等教育法》的拨款时，提请考虑以下建议：（1）高等教育院校的能力以及教师队伍建设对《法案》中要求的教师教育计划的信度与质量非常重要。因此，需要联邦政府的投资、对基于高标准的责任和不断改善教师培养模式提供支持，强化高等教育立法在高素质教师预备中的保障作用。为此，《高等教育法》的第二条修正案中，政府的投资不仅要予以保留，而且还要将重点放在加强教育院系的建设上。（2）《高等教育法》的相关责任条款应该体现教学专业质量的最高标准。我们赞成为确保所有教师具备高素质所做的努力，但是，第二条修正案中规定的要求并没有提出对培养高素质教师的院校的有效性进行精确评价，所采取的措施对决策者和培养师资的院校都没多大用处，且费用昂贵。因此，责任条款必须突破单一的、以知识内容决定成败的措施，确认最能反映真正教学情境的一系列知识与技能。（3）支持发展新的合作伙伴关系，以教师培养计划为主，在现有高等院校与地方教育部门合作的基础上，进一步扩大合作关系。国会要继续支持现有的合作项目，并为强化与扩展专业发展学校的观念提供资金。（4）教师质量存在问题不能只埋怨教育院系，这是由多方面的因素造成的，如由于工资低、工作条件差造成教师人事变动频繁；过度使用不合格的教师等。因此，支持那些以录用和维持高素质教师为目的的项目的办法，替代教师证书一般不要求这些人员达到州规定的严格教师标准。因此，出现了高等教育院校的毕业生要通过资格考试，而许多替代候选者却免于这些考试的现象。美国教师教育院校协会（AACTE）要求法律中的责任条款适用于所有提供学校人事的单位，而不仅仅是教育院系，等等。

三　维护教师利益

教师组织对联邦、州和地方学区的学校政策、教育政策等考虑是否符合自身的利益，对于不符合自身利益的政策，教师组织就会在政策的制定、执行和评估过程中施加影响。还有一种情况是，教师组织通过制定符合自身利益的教育政策维护教师集团的利益。这表现在很多方面，以教学专业化为例，教学专业化能够提高教师的专业性，对于维护教师的收入和社会地位有很大的好处。所以，教师组织在教学专业化的认证标准和教师专业发展方面努力发挥应有的作用，使教育政策制定的利益倾向于教师组织。

（一）制定教学专业化的认证标准

教学专业化的彻底实现依赖教师培养手段和程序的专业化。这就必然要求订立各种标准对相关程序和机构实施考核和认证，教师组织为此发挥了重要的作用。教师组织和全国教师教育认定委员会（NCATE）、全美教学专业标准委员会（NBPTS）和州际新教师评估和辅助委员会（INTASC）等专业组织为教学专业化的实现做了大量有益的工作。

全国教师教育认定委员会（NCATE）成立于1954年，是对教师的专业素养进行资格认证的专业组织。它既是美国评估师范院校课程最权威的组织，也是当前对美国教师专业发展标准的确立起重要作用的组织。该组织是美国联邦教育部以及“后中等教育认可承认委员会”唯一承认的全国性的、独立性的师资培育认可机构。全国教师教育认定委员会（NCATE）成立的宗旨为：首先，对师资培育单位的品质提供专业判断；其次，通过认可标准和实地评价工作，鼓励师资培育单位不断改进品质。该组织通过重新制定审定标准和严格审察过程来实现对课程改革的领导。它所指定的认定标准对于教师教育机构及其教育课程计划具有一定的约束力和引导作用。全国师范院校资格审鉴委员会所设立的评价标准是师资培育单位专业化的标准，其决策具有相当广泛的民意基础，而且认可决定也很受全美教育界的重视。目前该组织已发展成拥有33个专业团体参与鉴定、认可的专业组织。

全国优秀教学标准董事会又称全美教学专业标准委员会（NBPTS），是卡内基教育及经济论坛在1986年的报告《21世纪的教师》中推荐并于1987年成立的。全国优秀教学标准董事会致力于订立教学专业标准方面，并为此提出了五大核心主张：（1）教师献身于学生及其学习活动；（2）教师了解所教授学科，并且有效地将学科知识传授给学生；（3）教师对管理和督导学生的学习负有责任；（4）教师有系统地思考教学事务并且从经验中学习；（5）教师是学习社群的成员。全国优秀教学标准董事会成立的宗旨在于促进教学专业化。其主要任务为：为有成就的教师的知识及其表现，建立一套高而严格的标准；发展全国性、自愿性的教师评价制度，来肯定杰出资深教师，并激励全国教师达到其所制定的标准。该组织希望通过评估和颁发优秀教师证书来鼓励优秀教师并发挥他们在教学中的领导作用。该组织试图打破长期以来美国民众有关教师职业的片面认识，即认为教师是半专业人员；认为教师是天生的，不需要后天培养；认为教学不需要知识基础。在全国优秀教学标准董事会的努力下，人们逐渐认同了教学是一门专业，教师必须成为专业人员，并在专业技能上不断取得进展。换言之，全国优秀教学标准董事会在促进教师任教之后不断的专业成长中起到了重要的作用。

州际新教师评估和辅助委员会（INTASC）是由“全国教育负责人协会”发起，并由17个州的教育组织和优秀教师组成的致力于教师专业发展的准备、许可、现实状况的教师组织。州际新教师评估和辅助委员会创建于1987年，由各州的教育机构组成，目的是为评估新教师制定标准和辅助新教师的课堂教学。州际新教师评估和辅助委员会最初的支持者是负责教师资格许可、培训计划的审批和专业发展的州立教育机构。它的工作建立在一个基本的认识前提基础上：一位合格并优秀的教师应该能够将大量的知识和特定的能力和学生的需要结合起来，以确保所有的学生能以较高的效率开展学习并很好地完成学习任务。州际新教师评估和辅助委员会以为其成员提供一个学习和合作的平台为使命，且致力于以下任务：协调各州之间的教学和教育政策；为提出教师准备计划承担新的责任；为了颁发许可和评估教师行为提出新的评估方法；为教师专业发展设计新的培训计划。该组织还根据全国优秀教学标准董事会的五大主张制定了21世纪教师所需的知识和技能，最主要的是评估新教师的10条标准。①

（二）积极参与教师专业发展

除了订立专业化的各项标准，美国教师组织还专门设计并参与各类专业发展活动。教师组织对教师专业发展的巨大影响在当前的美国已成为公认的事实。

教师组织针对教师专业发展做了大量的工作。它们制订大量对教师发展有利的计划，并通过海报、专题文章、书籍和视听材料散布大量有关专业发展的信息。教师组织发起的专业发展活动主要关注观念和经验的共享。内容包括针对特别主题的培训，培训主要以问题为中心，经常引导参

---

① 龚兵：《教师组织在美国教学专业化进程中的作用》，《上海教育科研》2004年第8期。

与者亲身实践。这些活动涉及教学、学术和政治等诸多领域。全美教育协会（NEA）的一项调查表明，教师认为由教师组织发起的专业发展活动最为突出的就是以下四项：系统组织的研讨会、课程讨论会、专业协会组织的专业发展活动、大学教育类课程[①]。

在美国，几乎所有的州立教师组织均开设暑期研讨会，一般为期一周。此外，专业性的学科组织也开设各种讨论会、研讨班以及其他的专业发展活动。这些专门的研讨会比传统的专业发展活动更具社会性。教师在会议期间可以接触到更多的同行，增加彼此沟通交流的机会。暂时脱离繁忙的教学岗位使教师们有时间对平日的教学活动进行反思，获取新的知识和体验。

教师组织发起的专业发展活动既不像传统的研究，也与大多数的继续教育形式有别。它们发起的专业发展活动不局限于现行的学科，也不传递既定的、系统化的知识。这些活动不能用分数来评估，也无须书面的考试。教师在此类活动中表现得更加活跃，更为配合活动的指导者，他们之间既像合作者又像伙伴，是一种平等和民主的关系。初看之下，教师组织对教师专业发展并没有带来什么好处。至少，没有通常意义上的好处，如学术成就、增加薪水、大学学位等。但事实上，教师既获得了专业发展的时间，又增进了教师之间的交流和学习。通过参加各种研讨会，教师能充分感受到组织对他们的尊重，同时也进一步增加了对教学职业的认同感。通过与委员会和特别小组的协商与讨论，通过部门的选举，教师还能获得荣誉和奖励。[②] 所有这些均能激励教师们在专业方面的不断发展。

第三节　进行集体谈判

一　集体谈判的产生

在大多数西方国家，劳动者更倾向于联合起来共同确立就业条件和待遇，以防止雇主提供不利于自己的劳动条件。于是，一些工人团体或工会

---

① Mary Louise Holly, *Perspectives on Teacher Professional Development*, the Falmer Press, 1989, p. 207.

② 龚兵：《教师组织在美国教学专业化进程中的作用》，《上海教育科研》2004 年第 8 期。

便开始与雇主或雇主群体就工会会员的就业条件和待遇进行谈判和协商，这种行动被称为集体谈判。

“集体谈判”这一术语由英国学者西德尼·韦布（Sidney Webb）和比阿特丽斯·韦布（Beatrice Webb）首先提出并开始使用。集体谈判是劳动力市场机制运行的必要条件。劳动力市场机制的有效运行，要依赖于市场主体力量的相互平衡和制约，依赖于建立规范的程序规则。集体谈判是市场经济条件下调整劳动关系的主要手段和国际惯例，它不仅确立了集体劳动关系调整的正式规则，而且本身就是解决冲突的一种重要机制，通过集体谈判规范劳动关系事务，构成了市场经济国家劳动关系制度的核心。

集体谈判制度的产生与工业革命所引发的经济、社会、人口的变化是分不开的。技术革新带来的机械化使一些劳动者的传统技能没有了用武之地，劳动力市场竞争的加剧，形成了劳动力的买方市场，单个劳动者难以通过个别谈判与雇主抗衡，维护自身权益，因而出现了劳动者组成的群体性组织，并开始了集体谈判。最初雇主反对与工会进行谈判，国家法律也只承认个人劳动合同，直到19世纪末20世纪初，国家对集体谈判在一定程度上才放松了限制。

20世纪中期之后，集体谈判成为西方国家普遍采用的调整劳动关系的重要机制。劳动关系具有隶属关系的属性，劳动者处于相对弱势的地位，使得劳动者个人难以在劳动力市场上与雇主相抗衡，而劳动关系具有的人身关系特点更加重了这种失衡。集体谈判制度的建立，可以使劳动者个人意志通过劳动者团体表现出来，由团体代表劳动者个人交涉劳动过程中的事宜。这有助于克服个别劳动关系的内在不平衡，增强劳动者一方的力量，有效地促使双方互相让步，达成妥协，签订协议，降低诸如怠工、辞职等冲突产生的副作用。因而，集体谈判被认为是使劳资冲突规范化的一项伟大的“社会发明”，是现代民主社会中每一位劳动者都拥有或应当拥有的特定权利。①

美国集体谈判最早源于私人企业界，在19世纪中期，已经开始有全国劳工运动，所以在1890年国会通过《谢尔曼反托拉斯法》（*Sherman Anti-*

---

① 《中国劳动和社会保障统计年鉴（1995—2002）》，中国劳动保障出版社2002年版，第68页。

trust Act），除了禁止企业界形成联合垄断，还指出劳工联盟通过罢工手段抑制企业成长是非法的。到1935年国会通过《全国劳工关系法》（*National Labor Relations Act*），亦称《瓦格纳法》（*Wagner Act*），该法案提供了劳工可以组织和选举代表与资方谈判的法律基础。

二　教育集体谈判的产生和发展

（一）教师组织集体谈判的发展历程

美国教师组织的集体谈判最早可以追溯到教师工会的组织，1857年全美教育协会（NEA）成立开始，就把维护教师权益作为努力的方向之一，但是并没有积极通过集体谈判的方式争取教师权益，到1916年美国教师联盟（AFT）的成立，情况发生了变化。联盟主张采用集体谈判的方式争取教师权益，直到20世纪60年代教师组织集体谈判才具有合法化地位。

1959年，威斯康星州是第一个通过集体谈判法案的州，允许劳工（包括教师）通过集体谈判的方式来争取自己的权益。自此以后，教师组织集体谈判的理念就为教师组织所接受。1962年4月11日，纽约市教师联盟与教育董事会谈判没有达成协议，纽约教师联盟进而组织教师罢教，这次罢工是美国教师组织通过罢教的方式维护教师自身权益的先河；同时，也暗示教育董事会与学校教师的关系发生了永久性的改变。教师组织集体谈判理念也由此逐渐发展，并得到教师们的支持。促成教师组织集体谈判迅速发展的原因，除了美国教师联盟（AFT）的大力推动，还有以下因素：（1）教师们逐渐不满意待遇，他（她）们认为工资比不上其他专业领域的人员。（2）教师集团和个别教师在实际谈判过程中增加了复杂性。虽然教师已经增加了集体谈判的专业知识，但是行政人员和教育委员会委员在谈判过程中却不给予信任，而且在20世纪五六十年代，他们常常忽视集体谈判对教师关系的影响。（3）教师罢教和威胁增多了。在1966年以前，全美教育协会（NEA）尽量避免采用罢教手段；但是也正是从那个时候开始，协会地方分支组织参与很多罢教活动。有资料显示，在1979—1980年，就有242位教师参与罢教活动。[①]（4）在教育领域中，通过谈判方式达成协议的情况增加了，教师们把集体谈判看成正常的和实用的。这种观

---

① 吴清山：《美国教育组织与行政》，五南图书出版公司1994年版，第178页。

念一经建立和形成，教师们经常会想通过集体谈判的方式来解决问题。(5) 由于学区的重组，产生了较大的学区和较多的财政资源；教师团体的改变特别是男性教师数量的增加；教师供需的问题，在20世纪60年代教师严重不足；教师专业性增强了，尤其是拥有高学历的教师增多了。

因此，20世纪80年代以来，集体谈判已经成为教育领域中比较普遍的现象。到1980年，已经有32个州制定了集体谈判法令，教师组织在集体谈判中的角色越来越重要，教师组织影响教育政策的能力达到了其发展的高峰。

1990年教师罢工又有了新的发展。在过去，大部分的罢教只是地方教师工会组织和教育董事会之间的事情。可是到了1990年，教师们想要提高工资，就会到州政府请愿，例如在1990年2月华盛顿州的296个学区中，有35个学区的1.3万位教师计划采取罢教的方式来提高工资，最终州政府妥协了。同样是在1990年2月的犹他州（Utah），由于教师待遇偏低、师生比率偏高、教育经费不足，于是，犹他州教育协会（UEA）的会员准备实施罢教，最后迫使州政府增加教师工资1000元和增加4%教育经费补助各个学区。[①] 由于教师罢教引起很多争议，所以目前更重视新的集体谈判取向——增进劳资关系，比如在加利福尼亚州（California），为了增进劳资双方的关系，经常邀请学区官员、教育委员会委员和教师组织领导人共同讨论新的集体谈判取向，逐渐由过去对立的局面转变到和平共存、相互妥协。

（二）教师组织集体谈判的模式

提起教师组织的集体谈判，人们自然会想起劳资双方因利益的冲突而进行的劳资谈判。事实上，随着历史的发展和时代的变革，教师组织集体谈判的性质与方式已经发生了重大变化。集体谈判一般是就教师最关切的事务与教育行政部门协商和谈判，如教师工作条件与工资、福利待遇（各种补助、津贴、保险等）、聘雇条件（班级大小、工作时间）、专业条件（学术自由、任教科目）、人事条件（任用、升迁、退休）等。美国教师组织正是凭借集体谈判，为教师职业的专业化发展、为教师的福利待遇以及工作条件的改善做出了不懈努力。

---

① Joel Spring, *American Education*, New York: McGraw-Hill, nc, 1994, p. 76.

教师组织的集体谈判分为工业式谈判和改革式谈判两种。工业式谈判出现于20世纪60年代，当时教师获得了组织谈判的权利，许多州都直接仿效1935年的《全国劳动关系法》，制定了公共事业部门劳动法。这样，工业谈判的传统移植到了教育实践领域，一直持续到20世纪80年代。工业式谈判有三个假设前提：一是劳资双方的利益是对立的；二是为了有效管理，需要标准化的实践；三是技能水平相近的工作人员能够互换，应该一视同仁（见图4－1）。[①]

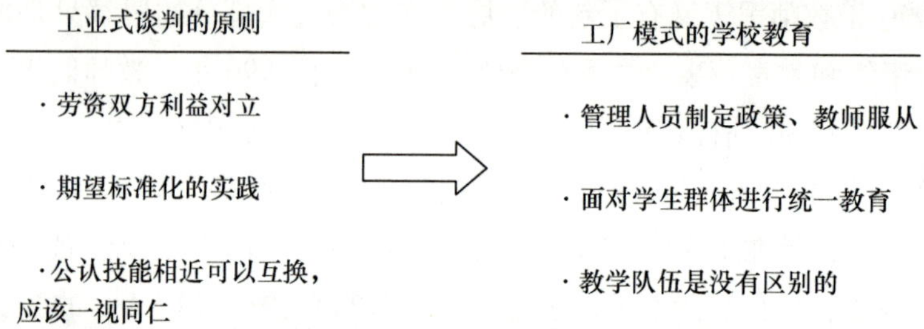

图4－1　工业式谈判模式

资料来源：Tom Loveless, *Conflicting Missions?*, *Teacher Unions and Educational Reform*, Brookings Institution Press, 2000, p. 11。

美国教师正是通过这种工业式的集体谈判，对地方学区以及州教育当局形成压力与牵制，并达成相关政策协议，为教师提高工资待遇、改善福利和工作条件提供保障。

改革式谈判始于20世纪80年代中期，教育改革的浪潮促使许多教师组织的领导及学校管理人员都实验了另一种集体谈判方式，即改革式谈判。为了致力于改革，教师组织领导与学校管理人员首先确认双方的共同利益，然后再寻找新的方式分解双方存在的差异，这样就避免了过去对立的做法，同时协商的内容也有所扩大，重点也有所转移，开始更多地重视提高教师素质、学生成绩以及学校教育质量等方面（见图4－2）。[②]

为了提高和保障教师质量，美国教师联盟（AFT）通过集体谈判过程

① Tom Loveless, *Conflicting Missions?*, *Teacher Unions and Educational Reform*, Brookings Institution Press, 2000, p. 11.

② Ibid., p. 28.

改革式谈判的原则		学校教育模式的改革
·劳资双方利益共享与合作		·教师与管理人员对学校教育共同负责
·协议更富有弹性与自由度	⇒	·校本管理与教学
·明确各自的角色与地位		·教师作为指导人员、课程专家以及同行评价人员进行参与

图4－2　改革式谈判模式

资料来源：Tom Loveless, *Conflicting Missions?*, *Teacher Unions and Educational Reform*, Brookings Institution Press, 2000, p. 11。

协商有关条款，制订了有利于教师专业进步的计划，如同行帮助计划，为新教师提供指导，为教学需要改善的任期教师提供帮助；新教师入职培训计划；该计划使得教学优秀的教师能够帮助新教师，对其教学实践进行评价，并根据其教学质量提出是否能够胜任教职并授予其任期资格的建议；同行评价计划，该计划对不能胜任的教师进行客观、公平的评价，以确保这些教师有机会在同辈专家的指导下提高教学水平。另外，联盟还在集体谈判中建议州通过提供物质激励，实行“鼓励教师获取全国专业教学标准委员会的优秀教师资格证书”的政策。这里需要指出的是，集体谈判犹如一柄“双刃剑”，它一方面可以作为教师专业化发展的有效工具，形成并实施新的教育政策措施；另一方面，又是教育政策活动的制约力量并在一定程度上成为教育发展和改革的阻挠者。对于这种消极的影响，教育政策指定主体需要进行规范。比如通过加强教师组织活动的法制建设、营造符合教育发展规律规范的价值氛围、形成教师组织为教育发展和改革的主人翁意识等。

（三）教师组织集体谈判的过程

教师组织集体谈判由于涉及教师权益和教育委员会的立场，所以在谈判过程中，可以说是相当复杂的活动，双方要达成协议更是一件不容易的事情。一般而言，教师组织集体谈判的过程，主要包括下列步骤。[①]

① L. Dean Webb, Paul A. Montello & M. Scott Norton, *Human Resources Administration: Personnel Issue and Needs in Education*, New York: Maxwell Macmillan Intemational, 1994, p. 319.

第一，集体谈判的计划和准备。周详的计划和完备的准备有助于在谈判中争取到最大的利益。谈判的计划和准备包括下列活动：（1）收集有关的信息和必要的资料，作为决定和成本分析的参考。在集体谈判之前，双方都必须收集资料、评估资料，以便在谈判时作为发言的参考和佐证资料。常用到的信息和资料大约有：学区教育行政人员所关心和需要的；目前合同协议书不容易处理的地方；专业团体所出版的有关书刊和报告；其他学区有关谈判议程的资料；学区有关预算和财政计划资料；目前其他学区谈判的结果。当然，收集到这些资料之后，还必须就有关问题及其对未来谈判的重要性予以分析。（2）决定谈判的目标。目标主要在于作为所有谈判活动的基础，以及提供整个谈判过程的指针。所以谈判小组必须了解决定的目标，这些目标是所想要的、所必须达成的。比如，学区委员会谈判小组必须了解学区的谈判目标及考虑各种项目的重要程度，再决定目标；教师谈判小组也是这样。（3）建立引导谈判的基本规则。一般而言，这些基本规则包括小组代表的权威性（是否有权签署协议）、会议时间和地点、会议议程、小组成员、会议形式（公开或秘密）和会议记录，以及程序上的考虑。（4）决定谈判范围。谈判范围要包括所有相互关心的议题，如教师工资福利、教师评价、班级大小课程与教学和额外责任等。（5）僵局时的处理方式。如果谈判陷入僵局时，应该如何来处理，应该事先有所准备。一般处理僵局的方式有调停、实情调查（fact-finding）、仲裁、罢工和停工等，但在有的州停工是违法的。

第二，谈判单位的决定和认可。谈判单位的决定和认可应该足以代表学区各种团体，例如在专业团体中有教师、图书馆员、护士和辅导人员等；而在支援学校人士团体中有职员、秘书、技工、管理人员和餐厅服务人员，所以学区中有各种不同的谈判单位是很正常的。一般而言，决定谈判单位的程序常常会在法令中给予规定。在有的州，规定行政人员不能成为教师谈判代表的一员；如果没有相关的法令规定，则由学区教育委员会和劳方团体共同决定谈判单位。而谈判单位的代表，一般都采取特别代表制，是经选举产生的，这种方式产生的代表容易得到认可，美国的两大教师组织都支持这种方式。

第三，谈判小组成员的决定，包括主要发言人。谈判小组成员是谈判成败的关键因素。双方代表在谈判桌上，都能就对方所提出的问题予以回答，这样就有助于谈判的顺利进行。一般而言，谈判小组成员的多少，要视学区大小和实际需要而定。但是，在选择谈判小组成员时，常常需要考虑的因素有时间（是否有充足时间参加谈判活动）、性情（性情是否稳定）、毅力（是否经得起烦琐的工作）、专业知识（有关集体谈判的专业知识）和能力（是否有能力参加谈判工作）等。发言人是小组的首席谈判人，也是小组的领导人，所以在决定人选的时候，必须慎重。由于教师谈判代表大都由工会成员选举产生，所以这个环节可能不是那么重要，但是在学区教育委员会中，谈判代表则是很重要的，因为他们的谈判代表不一定是委员会的委员，而可能是教育局长、人事主管，或者是委员会聘请的律师，也可能是请外面的专业谈判人员加入谈判行列。

第四，最初谈判程序和适当谈判策略的决定。谈判的目的在于达成协议，成功的谈判常常在于：谈判的过程是以专业为基础；在双方所限制的范围内达成协议；协议达成不会带来更多的申诉；达成协议不会再宣告陷入僵局。因此，最初谈判程序和适当谈判策略的决定对于达成协议是相当重要的。

科学和恰当地使用谈判策略，有助于协议的达成，所以在谈判策略的应用方面，首先必须消除敌意，共同寻找解决的途径。最佳的谈判策略是采用双赢的谈判策略，实现双赢的谈判策略有以下几个步骤①：（1）双方各有自己的目标，期望对方的目标，决定可能达成协议的范围，发展双赢解决途径到可能达成协议的范围。（2）发展双方良好关系，培养双方彼此的信任感，使得在双方热烈讨论之前，已经建立良好关系。（3）形成双赢的协议：确定对方的目标、确定协议的范围、提出双方解决途径的建议能够考虑到双方不一致的方面，共同解决彼此存在的分歧。（4）达成双赢的协议：双方就协议内容进行有意义的回顾，使协议能够生效，这时双方谈判密切接触及建立彼此信任感还是很有必要的。

谈判策略运用不当，任何一方以其强势逼迫相对弱势一方就范，就会造成谈判的失败，其直接后果是两败俱伤。弱方仍然会寻找机会抗拒，这就会使教育资源蒙受巨大损失，本质上是双输结果。

---

① R. R. Rech & B. G. Long, *Win Win Negotiator*, Kalamazoo, MI: Spartan Publications, 1987, pp. 105 – 106.

第五，达成协议。协议是谈判的最后结果，表述谈判内容的文字必须相当慎重，而且必须经过双方共同确认，将来才不会引起不必要的争议。协议的内容通常包括：（1）认可的叙述；（2）协议的性质：范围、时间和沟通途径；（3）协议的特别规定；（4）协议的双方责任；（5）申诉程序。申诉可以说是谈判过程的继续。凡是对协议内容有不满意的方面，可以依法提出申诉，为了避免申诉的无序化，对于申诉时间限制、步骤和程序的规定，是很有必要的。一般而言，申诉首先必须提出书面资料，详细叙述申述理由及资料，再交送学区人事主管或教育局长处理并提出建议；如果仍然没有得到解决，则交到学区教育委员会做最后的处理和建议；如果当事人仍然不满意，则提出诉讼或者仲裁。

教师组织集体谈判是解决问题的一种过程，如果双方无法达成协议时，双方都可能使出撒手锏；最后一种解决方法就是教师工会组织罢教，而学区当局则采取封闭学校的措施。

（四）集体谈判对学校的影响

集体谈判已经成为美国教育中的一种生活方式。所以在美国，通过集体谈判方式来维护或争取教师们的权益已经是司空见惯的事情。但是，值得注意的是，教师组织集体谈判会对教师工资和教学、学生成绩和校长权力产生影响。

1. 教师工资和教学

在私人企业公司，劳方通过集体谈判方式来提高工资是可以预期得到的。但是，对教师而言，是否能达到预期的效果呢？根据一项研究发现，有集体谈判的学区比没有集体谈判的学区，教师平均工资水平差距约为0—12%，[①] 所以它对教师工资增加是有限的。由于福利是不需要上税的，所以教师组织集体谈判对教师福利产生影响，但很少有这方面的资料。

集体谈判对于教学的影响，学者们争议很大、看法不一，有的人认为会增加教师专业自主性；有的人认为它对教师的教学并没有显著的影响。

---

① John T. Seytarth, *Personal Management for Effective Schools*, Boston: Allyn and Bacon, 1991, p. 121.

2. 学生成绩

关于集体谈判对学生成绩的影响方面的实证性研究很少，主要原因是这两者之间的因果关系很难认定。有的研究认为集体谈判可以增加一般学生的学习成绩，却减少上等和中下学生的学习成绩，也有的研究显示具有工会组织的学区，其学生成绩要比没有工会组织的学区高，两者的差距约为7%。[①] 但也有的学者认为集体谈判对学生成绩有负面的影响，这是因为：（1）教育服务事业本来需要教师与行政人员之间密切联系，但是却受到集体谈判过程的影响。因为集体谈判破坏了高品质服务所需要的合作沟通。（2）教师罢教破坏了教学的连续性，并导致教学天数的损失，增加单位时间的教学强度。（3）教师工会组织带来了教师额外压力，牵涉了教师投入教学工作中的精力。[②] 总之，集体谈判对学生的影响是正负两方面的，但是没有一致的观点。

3. 校长权力

毫无疑问，集体谈判对学校管理具有深远的影响，特别是在校长的领导上。校长的权力，如安排教师的班级、教职员会议次数、教师评价，等等，几乎每年集体谈判的协议书上都有详细的规定，校长必须按照合同办事，不能随意扩大自己的权力。此外，由于申诉程序的建立，教师对校长决定不满意的，可以继续向上一级申诉，这对校长的权威是很大的挑战，所以校长在处理教师问题时，必须格外慎重。因此，集体谈判可以说改变了校长的角色。

第四节　开展政治活动

在一些特定的情况下，教师组织有时会通过激进的政治活动来对政府施加压力，达到其影响教育政策制定和实施的目的。作为既定利益的代言人，教师组织为了教师群体的权益，经常通过政治行为对政府或者法院的

---

① John T. Seytarth, *Personal Management for Effective Schools*, Boston: Allyn and Bacon, 1991, p. 257.

② James W. Guthrie & Rodney J. Reed, *Educational Administration and Policy: Effective Leadership for American Education*, Prentice-Hall, 1986, p. 320.

相关政策和判例产生相应影响，其政治活动的一般方式有政治结盟、罢教、支持或参加选举活动和司法行动等。

一 政治结盟

教师组织通过与其他政党或工会团体合作，形成联盟，增强对教育政策与法规制定和实施的影响力度。例如美国教师联盟（AFT）加盟美国劳工联盟的理由是：（1）对于共同关心的问题，可通过与其他工会合作，形成有效的利益统一战线，比自己单打独斗来得有效；（2）美国劳工联盟是最先倡导免费公共教育的组织，也是第一个倡导使工人及其家庭获利的社会、经济政策的组织；（3）美国劳工联盟支持 1847 年《公共教育法案》(*Public Education Act*)，从压榨劳动力的工业中将儿童救出，并送他们进入学校；（4）要想解决集体谈判权、社会安全保障、反对工作场所性别歧视等问题，就需要和美国劳工联盟合作，因为其在国会、州议会及地方社区上都有重要的影响力；（5）美国教师联盟（AFT）加入美国劳工联盟后，仍然保持其自主性，制定自己的政策、管理自己内部的事务，并不因其加入美国劳工联盟而丧失其组织的独立性；（6）加盟美国劳工联盟虽然每月要为每位会员付加盟费，但美国劳工联盟为专业、公务人员提供服务，包括游说、政治行动及各项信息的提供等优势对于美国教师联盟（AFT）来说是相当值得的。此外，美国教师组织为了和政党维持良好关系，通常以政治献金的方式捐款给政党，以形成政治联盟，但是一般来说，美国两大教师组织大多与民主党维持较紧密的关系。

二 罢教活动

罢教是教师组织影响教育政策制定和实施中最激进的方式之一，由于罢教行为对学区的教学会产生很大的冲击甚至破坏性的影响，所以教师组织对罢教方式的采用持非常慎重的态度。在美国两大教师组织中，隶属于美国劳联—产联的美国教师联盟采用罢教方式影响教育政策的表现尤为突出。

以美国教师联盟（AFT）费城教师联盟组织的一次罢教活动为例说明罢教活动的原因、谈判焦点和成果。

（一）原因

2000年8月，费城教育委员会提出新的教师雇佣办法。新教师雇佣办法中许多项目涉及教师自身利益的削减，所以费城教师联盟开始与地方教育行政当局教育委员会谈判，在谈判没有达成共识的情况下，费城教师联盟号召教师们进行罢教。

（二）谈判焦点

新教师雇佣办法要求地方教育董事会对教师和学校其他工作人员的工作制度、工作条件、工资和福利待遇等进行很大的调整，其中包括地方教育董事会取消老教师权，取消基于教龄选择学校的权力，允许校长拥有否决教师调任的权力；要求教学日增加75分钟，教学年增加5天，但是不增加工资；要求改变包括基于教龄和学位的等级增量工资制度，取而代之以基于校长对教师表现的主观评价的绩效工资制度；要求降低教师和其他雇佣人员的医疗费用等。

（三）成果

费城教师联盟的这次罢教行动，使费城教育委员会的教师雇佣办法被迫进行了修改。修改的内容涉及教师雇佣办法在工资制度、教师任用及年资计算和教师医疗保险等方面，这有效地维护了费城教师的权益。另外，在减少工作时间方面地方教育董事会有一定的让步。至此，费城教师联盟的罢教行动发挥了一定的作用，达到了影响地方教育政策的制定和实施的目的。

三　竞选参与

竞选参与主要指的是支持或参与竞选活动。教育资源的分配与决策的关键人物是政府官员，民意代表也有着表决、制定法案的权利，因此，美国教师组织通过支持特定公职候选人、参与选举活动等行为以达到有利于其组织目的的政治影响效果。教师组织的一般政治行动策略是成立政治行动基金会。如全美教育协会（NEA）于1972年成立的“政治行动委员会”，美国教师联盟（AFT）于1974年成立的“政治教育委员会”。在1990年美国众议员当选人中，258名中就有247名，参议员的当选人中，27名中就有19名是由上述两大教师组织支持的。1993—1994年，全美教育协会（NEA）提供了350多万美元的捐款以支持民主党参选人。① 由于教师组织在积极投入政治活动，支持特定候选人，因此，民选官员及立法者在制定政策时为了考虑选票以及资金来源，都不敢轻视教师组织的意见。两党候选人在1998年的国会选举年和2000年总统大选年中获得两大教师组织的捐助（见表4－1）。

表4－1 **美国教师联盟和全美教育协会对候选人的捐助**

		数额（美元）	占比（%）
2000年美国教师联盟对候选人的捐助	民主党	1471580	98.80
	共和党	16900	1.13
	无党派	1000	0.07
	总计	1489480	100
1998年美国教师联盟对候选人的捐助	民主党	1387500	97.99
	共和党	22900	1.62
	无党派	5500	0.39
	总计	1415900	100
2000年全美教育协会对候选人的捐助	民主党	1583125	95.18
	共和党	76250	4.58
	无党派	4000	0.24
	总计	1663375	100
1998年全美教育协会对候选人的捐助	民主党	1758040	94.52
	共和党	97850	5.26
	无党派	4000	0.22
	总计	1859890	100

资料来源：http：//www.educationpolicy.org/data.htm。

① Why Teacher don't Teach，http：//www.usnews.com/usnews/culture/articles/960226/archive_034011_3.htm.

因此，通过支持和参与竞选活动的方式，教师组织实施对总统候选人和国会议员的捐助。如果捐助活动获得最后成功，其参与资助的候选人就可以成为教师集团的代言人，进而实现影响教育政策制定和实施的最终目的。

四　司法行动

1998 年 4 月 16 日，全美教育协会（NEA）在宾夕法尼亚州（Pennsylvania）的东南德拉瓦郡（Delaware County）代表家长和纳税人就地方学区董事会的多项违法行为提起诉讼。认为，该郡的德勒克（Delco）学区决定为那些把自己的孩子送到私立和宗教学校的家长们提供纳税人资助的教育券是违反宪法的。同时协会还认为，德勒克学区董事会的短视性政策没有重视学生。并进一步指出，利用纳税人出资的教育券的计划不是改革教育的最好方法。教育券使更多的教育资源远离大多数学生，所有学生都应该进入现代化学校学习、在小班上课和得到高质量教师的授课。对于私立学校来说，教育券计划只能使上述目标的注意力和努力产生偏移。目前，用于德拉瓦郡的已经注册到私立学校的学生教育券计划的费用仅在接下来的一年里就超过 100 万美元。纳税人的钱应该更好地花在为德勒克学区的所有学生提高受教育的质量上，而不应该把纳税人的钱移交给那些为孩子选择私立或者宗教学校的家长的手中。① 德拉瓦郡法院受理了代表 8 个学区的家长和纳税人的全美教育协会（NEA）对东南德拉瓦郡董事会的起诉。协会请求法院判决使用公立学校资金为私立学校支付学费是违反宪法的，并要求被告学区董事会返还因教育券计划而产生的所有非法开支。全美教育协会（NEA）主席鲍勃·切斯（Chase）认为，法院一定会裁决德勒克学区董事会的行为是违反宪法和州法律的。这次诉讼还得到一个广泛联盟的支持，这个联盟包括宾夕法尼亚州高等院校教员协会（Pennsylvania State College and University Faculties）、教育法律中心（Education Law Center）、宾夕法尼亚州中小学校长协会（Pennsylvania Association of Elementary and Secondary School Principals）、宾夕法尼亚州学校管理者协会（Pennsylvania

---

① For More Information：NEA Communications 202-822-7 200，http：//www. nea. org/nr/old/nr980416. html.

Association of School Administrators）、宾夕法尼亚州教育协会（Pennsylvania Education Association）和宾夕法尼亚州家长—教师协会（Pennsylvania Congress of Parents and Teachers）等。全美教育协会（NEA）的这次司法行动，已经对宾夕法尼亚州教育券政策的实施产生了很大的影响。因此，教师组织通过司法行动也可以影响教育政策的制定和实施。

第五章　英国教师组织影响教育政策制定的策略[①]

英国的教师组织是兼有专业性组织和教师工会双重功能的社会组织。教师组织通常运用提出专业观点、形成联盟与引导舆论、进行集体谈判和开展政治活动等一系列策略实施对教育改革和发展的影响。

第一节　提出专业观点

20 世纪 20 年代以来，工党综合学校教育政策的目标是“人人受中等教育”和“教育机会平等”，但是在实现上述目标的过程中，工党内部的关于中等教育综合化政策意见并非铁板一块，工党的两个教育部长就主张实施中等教育的三轨制组织形式，将综合中学限制在有限的实验范围内。各种教师组织和压力团体均对中等教育政策提出不同见解，最终全国工党教师联合会[②]在促使工党接受中等教育综合化政策过程中发挥了关键作用。

一　工党教师联合会的主张

作为具有独立自主性和专业性的社会组织，提出主张、专业观点与见解等是英国教师组织影响教育政策的一个主要途径。全国工党教师联合会

---

① 本章发表于《外国教育研究》2011 年第 3 期，发表时略有调整。

② 全国工党教师联合会的前身是 1917 年建立的教师劳动同盟（Teacher's Labour League）。教师劳动同盟在是否加入工党的问题上出现了分歧。随着工党与共产党之间的关系越来越紧张，共产主义者占主导地位的同盟中那些忠诚于工党的成员在 1926 年成立了一个独立的组织——全国工党教师联合会。联合会的建立者和早期领导者几乎都是工党的积极分子。全国工党教师联合会是工党的一个附属协会，会员不太多，它的活动只是对工党战后教育政策的发展产生较大影响。

在中等教育政策中的目标是建立统一的综合中学制度。其通过以下途径影响教育政策。

首先，通过出版物积极表达政策主张。1927 年，作为对《哈多报告》的回应，全国工党教师联合会发表了斯派克（W. H. Spike）执笔的《教育：一种政策》，表达了他们对于教育中存在的阶级差异的不满，提出了解决这一问题的途径。斯派克在这本著作中指出："我们认为三轨制是一种政治产物，它意味着社会的分化。一种单一的共同学校则意味着民族的团结。"《教育：一种政策》揭示了全国工党教师联合会的教育政策框架："全国工党教师联合会支持那种同一个地区的所有儿童都进入同一所中等学校学习的制度。在这所学校里他们可以找到各种各样的课程满足他们个人的需要，但是，在学校内部也进行大量的共同活动和享受到同样的社会生活，就像大学生在为不同的职业做准备的时候仍然能够享受共同的社会生活一样。"① 到 20 世纪 30 年代，全国工党教师联合会除了通过出版物来影响工党的教育政策，还通过积极向官方研究团体表达观点的方法试图影响教育政策。在斯宾斯委员会就中等教育的组织问题征求各教师组织意见的时候，全国工党教师联合会就积极表达了对综合中学的支持态度。

其次，全国工党教师联合会通过对地方教育当局积极宣传他们的政策主张，试图使地方当局的教育政策发生他们所希望的变化。与影响国家教育政策收效甚微的结果相比，他们在地方上确实取得了一个重大胜利。1934 年，工党第一次成为伦敦郡议会多数党，全国工党教师联合会立即开始在议会中推销自己的政策。在伊夫林·丹宁顿（Evelyn Dennington）的领导下，联合会的成员发起了向伦敦工党代表和组织宣传综合中学的运动。直到 1941 年这个运动才有了结果，伦敦工党接受了一个详尽的综合中学计划。这个计划后来成为 1947 年《伦敦学校计划》的基础。伦敦地方教育当局采纳综合中学政策有着非常重大的意义，因为它意味着全国最大的一个学区接受了综合中学方案，从而开始了真正有意义的综合中学实验。这些学校将会成为证明非分离教育的可行性和成功的例证。尽管伦敦综合中学计划的制订不能说全是全国工党教师联合会这一股力量作用的结

① "A Policy in Transition: The Development of Labour's Comprehensive School Policy 1945—1965", p. 26.

果，但是，不可否认，全国工党教师联合会的积极宣传与游说在其中产生了影响。

最后，全国工党教师联合会非常注意通过影响较大的团体的观点来增强自己的力量。全国工党教师联合会从规模上说并不大，影响力也不大。在这种情况下，全国工党教师联合会就努力影响全国教师联合会（NUT）的观点。它并不像教师劳动同盟一样试图将全国教师联合会带入工党，而是通过在全国教师联合会（NUT）内增加自己的影响，从而增强自己的力量。因为全国教师联合会有意识地保持政治上的中立，所以它努力与那些在政治上非常积极的组织如全国工党教师联合会保持距离，这样可以使两个组织之间没有正式的联系或书信来往。然而，全国工党教师联合会确实通过渗透影响了全国教师联合会（NUT）。《政治与教育》一书的作者朱尔斯·伯格万（Jules Burgevin）认为："从非正式的形式上，全国工党教师联合会将全国教师联合会（NUT）作为一个吸收新的成员、获得信息和使下议院中为全国工党教师联合会的工党国会议员获得支持的资源。"① 全国教师联合会（NUT）致力于保持政治上的中立，因此，对于全国工党教师联合会采取的这些活动既不鼓励也不谴责。这种立场使全国工党教师联合会获益匪浅，它使得全国教师联合会（NUT）中的全国工党教师联合会成员可以利用一个资源更丰富和更有影响力的组织宣传自己的政策。

此外，英国教师联合会常常通过学术研究及其研究成果影响教育政策。全国教师联合会（NUT）在历史上曾经有过通过学术研究及其研究成果影响教育政策的制定与实施。现在，全国教师联合会时常委托大学和研究机构进行专业性的课题研究，然后再将这些独立研究成果引入其政策主张之中。

二　工党教师联合会对工党的影响

工党执政以后，随着两任教育部长在中等教育上采取了倡导三轨制的政策，全国工党教师联合会对工党教育政策产生了不同看法。为了能达到宣传自己的政策主张，给决策当局施加压力，影响决策的目的，全国工党

① "A Policy in Transition: The Development of Labour's Comprehensive School Policy 1945—1965", p. 29.

教师联合会在延续战前策略的基础上，拓展了活动的渠道，利用刊物作为主要的宣传阵地，而且成功地在工党年会上获得了支持；最重要的是它直接与教育部长通信交流，表达自己的观点；之后，又成功地在工党决策层中找到了自己的代言人，再将自己的主张渗透进工党的教育政策中发挥了直接影响。

（一）创办《现代教育》

第二次世界大战以后，全国工党教师联合会施加影响的渠道之一是创办了自己的刊物《现代教育》（*Modern Education*）。该刊物于1945年创刊，至1951年被《工党教师》（*The Labour Teacher*）所取代。在这段时期，全国工党教师联合会的领导和积极分子以它为阵地传播自己的教育观点，评论工党政府的教育政策。在某种程度上，《现代教育》是全国工党教师联合会施加影响的一个主要阵地。该刊物上刊登的文章基本上也能反映他们的政策诉求。

（二）在工党年会上争取支持

全国工党教师联合会向工党和政府施加影响的另一条重要渠道是在工党年会上争取支持。在第二次世界大战后初期，全国工党教师联合会不断地提起工党1942年年会上通过的决议，他们认为在这次年会上综合中学教育政策作为一项正式的政策被采纳。该决议要求教育委员会将鼓励多边学校的发展作为一项总政策。但是，由于决议措辞上的模糊性，使得许多代表在对它的理解上存在分歧。有人认为该决议意味着将共同学校作为唯一的中等学校类型，有人则认为综合中学是在现存制度之外进行的实验。这种认识上的分歧战后初期在党内仍然存在，特别是在两任教育部长都走上了维护三轨制中等教育制度的道路后，全国工党教师联合会开始坚持不懈地争取年会对综合中学政策的支持。

（三）直接影响决策层

全国工党教师联合会作为压力集团，比较直接有效地影响政府决策的途径是在议会和政府中安插自己团体的成员或者寻找自己的代理人。全国工党教师联合会在1949年创造了它最有效地影响工党政策的策略，这就是几乎排他性地集中在运用工党内部的“特洛伊木马”上。这里的“特洛伊木马”是指属于全国工党教师联合会的30个左右的国会议员，他们往往支持号召建立综合中学的任何决议。有学者比喻这个团体是“我们的特洛伊木马，他们包括培根、托马斯、科夫、弗雷德·皮尔特（Fred Peart）、霍勒斯·金（Horace King）、科比特和其他一些人”。[①] 全国工党教师联合会策略的转变来自于它与教育部长之间出现的僵局。

（四）中等教育综合化政策被工党采纳

在1950年的工党年会上，要求建立综合中学的呼声达到了一个新高度，全国工党教师联合会提出的综合中学政策成为教育会议上的主要议题。在教育会议上发言的九位代表都支持综合中学政策。许多发言者都对三轨制和11岁选拔所产生的不良社会后果进行了讨论甚至批判。更为重要的是，工党全国执行委员会也接受了要求政府“实施工党所宣布的综合中学政策”的决议。[②] 大会一致支持这个决议是工党综合中学政策发展中的一个巨大进步。年会的要求是不可否认的，为了对这种要求作出回应，工党的全国执行委员会建立了一个以培根为主席的分委员会专门处理综合中学问题，准备关于中等教育政策的报告。1951年6月，名为《中等教育政策》的报告出版，最终工党产生了一个清晰明确的中等教育组织政策，这个报告是工党政治哲学和教育政策取向的完美结合。

第二节 形成联盟与引导舆论

英国的教师组织在争取和实现教师专业化和维护教师权益的过程中，经常要采用建立联盟和通过舆论引导公众，取得公众的支持等方式有效地影响教育的改革和发展。建立联盟和引导舆论在一些教育政策的制定和实施过程中常常是两个行之有效的策略方法。

一 结成联盟

英国教师组织经常通过与其他教师组织或教育利益团体建立联盟关系壮大力量，以影响教育政策的制定和实施。有必要说明的是，联盟常常处

---

① Jules David Burgevin, *Politics and Education*: *Case Study of a Pressure Group*, the National Association of Lobour Teachers. 1927—1951, Syracuse University, 1969, p. 239.

② M. Francis, “A Socialist Policy for Education?: Labour and the Secondary School, 1945—1951”, *History of Education*, Vol. 24, No. 4. 330, 1995.

于一种动态状态，而且联盟的形成也是充满变化的，似乎给人没有规律的感觉，其实不然。联盟仅仅是一种表现形式，其本质是教育利益和各个集团利益存在共识的而产生的驱动力量，利益是它们联姻的基础。英国的教师组织在成立之初，虽然每个组织有着各自本质的区别，但是在教师福利待遇和工资方面的诉求是大致相同的。比如，在伯恩汉姆（Burnham Committee）体系下，英国的教师组织在教师福利和工资方面的态度是一致的，各个教师组织之间是一种紧密的同盟关系。再比如，在后伯恩汉姆体系时代，英国全国教师联合会（NUT）在协商工资和工作条件时，经常会与全国男女教师协会（NASUWT）、教师与讲师协会（ATL）等教师组织结成联盟，向能够决定教师工资的教师审议委员会①（School Teachers Review Body，STRB）提出建议。在促进教师专业团体的建设方面，英国全国教师联合会（NUT）与高校工会（The University and College Union，UCU）建立伙伴关系。英国全国教师联合会（NUT）的秘书长布伦达说："看到两个团体更加紧密地致力于共同的事业令人高兴。"他还强调建立伙伴关系、所有的公共服务团体共同发表声明和参与活动将会有很大的影响力。② 此外，教师组织也会与其他利益团体合作或者加入该团体来壮大自己的力量，影响政府教育政策。英国全国教师联合会在1970年正式加入工会联盟（TUC），成为其附属协会之一。借助工会联盟的力量，英国全国教师联合会在1990年提出若干教育改革议案，比如，5岁以下儿童教育法案、教师待遇及工作条件和种族及性别就业机会均等，都获得大会通过。借助联盟的力量可以强化政策立场，制造政策舆论，在即将形成的政府政策上则会拥有更大发言空间。

二 引导舆论

教师组织常常利用公开出版物、网站等方式引导组织成员，统一认识，形成共同的舆论导向。英国教师组织有公开发行的《教师周刊》（*The*

---

① 根据1991年《学校教师工资与工作条件法》成立的机构，主要的任务是对首相及教育大臣提出关于英格兰及威尔士地区教师工资与工作条件的报告，其成员由首相指定，最多有9人，主要来自经济与教育界等的资深专业人员。

② NUT and UCU Launch Historic Partnership Agreement, http://www.teachers.org.uk/story.php?id=4774.

Teacher)、《中等教育》(*Secondary Education*)、《当代教学》(*Teaching Today*)和《更新》(*Up-Date*)等出版物，在出版物上发表自己的专业观点，维护教师专业性以及维护权益等。此外，教师组织均有自己的网站，利用网站发挥舆论导向作用，以全国教师联合会（NUT）为例，2005 年 4 月 21 日，在其官方杂志网站上发布了主题为“为了我们的所有儿童”的文章，表明自己的立场。又在第 12 期官方杂志《英国教师联合会新闻通讯》(*NUT News*) 上刊登《2005 年大选——关于候选人的问题》的声明，表达自己的态度。

英国全国教师联合会（NUT）认为，“教师、家长和公众的共同目标是给我们所有的儿童提供尽可能最好的教育”，“我们想要我们的儿童成长并幸福欢乐，发挥潜力，过上富裕的生活，我们的未来与他们息息相关，我们需要他们成为成功者”“为确保我们的未来，就需要把我们的税收向他们倾斜和投入，给儿童和年轻人提供坚实的教育基础”；“教育是最根本的人权，所有儿童和青年人都有享受高质量的教育的权利，教育对年轻人的身体发展与健康发挥着主要作用，教育在消除贫穷中扮演着核心角色”“教育的核心是教师，教师激发年轻人并释放他们潜能，教师使国家和社会富裕”“为了使所有儿童和青年人都能满足他们的受教育权，教育必须是由公共财政支持的一项公共服务，为了能使教育满足所有的儿童和年轻人，教育就必须是综合性的，综合教育不仅能够满足有才能的儿童和天才儿童，它还能满足那些学习困难的儿童”。①

全国教师联合会（NUT）利用现代传媒技术宣传自己的观点，比如利用大型电子设备把问题直接发给选区候选人：

1. 你相信儿童依据法律应该在小班中受教育吗？

2. 你认为家长是否应该拥有将他们的孩子送到由公共财政维持的而不是由私人赞助的优秀地方学校的权利？

3. 你认为高质量的教育是否应该能被所有儿童享有而不管他们的父母来自哪里，以及他们的种族、宗教信仰、阶层，或是否残障？

4. 你是否同意英格兰的全国课程与测评系统（The National Curriculum

---

① 易红郡：《从冲突到融合：20 世纪英国中等教育政策研究》，湖南教育出版社 2005 年版，第 120 页。

and Assessment System）应该与威尔士一样有独立的观点？

5. 你想要使所有的家长都能获得高质量的且能负担得起的儿童照看吗？

6. 你是否认为一天应该向一个孩子的校餐食物至少投入1英镑？

7. 你是否认为应该为那些有行为问题的年轻人提供一系列的资助服务，或专门机构和特殊学校？

8. 你是否认为在入学率下降的情况下应该缩小班级规模、满足小学生的个人学习需要、扩展课程机会和提供教师专业发展的时间？

9. 你会反对任何范围内的中等学校的入学“选择”程序吗？

10. 为确保贫困在学校门口就被阻止和学校得到充足的资金以通过延伸性服务来满足小学生的更宽泛的需要，你和你所属的政党将会做些什么工作？

11. 为了英格兰与威尔士的教学更具有吸引力，你认为新政府是否履行了应有的职责？

12. 为了让教师能很好地应对教育儿童学习的工作所需的精神与体力挑战，你是否同意将养老金年龄从60岁提升到65岁？

正如英国全国教师联合会（NUT）秘书长史蒂夫·斯诺特（Steve Sinnott）所说：“今年的大选对所有教师来说都是至关重要的。我呼吁教师们能使用英国教师联合会（NUT）的新电子大选设备将这些问题发给你所在的选区的候选人，并且维持联合会对候选人的压力，以便支持教育和反对教师养老金计划的任何恶化。”[①] 教师组织正是利用这样的方式，引导舆论，对候选人进行宣传，为教育政策的制定奠定思想基础。

第三节 进行集体谈判

英国教育部门集体协商早在20世纪初期就已经产生，经过近百年的发展已经建立起了符合本国教育体制的集体协商机制。在英国，集体谈判是

① 胡乐乐译：《英国教师联合会公布2005年大选教育问题》，《基础教育参考》2005年第7期。

指教师组织的代表与教育行政机构（教育与科学部和地方教育局）就共同关心的事务作有秩序的磋商或谈判，以便达成共同的协议，作为规范双方行为的准绳。

一 1987 年前教育部门的集体协商机制

早在 18 世纪，集体协商就已在英国造船和纺织工业中产生，但在第一次世界大战前，大多属于地区性协商，全产业范围的工资协商较少。直至第一次世界大战末期，为解决劳资双方的争议，由下议院议员惠特利（J. H. Whitley）主持的重建委员会，于 1917 年提出报告，建议个别产业设置“全国联合劳资委员会”（National Joint Standing Industrial Council, NJSIC），进行全国性的集体协商，解决劳资双方争议与工资调整问题。因此，教育部门即在 1919 年成立伯恩汉姆委员会（Burnham Committee），该委员会包含地方教育当局联合会（Council of Local Education Authorities, CLEA）和全国学校教师委员会（Schoolteachers Committee, SC）的代表，双方进行集体协商，决定全国中小学教师的工资水平与服务条件，该协商制度一直持续到 1987 年为止。

表 5－1 **1981 年伯恩汉姆委员会的中小学教师工会代表** 单位：人

教师组织	会员人数	代表人数
全国教师联合会（NUT）	25 万	16
全国男女教师协会（NASUWT）	11.6 万	7
助理男女教师协会（AMMA）	9 万	4
全国校长协会（NAHT）	2.1 万	2
中学校长协会（SHA）	2800	1
继续和高等教育教师协会*（NATFHE）	1.2 万	1
教师专业协会（PTA）	2.1 万	1

注：* 继续和高等教育教师协会仅包括继续和高等教育教师。

资料来源：Robert J. Thornton：“Teacher Unionism and Collective Bargaining in England and Wales”, *Industrial and Labor Relations Review*, Vol. 35, No. 3, 1982, pp. 377－391。

在伯恩汉姆委员会中，教师组织代表成员与雇主代表成员人数相当，但在 1981 年以后，教师组织代表人数稍多于雇主代表人数（见表 5－1），其中教师组织代表有32人，雇主代表27人，合计59人。而在教师组织代表成员当中，包括来自英国的7个教师组织的代表，其中以全国教师联合会（NUT）的代表最多（16人），其次是全国男女教师协会（NASUWT）的代表（7人），教师的代表人数主要是根据各个教师组织总人数确定。但是到1985年，保守党政府强硬派人士上台后，对教师组织实行强硬态度，导致参与协商的教师组织减少为6个，教师组织的代表也减为28人。同时，减少全国教师联合会（NUT）的代表席次至13人，使全国教师联合会（NUT）首次失去其在教师组织代表的过半数地位，这样的变动加上对工资水平的不满，全国教师联合会（NUT）与全国男女教师协会（NASUWT）联合起来在1985年发动全国性大罢工，迫使政府最后必须以仲裁方式解决争议。[①]

二 1987年后教育部门的集体协商机制

1985年，英国全国教师的罢教活动对保守党政府产生了很大的震动。由此，削弱教师组织的影响力就提到政府的议事日程上。1987年，政府解散了伯恩汉姆委员会，停止全国层级的教师待遇集体协商，另行成立过渡咨询委员会（Interim Advisory Committee，IAC），负责教师待遇调整事宜。1992年设置的“学校教师审议委员会”（STRB）取代过渡咨询委员会（IAC），成为学校教师待遇的主要决定单位。

目前英国教师组织的集体协商机制，在全国层面可分为两种程序。

（一）学校教师审议委员会（STRB）的年度咨询

学校教师审议委员会（STRB）由内阁指派的委员组成（至多9人），委员来自包含劳资关系、人力资源、财务管理和教育领域的学者、专家，依据国会于1991年所通过法案的规定，学校教师审议委员会（STRB）自1992年起，每年应针对有关教师工资、工时、职责等事项，接受政府机关、资方团体和教师组织等所有相关团体的建议，并在召开多次会议审查后，向内阁教育大臣提出具体建议方案，内阁教育大臣收到学校教师审议委员会（STRB）的建议案后，仍需要与教师组织、资方团体进行协商，

① Ironside, Mike and Seifert, Roger, *Industrial Relations in Schools*, New York: Routledge, 1995, p. 55.

最后将具体建议以法案形式提交议会，经议会通过后公布施行，称为《学校教师待遇与工作条件文件》（*School Teachers' Pay and Condition Document*，STPCD），俗称蓝皮书[①]（Blue Book），该文件具有法规效力，所有公立中小学均为适用对象。由此可知，1987 年以后的集体协商有了一些变化，即学校教师审议委员会（STRB）的咨询过程并非劳资集体协商，其对教师组织的建议和要求并无接受的义务。但是，如果学校教师审议委员会（STRB）过度偏袒资方团体或政府部门的方案，忽视教师组织主张而提出的建议法案，教师组织依法仍可以实施罢教等争议行动。所以，这种咨询程序是一种"准协商"机制，学校教师审议委员会（STRB）通常会慎重考虑劳资双方的方案，避免引起教师组织的激烈反应。

（二）勃艮第协约（Burgundy Book）协商

该协约并非每年协商，最近的一次是在2010 年进行的协商，由全国学校教师资方团体（National Employers' Organization for School Teachers，NEOST）、地方教育当局协会与各教师组织进行集体协商，其达成之协议称为《学校教师工作条件》（Conditions of Service for School Teachers in England and Wales），通称为"勃艮第协约"。该协约是以《学校教师待遇与工作条件文件》（*School Teachers' Pay and Conditions Document*，STPCD）为基础协商订定，所有参与协商的团体必须进行诚信协商，任一方不得独立决定协约内容。

---

① 蓝皮书用于官方文件时，主要指英国议会的一种出版物。因为封皮是蓝色，所以称为蓝皮书。开始发行于 1681 年，1836 年才公开出售。其名称是《英国议会文书》，是英国政府提交议会两院的一种外交资料和文件。

英国政府的施政报告主要是采用绿皮书和白皮书两种，这两种报告是政府在吸收调查委员会建议基础上提出改革设想和政策意向的重要载体，同时也为公众、利益团体提供机会据此提出意见和建议。绿皮书（Green Paper）是由政府发表的一种政策咨询性文件，通常包括几种不同的、可供选择的政策选项。在广泛进行辩论和咨询以后，政府通常将在白皮书中提出确切的建议。白皮书（Write Paper）是由政府部门发布的包含有详细立法建议的文件，同时也是政府以法案的形式向议会提出其政策建议的最后一个阶段。有些时候可能是一种特别的"带有绿边"的白皮书，这表明政府已做好听取争论，对原有方案进行修改。当一个白皮书发表后，教育大臣作为提出立法动议的政府部门的代表，通常要在议会就该政策建议进行陈述。

英国在各项重大教育政策和立法过程中都伴随着政府发表的包括绿皮书和白皮书在内的诸多政策文件。例如，1976 年教育与科学部出版的黄皮书《英格兰的学校教育：问题与倡议》、1977 年皇家督学团发表的教育红皮书、1977 年教育与科学部发表的绿皮书《学校中的教育：一份咨询文件》、1985 年教育与科学部发表的白皮书《把学校办得更好》等。

三 集体协商的基本议题

（一）学校教师工资和工作条件文件（STPCD）

学校教师工资和工作条件文件（STPCD）的内容分为“工资”和“工作条件”（conditions of employment）两大部分，自2003年起，英国中央教育行政主管机关——教育与技能部（DfES）得依法在学校教师工资和工作条件文件（STPCD）中加入指导文件，以2006年的学校教师工资和工作条件文件（STPCD）[①] 为例，共有12章79条（182页）。

1. 适用对象

第一、第二章是总则、性质和规范，除对法源、权责单位、工资给付程序以及使用名词的界定外，还说明学校教师工资和工作条件文件（STPCD）规范对象为合格教师（Qualified Teachers）及非合格教师（Unqualified Teachers）两大类别，其中合格教师再分为行政职务教师与非行政职务教师两类，行政职务教师包括校长（Head Teacher）、副校长（Deputy Head Teacher）、助理校长（Assistant Head Teacher）三种人员，称为领导团体（Leadership Group）。非行政职务教师则有高级教师（Advanced Skills Teachers，AST）、杰出教师（Excellent Teachers，ET）、通过入职教师（Post-Threshold Teachers）及一般教师（Classroom Teachers）四种类型。[②]

2. 工资标准

第三章至第七章（第6—58条），主要规定各种合格教师及非合格教师工资级别（年薪）与津贴给付。其中领导团体工资级别共有43级（最低为34083镑，最高为95631镑）（第6条第4项），同时，校长的工资还以第6—43阶工资级别区分为八组，所有校长均依其任职学校学生总数的多少决定其所属组别。而一般教师工资级别共有6级（最低为19641镑，最高为28707镑）（第17条第3项），高级教师的工资级别为18级（最低

---

① 学校教师工资和工作条件文件（STPCD）规定工资和工作条件，除增设不同教师职级、年度调薪及新增部分津贴外，与2000年后的主要内容大致相同。

② 高级教师、杰出教师和通过入职教师三类教师，其名额视学校实际需求而定，均须具备特定资格，由教师自行向学校提出申请，在通过内部或外部测验后，方能依学校教师工资和工作条件文件（STPCD）的规定给付工资并调整工作责任。

为34083镑，最高为51819镑）（第31条第1项），杰出教师工资级别仅有1级（35874镑）（第39条第2项）。此外，一般教师通过绩效入门标准（Performance Threshold Standards）评价后，得依通过入门教师工资级别给付工资（共有3级，最低为31098镑，最高为33444镑）（第19条第2项）。[①] 实际上，学校教师的工资等级核定（初聘及晋级）由地方教育局或学校管理委员会（School Governing Body，SGB）依财务状况、教师资历、评价结果综合考虑工资级别。

此外，一般教师得依职务内容支领以下津贴（额度由学校管理委员会决定）：（1）调职津贴（Safeguarding Management Allowance）（弥补非自愿性调职而减少的工资，第23条）。（2）教学责任津贴（Teaching and Learning Responsibility Payment）（第24条）。（3）特殊教育津贴（Special Educational Needs Allowance）（第28条）。

同时，所有合格教师另外可以依特定事由支领下列津贴或奖金：（1）代理津贴（Acting Allowance）（代理行政职务教师的津贴，第45条）。（2）招募留任奖金（Recruitment and Retention Incentives）（第56条）：因新聘或留任之需求，依据教师的资历及绩效表现所额外给予的奖金，以3年为限。（3）教学总会注册津贴（General Teaching Councils' Fee Allowance）（第57条）。

3. 工作条件

第八章至第十二章（第59—79条），主要是规定各类合格教师的职责及其相应的工作环境。以校长及一般教师为代表分别说明如下：（1）校长。校长应有的专业责任包含依法任用和管理教职员，保持与教职员工会团体的密切沟通，依法决定学校课程内容及学生学习标准，执行教师的入职、评价及专业发展、高级教师（AST）及杰出教师（ET）的评估、学生管教、学生学习相关的信息管理与记录，与家长、校管会及其他监督团体维持良好关系，有效分配控制学校财务和行政资源以及必要的教学与代课工作（第63条）。（2）一般教师。其专业责任包含下列事项（第76条）：a. 教学。包括依据国家规定课程标准及学生需求充分准备，选择适当教学

---

① 学校教师工资和工作条件文件（STPCD）对服务伦敦区域（London area）的各类教师均加发4000—7000镑不等的工资。

方式及指定作业供学生练习，辅导学生提供指导与咨询，与学生家长沟通协商等。b. 对学生实施测验，记录成绩并报告进步情况。c. 依法接受评价。d. 接受“入职”及其他在职训练。e. 管教学生，维持教学活动的纪律，保证学生的健康和安全。f. 参加教职员会议。g. 代课。每学年以38小时为上限。h. 协助学生准备校外考试（国家考试），包括安排考试时间、程序和复习。i. 行政管理工作。包含指导新进教师和协助校长执行相关行政与评估等工作。（3）工时与工作环境。一般教师每年应上班195天，其中有190天用于教学及其他相关职责，其余5天除检查教学方法与工作表现外，应参加校内外各种进修活动。此外，一般教师全年工时为1265小时，每日12—14时，教师应有合理的休息时间，且学校不得在聘约中要求教师担任午间督导（midday supervision）（第78条）。同时，每周课表中教师至少要有10%的备课时间，这段时间不允许用来代课。

（二）勃艮第协约

学校教师工资和工作条件文件（STPCD），主要是针对工资、工时和专业责任加以规范，至于教师福利、保险、退休金、抚恤金、给假及其他未规范事项，则在勃艮第协约中由六大教师组织与全国学校教师雇主组织（NEOST）协商制定。2000年修正版的勃艮第协约共有8条、6项附件及一项联合声明解释①（共70页）。

第一条：说明勃艮第协约性质、修正原因、适用学校及与学校教师工资和工作条件文件（STPCD）、教师个别雇用契约的关系。

第二条：对教师种类、学校类别、指定医疗院所、雇用期等名词予以界定。

第三条：对任用、辞职、退休原则加以规范。教师初聘、再聘或调任均以各自学期开始日起聘，应自学期开始之日起给付工资，若在学期中聘任，则自工作日起给付工资。教师辞职必须在特定期间前预先告知资方，一般教师至少在离职前两个月告知，校长至少在离职前三个月告知。同时，教师与资方若未达成延长服务协议，则教师将于65岁自动退休，如果教师在65岁前自愿提前退休或遭到裁员，除退休给付外，可额外获得提前

① Conditions of Service for School Teachers in England and Wales（Burgundy Book），http：//www.lge.gov.uk/lge/core/page.do？pageId＝119369.

退休补偿或裁员补偿。

第四和第五条：主要制定了有关教师病假和产假的时间计算、工资支付和职务调整的相关规范。学校教师依规定期间通知资方，并提出医师证明，即可依服务年限请假并领取工资。

第六条：有关其他假期的规定。主要有：试务假（leave for examinations）；公共服务假（leave for public service）；教师组织代表会务假。其中“会务假”依据地方教育当局议会（Council of Local Education Authorities，CLEA）与六大教师组织达成的协议办理。该协议为勃艮第协约的附件三，是一个包含共同原则、建议和会议结论的综合性质协议，其重要内容如下：（1）办公设备、场地及会务假的提供，以教师组织全国执行委员会成员、全国执行委员会指派人员、地方分会干部及工会在校代表为原则。（2）每一地方教育当局（LEA）应与地方教师组织协商地方性协约，以落实全国性协议。地方性协约建议至少包含：设定教师组织代表在校及校外执行职务的程序、安排教师组织代表与新进教师沟通、地方教育当局每年提供教师名册给教师组织的方式、教师组织借用学校召开会议的安排以及依教师组织请求教师工资代扣会费事宜等。（3）会务假的使用应以执行教师组织职责为准，包含协商教师个别与集体的议题。如出席集体协商的地方或全国性会议、代表出席涉及教师权益相关会议等。（4）教师执行教师组织职责所请会务假，不扣除工资，但教师组织应与地方教育当局就请假人数及会务假上限总时数进行协商并纳入个别团体协约。

第七条：有关申诉及惩戒程序处理原则。在个别教师部分，由地方教育当局及校管会制定适当程序，处理教师申诉、解雇和惩戒造成的侵害。

第八条：关于其他雇用条件的规定，主要包括：（1）教师保险及赔偿：可分为人身伤害、财物损失、校外教学活动等项目。凡教师于教学活动中因不可归责因素，致使财物受到损失时，雇主应给予合理补偿金。（2）差旅津贴：当教师依校长或地方教育当局官员要求自行驾车执行相关职责，雇主应给付燃油、折旧和保险费用。

第四节　开展政治活动

作为既定利益的代言人，教师组织为了教师群体的利益，经常通过政治行为对政府教育政策的制定和实施产生影响，其政治活动主要有游说和政治伙伴关系等。

一　进行游说

教师组织通过各种渠道与政府官员、国会议员接触，并与其建立良好关系。但是教师组织比较重视与政府官员的接触，因为全国教育政策通常是由行政机关的官员制定。与政府官员的密切接触与交往可以使教师组织有机会说明其专业主张与见解和观点，进而达到影响国家教育政策制定和实施的目的。当教师组织无法影响政府官员的情况下，游说议会议员便提到议事日程上，这种游说是间接地影响教育政策的制定和实施。教师组织希望议会议员站在教师组织的立场上考虑问题，最终达到议员为教师组织说话的目的。例如，在2002年3月全国教师联合会就曾经发动其成员写信给下议院议员，请其支持教师提出的工资框架要求。[①] 类似这样的游说活动就是教师组织采用的影响教育政策制定和实施的政治方法之一。

二　建立政治伙伴关系

英国教师组织基本上不支持特定的政党，这与美国教师组织运用政治伙伴关系的策略影响教育政策制定相比存在很大差异。这样做可以使教师组织免于政党更替所产生的不利影响。除全国教师联合会（NUT）设有政治基金会以外，其他教师组织几乎没有设立政治基金会（Political Fund）从事政治运作。但是英国教师组织仍与各政党保持密切联系，与各政党涉及教育事务的官员保持交往关系。从全国教师联合会与政党交往关系史分析，早在1895年就有两位组织成员詹姆士（James）和欧内斯特（Ernest）

---

① Robert J. Thornton, "Teacher Unionism and Collective Bargaining in England and Wales", *Industrial and Labor Relations Review*, Vol. 35, No. 3, 1982, pp. 377 - 391.

在议会工作。到 1970 年，许多内阁的成员都是来自全国教师联合会（NUT），比如担任英国外交国务大臣的迈克尔（Michael）、担任教育内阁大臣的爱德华以及担任威尔士内阁大臣的乔治等。这些教师组织的成员在国家决策机构中担任要职可以使得教师组织在国家教育政策制定过程中扮演重要角色，发挥关键作用，并建立与中央政府各个部门之间的伙伴关系。学者寇茨（Coates）曾这样描述："对于这样非正式的接触，并非单独来自教师组织，在许多广泛的议题上教育部需要他们的意见，可以见到的是教育部持续将许多政府通过的草案送到教师组织，需要教师组织提出意见和建议，有时候甚至是协助。有时候教育部的官员要拜访教师组织的总部，进行教育政策议案的讨论。"[①] 学者的预见在后来得到了证实。保守党政府 1988 年的教育改革法案所引进实施的全国课程标准（National Curriculum），听取了全国教师联合会（NUT）的建议，做了若干修正，包括在历史及地理科目课程标准订立，减少太过烦琐细节的限制，并成立全国课程及评估单位等。

需要指出的是，随着 1988 年教育改革法的颁布，以及要求新工党远离工会团体组织等法律制度实施，历史上曾经发挥关键作用的政治伙伴关系策略受到很大影响，导致教师组织参与教育政策制定的机会逐渐减少。

三　举行罢教

罢教是在游说、协商谈判和建立政治伙伴关系之后都无法达到教师组织的目的时所采用的最后方法，是教师组织影响教育政策制定和执行过程中最激进的方式之一。由于罢教行为会对学区的教学和学生产生很大的冲击甚至破坏性的影响，所以教师组织对罢教方式持非常慎重的态度。在英国教师组织中，全国教师联合会（NUT）和全国男女教师协会（NASUWT）等经常采用罢教的方法。比如，1984—1986 年，全国教师联合会曾因教师待遇及工作条件谈判多次未达成共识以及对"学生成绩定待遇"方案不满等问题，联合全国男女教师协会等教师组织进行罢教，最终导致"学生成绩定待遇"的政策未能实施。2002 年 3 月，全国教师联合会

---

① R. D. Coates, *Teachers' Unions and Interest Group Politics: A Study in the Behaviour of Organised Teachers in England and Wales*, Cambridge At University Press, 1972, p. 98.

(NUT) 经会员投票通过，决定于3月14日在伦敦举行示威抗议，争取合理的工资。

（一）影响较大的罢教

迄今影响较大的是2008年4月24日，因为不满工资的增加幅度，由英国全国教师联合会（NUT）发起的一次为期24小时的罢教活动。这次罢教活动发起的原因是2008年1月政府公布了教师工资3年支付协议。支付协议由独立机构“学校教师评估机构”建议。根据支付协议，教师工资收入将从2008年9月起上调2.45%，2009年和2010年分别在前一年基础上再上调2.3%。但是，全国教师联合会认为，社会商品的零售价格指数（RPI）增幅已达到3.8%，支付协议提出的名义工资涨幅实际上会造成教师实际收入减少。①

这次罢教活动造成了严重的后果，有估计20万名教师参与，导致英格兰和威尔士境内至少8000所学校被迫关闭，共有250万名中小学生受到影响。从经济角度看，教师的罢教迫使学生家长请假或请人看护孩子，可能造成高达6800万英镑（约合1.36亿美元）的损失。② 从社会角度分析，教师罢教活动有损于教师在社会公众心目中的形象与地位。因此，一些强调教师专业的组织，如教师专业协会，强烈反对罢教行动，许多原来属于全国教师联合会（NUT）和全国男女教师协会（NASUWT）的教师也反对罢教而加入教师专业协会。

（二）小规模罢教

除了大规模的全国性的教师罢教，也有小规模的罢教活动。小规模罢教同样可以影响地方教育政策制定的走向。2011年4月7日，英国兰开夏郡一所高中的70多名教师举行罢工抗议，抱怨在管理学生不良行为，例如面对暴力和威胁的时候，缺少学校管理层的支持。

英国兰开夏郡达尔文高中的70多名教师，7日宣布罢课一天，在校门外形成一条罢工警戒线。学校校长希拉里·托普雷（Toplay）说，他们正与教师工会商谈如何给予这些教师更好的支持。

---

① UK Teachers Strike Against Below-inflation Pay Offer, http://www.uft.org/news-briefs/uk-teachers-strike-against-below-inflation-pay-offer.

② Teachers to Strike for First Time in 21 Years over Pay Deal, http://www.dailymail.co.uk/news/article-1004747/Teachers-strike-time-21-years-pay-deal.html.

教师组织认为，这所高中有1100名学生，很多学生都曾有挑战老师的行为，如殴打、推搡老师，发出恶意威胁、用手机录下上课情景威胁上传到网络等。此外，校园内还存在网络欺凌和色情文学等。而当老师没收学生手机后，学校随后会将手机归还，使教师威信受到的影响甚至是破坏性的。

一些学校校长也表示，学生不良行为会导致老师课难教，其他学生不能学的窘境。达尔文高中教师的罢工行为得到教师与讲师协会（ATL）以及公共服务业工会联盟（UNISON）的支持。英国全国教师联合会（NUT）兰开夏分会秘书艾维斯说："教师们对举行罢工感到很悲伤，但此举又非常必要。这不是针对学生的罢工，而是针对学校管理的失败。在面临学生挑衅行为时，教师得不到有力支持。"①

（三）大学教师罢教

高等教育领域也存在为维护教师权益而开展的罢教活动。2011年3月24日，英国大学讲师罢教，反对延长退休与削减福利。

2011年4月起，英国大学教师的退休年龄将从60岁提高到65岁。不仅如此，新加入退休金计划的教职员工的退休金将以在职期间的平均工资计算而不是以迄今为止的最后年薪计算。这样一来，把就业初年较低的年薪与退休时可能获得的高级职称和相应更丰厚待遇拉平计算，获得的退休金可能减少许多。这一改革激起英国大学讲师们的强烈不满。

3月21日，已经有包括卡迪夫、格拉斯哥、牛津、利物浦、曼彻斯特和几所伦敦的大学等在内的67所大学的讲师开始罢教，24日，英国全国有近500所大学的讲师参加罢教，总数达12万人。政府要提高他们的退休年龄，并要缴纳更多的养老金款项，退休福利却在缩水。在伦敦国王学院大门口，罢工者拉起大幅标语，上面写着"教育大屠杀——不要越线"。

英国大学和学院工会（Universities and College Union，UCU）的代表说，一些大学警告教职员工不得参加罢工，如想参加罢工必须通知系主任。城市大学的人力资源部甚至向教师发邮件，警告他们如果参加罢工将会被扣发工资。英国大学和学院工会（UCU）称，代表校方的"雇主退休

---

① Jason Harrison，Teachers Strike over Pupil Behaviour，http：//teachersupport. info/news/in-the-press/teachers-strike-over-pupil-behaviour. php.

金论坛”拒绝与大学讲师举行谈判，导致工会会员投票决定举行罢教。

英国大学和学院工会（UCU）秘书长萨利·亨特说：“罢工总是最后选择，但是政府对工资待遇和工作机会的打击已经让人忍无可忍。学校的雇主们不能像鸵鸟那样，把脑袋埋在沙子里，他们应该迅速对我们关切的问题作出回应。政府总是在说，为了应对经济危机，应该削减工资和退休金，讲师们对这种说辞都受够了，经济危机又不是他们造成的。”① 与以往的罢教活动有所不同的是，英国全国学生联合会（National Union of Students，NUS）支持讲师的罢工行动。学生们也加入罢工的行列，学生联合会对讲师们的罢工行为表示支持。全国学生联合会（NUS）主席艾伦·波特（Aaron Porter）表示：“政府削减高教预算威胁到教育品质和教职员工作权，在这方面学生联合会和英国大学和学院工会（UCU）一直站在同一阵线，反对政府削减高教经费。”②

（四）对教育质量的潜在影响

教师举行罢教活动对教育将产生很多消极影响，比如大学教师罢教会对高等教育质量产生不良影响。2006 年 5 月 13 日是英国举行学位毕业考试时间，但在英国大学教师协会（Association of University Teachers，AUT）发起罢教的影响下，全国有 40 万学生的考试被迫取消，其中 30 万学生是即将毕业的大学生。不少大学无奈之下，只能为学生颁发没有成绩的学位证书。英国高等教育质量保证局警告，这样可能会使英国的学位体系处于危险之中。

据英国《泰晤士报》5 月 13 日报道，英国教师要求在未来 3 年加薪 23%，但校方只同意加薪 12.6%，双方僵持不下，才导致此次事件的发生。③ 据悉，英国伯明翰大学及剑桥大学等著名大学，已准备采取紧急措施，以学生已经评分的试卷及论文成绩作为颁发学位的准则，如果学生认为他们的成绩仍有上升空间的话，以后可以进行其他未完成的学科考试。英国高等教育质量保证局强调，这样可能会影响学位的完整性，该局主管

---

① Jessica Shepherd，Lecturers Strike over Pay and Pensions，http：//www. guardian. co. uk/education/2011/mar/24/lecturers-strike-pay-pensions.

② Ibid. .

③ 英大学讲师发起全国大罢工，http：//www. bbc. co. uk/ukchina/simp/uk_ education/2011/03/110324_ edu_ lecturers_ strike. shtml。

威廉斯表示，大学与学生有合约责任，如拒绝颁发学位，大学会被视为违约，因此大学可在确保学术水平不受影响的情况下，自行决定实行何种紧急措施。但假如学术水平因此下降，校方获得的资助会相应减少。

英国教师协会指出，如果这次争执不能尽快解决，英国大学将面临崩溃。而英国大学协会主席博恩（Bone）表示："除非尽快达成协议，否则事情将不可收拾，家长对此大为紧张，而学生则极度担忧。我们已收到了大量投诉。"①

当然，教师的罢教对教育的影响远不止上述这些，还有诸如社会公众对教师威信、教师职业和教师素质等问题产生的追问等，这些在公众心理产生的一系列问题一经产生负面影响，将会降低社会对教师威信的评价，这将会是长期性的影响。

① 刘中伟：《环球时报》2006 年 5 月 15 日第 5 版。

第三篇

构建社会和谐的教育支点

很显然，进步不是表现在对冲突的压制上，而是表现在对冲突实施合理的控制上。

——［美］查尔斯·霍顿·库利

第六章　美、英两国教师组织对教育政策影响的比较分析[①]

在欧美国家，利益集团组织对教育政策制定和实施产生影响是一个不争的事实。众多利益集团组织影响和参与教育政策运行的事实表明，教育政策制定和实施正是由于利益集团这类社会组织的影响作用，增加了教育政策运行的可行性、针对性、灵活性、基础性和可操作性等重要条件，进而使教育政策运行目标和价值得到较大限度的实现，教育政策变形的程度降到最低。美、英两国教育政策运行过程中教师组织的角色就是一个例证，表面上，教师组织对某些政策产生不良影响是对教育政策运行宗旨的偏离，但是实质上不仅没有对教育政策运行产生偏离，恰恰是对教育政策运行根本价值的保持。由此可见，两国教师组织影响教育政策运行不是冲突而是和谐。

第一节　影响教育政策活动的能力

美国和英国的教师组织对教育政策活动产生一定的影响力是毫无疑问的。两国教师组织主要通过提高与政党关系的密切程度、充分发挥自身的政治影响力甚至利用选举杠杆等方式在其发展的不同历史时期，对相关教育政策运行产生深远的影响。

---

① 本章主要内容发表于《比较教育研究》2012 年第 10 期，发表时有所调整。

一　与政党的关系密切程度不同

在教育政策的价值取向必须与政党的政治哲学相一致，而不能与其相左，所以与政党保持密切接触，处理好与政党的关系是教师组织表达政策诉求的关键环节。

在美国，教师组织与政党联系频繁，对政党成员的政治生命有一定影响，也对政党领袖竞选有影响作用，这种对政党及其领袖的影响，将直接传递到对教育政策制定和实施的影响。国会议员竞选的成本说明了他（她）们对巨额竞选资金的依赖性。在任的众议院议员为了每两年一次的职位竞选，平均要花费 80 万美元。在任的美国参议员平均要花费 500 多万美元来保持他（她）的议席，这些支出在一些较大的州会达到 2500 万美元，甚至更多。① 根据 2002 年国会选举的资助情况分析，美国两个主要的教师组织，即全美教育协会（NEA）和美国教师联盟（AFT）根据需要，把资金捐助给代表自身利益的政党的议员，有数据表明，美国教师联盟（AFT）把总数为 4486815 美元的 99% 捐助给民主党，1% 给共和党；全美教育协会（NEA）把总数为 3032590 美元的 92% 捐助给民主党，7% 给共和党。② 由此可知，这些捐助可以让民主党国会参众两院的议员与教师组织保持紧密的关系，更加关注与教师组织相关的教育政策的制定和实施。

在美国教育史上，教育体制设计和政策制定与实施等某些问题都与美国教师组织有着千丝万缕的关系。美国内阁级别的教育主管部门——美国联邦教育部，就是吉米·卡特在 1976 年竞选总统期间，许诺两个最大的教师组织之一——全美教育协会（NEA）而成立的，其目的是取得教育利益集团的支持和竞选援助。不仅是卡特，还有很多总统都宣称自己是“教育总统”，如老布什、克林顿、小布什等都是这样，这不完全是政治竞选口号，说说而已，他们也确实支持与鼓励制定和实施了很多促进教育公平、教育机会均等的政策，如《美国 2000：教育战略》和《不让一个孩子落后》等，这些教育政策都在不同程度上取得了一定的积极效果。

在英国，教师组织对上下两院议员及其领袖的影响不大，教师组织的

---

① ［美］戴伊：《理解公共政策》，孙彩红译，北京大学出版社 2008 年版，第 54 页。

② 根据［美］戴伊《理解公共政策》，孙彩红译，北京大学出版社 2008 年版，第 55 页资料整理。

意志传递到对教育政策影响也就相对较弱，特别是教师组织对工党的影响力不强。在新工党执政之前，缩小班级规模就已经成为工党的教育政策之一，缩小班级规模是一项需要将人口、师资和财政预算等许多因素综合在一起考虑的教育政策。新工党政府在 2002 年 9 月，将所有 5 岁、6 岁和 7 岁儿童的班级规模缩小，这种政策对中产阶级的子女有益，同时也有利于吸收这部分选民的选票。2003 年，政府计划根据入学学生数的减少而减少对学校的经费支持，虽然遭到了全国教师联合会（NUT）的强烈反对，但是 2003 年英国整体上仍然减少了 800 名小学教师。英国小学的班级规模整体上不断缩小，小学人数从平均每班 26.3 人下降到 26.2 人，但是在关键阶段 1（Key Stage 1），5 岁到 7 岁的适龄儿童班级规模却在增加，班级人数超过 31 人的比例从 1.2% 上升到 1.6%，经过缩减班级规模的改革，英国小学班级人数超过 30 人的比例从 2000 年的 11% 下降到 2002 年的 0.6%，改革的成绩明显。①

二　政治影响力不同

美国和英国的教师组织都把提高组织在政治系统中的影响力作为有效影响教育政策的主要途径。从教育领域进入政治领域是一个艰难的过程，教师组织用不计其数的人力、物力和财力为代价渗透到政治系统，换取了教师组织政治影响力的提升。

20 世纪 80 年代以来，美国的教师组织不断地参与选举、立法和政策制定等影响政治的活动，逐渐成为美国社会上一支重要的政治力量。尤其是以全美教育协会（NEA）和美国教师联盟（AFT）为代表的既倡导专业主义又坚持教师福利的社会组织。美国的两大教师组织均成立政治行动委员会，这两个组织的整治行动委员会拥有专门用于选举活动的资金，有直接以现金的形式捐赠给候选人，还有一大部分直接投入选战，如媒体宣传、游说，等等，当然这些用于选举和捐赠资金的来源和数额都是有相关法律进行规范的，并不是无限度的、随意的运作行为。全美教育协会（NEA）还借助自身强大的组织网络，在大选过程中有效而迅速地动员会员，每个区、县、选举区和州都有全美教育协会（NEA）的会员，几乎每

① 苑大勇：《英国新工党小学教育政策十年回顾》，《外国中小学教育》2008 年第 2 期。

100个人中就有1人是全美教育协会（NEA）会员。而美国教师联盟（AFT）的势力范围主要集中在城市，城市选民中拥有大量的会员。因此，美国的教师组织利用组织优势以及人力、财力优势构建了强大的政治影响力。

以工党教师联合会为例，英国教师组织对教育政策运行的影响力不大。英国工党在1945年的大选中获胜，改变了全国工党教师联合会与工党的关系。此前，全国工党教师联合会只是一个试图影响工党政策的附属组织。工党上台以后，随着两任教育部长在中等教育上采取了倡导三轨制的政策，全国工党教师联合会变成了工党教育政策的批评者。为了能达到宣传自己的政策主张，给决策当局施加压力，影响决策的目的，全国工党教师联合会在延续战前策略的基础上，拓展了自己活动的渠道。联合会不但创办了自己的刊物作为主要的宣传阵地，而且成功地在工党年会上获得了支持；最重要的是它可以直接与教育部长通信交流，甚至批评其教育政策；而后，又成功地在工党决策层中找到了自己的代言人，他们在将全国工党教师联合会的主张渗透进工党的教育政策中发挥了直接影响。英国教师组织专业性地位不高，因此在构建政治影响力方面显得力不从心。

第二节　影响教育政策的价值取向

美、英两国的教师组织众多，成立宗旨、组织变迁和成员构成等方面有一定差异性。因此，并不能简单地把教师组织看成一个单一型压力集团。从实践活动上分析，教师组织对教育政策产生的影响不能简单地从专业主义和劳工路线就可以辨别清楚。在一些情况下，教师组织的政策取向是兼而有之的，甚至是合二为一。但是，从学理上分析，教师组织是包含既强调教师职业专业化的组织，又强调维护学生和教师权益的组织，秉持不同价值取向的组织对教育政策的制定和实施有着截然不同的出发点。

一　组织特性不同

在具体情形下，美国和英国的教师组织之间存在一定差异性。两国教师组织服务于不同的教师群体甚至是家长群体，由于服务于不同的目标群体而使每个教师组织能够共生于教育界，且其功能不会发生重叠或冲突。

（一）美国教师组织特性

1857 年，全美教师协会成立，1906 年获得国会法案许可后，正式于 1907 年更名为全美教育协会（NEA），其目标是提高教育专业的质量和提高教育专业人员的福利，进而促进美国教育的普及和发展；通过对教育专业工作的改进，促进教育的进步。协会把建立专业组织作为其目标，成员来源多样化，通常采取比较保守与温和的方式进行政策和利益诉求。早期由于该协会一直无法对教师的福利待遇和工资采用激进的行动，受理的教师申述案件也无法做有效处理，这种教师权益受损的状况催生了相对激进组织的诞生。1916 年成立了以争取教师福利为主要目的的美国教师联盟（AFT），其组织成员仅限于教师，组织目标集中于教师工资和福利待遇上，在当时对专业地位的发展并无太大的帮助。上述两个教师组织在各自发展的初期，其组织发展取向有着极大的差异，两个组织为了争取会员，经常调整组织的方向和策略。两个教师组织发展到现在，组织特性的差异逐渐缩小，在提升教师专业发展这个议题上，两个组织的价值取向基本趋同。从变迁情况分析，美国教师组织的取向分别为专业取向和教师利益取向，其组织成员来源前者比较多样，后者则偏向教师。

美国教师组织有这样的特性：（1）美国教师组织的架构、制度完善，组织目标明确，即为了防止美国教师地位和工资低落，而产生权益受损问题，顺利达成教师的理想目标和需求。（2）美国教师组织独立自主，体系完整，各个州之间的协会与全国协会之间并没有隶属关系，组织的领导者经由民主的过程选出，其人事和行政方面完全独立，且教师必须缴高额会费，所以，美国教师组织有充足经费且独立，无须依赖政府的补助和支持。（3）美国的教师组织积极参与政治活动，并成立专职机构，参与教育决策，促使有利的教育法案通过。（4）积极从事各项教育专业研究，发行专业性刊物，促进教师专业的发展。（5）美国教师组织重视教育人员对学生和教育专业的承诺，制定了职业操守。

（二）英国教师组织的特性

英国在 19 世纪后期，由于教育的迅速扩展，促进教学专业的要求被提上议事日程，教师组织在此时期应运而生。1870 年后，教师数量不断增加，各级学校和各部门的教师分别组成不同的协会，表达不同的理念，互相竞争。因此，英国教师组织之间，由于其不同的学校、职务、性别、区位以及不同的学校形态和专业训练而有所区别，也因此这个时期的教师组织有很多，并彼此互相竞争，各自为其待遇、专业地位争取权益。到了1980年后，英国政府实施删减教育预算、制定国家课程等政策，教师们意识到有必要结合成一个强而有力的单一组织，很多教师组织联合起来保护学生权利、争取教育资源、维护自身利益以及专业自主权。英国的教师组织可区分为两大类，一类是教师利益导向的，例如，全国教师联合会（NUT）和全国男女教师协会（NASUMT），偏向工会组织；另一类则是教师专业导向的，如教师专业协会（PTA）和英格兰教学总会（GTC），偏向专业组织；随着英国政府的立法和政策限制以及社会大众价值观的质疑等，英国教师组织的工会特性已经渐渐被专业特性所取代，但是，英国教师的地位和待遇较低，这仍是英国政府和教师间潜在冲突的根源。

英国的教师组织，由于所属地区不同而有许多种类，其特性是：（1）明确的宗旨和目的。英国的教师组织其成员属于不同地区，其组织的宗旨和目标非常明确，或保持教师的权益或促进教师专业发展。（2）独立自主的组织。组织的领导者均为其成员经由民主化的过程选出，人事和行政方面的运作是独立的。（3）任务和职能规定明确。充分显示组织的价值取向，以吸引志趣相投的教师参加，一般有明确的组织任务、职能。（4）给予教师多方面的协助。组织不仅保障教师的权益和维持专业地位，还给予教师许多额外的协助，比如法律上的咨询和救助。（5）出版专业学术杂志和报纸。通过出版专业性的杂志和报纸，增强教师的专业研究能力，提升专业地位。

二　专业主义和劳工路线的双元特性

美国和英国具备较为类似的文化背景，并且教师的社会、经济地位也较为接近。虽然两国的教育政策运行系统有一定差异，但具有利益集团性质的教师组织均会对各自国家的教育政策的各阶段产生一定影响。从美国和英国教师组织创立初衷、演变历程和生存发展等社会因素的变迁情况看，我们可以大致将两国数量庞大的教师组织划分为两种不同的价值取向，即我们所说的专业主义与劳工路线（见表6－1）。

表6－1　　教师组织的价值取向

国别＼内容	成立时间	教师组织	宗旨	专业取向	工会取向
美国	1857 年	全美教育协会（NEA）	改善教育品质，维护教师专业地位	▲	
	1916 年	美国教师联盟（AFT）	争取教师权益		▲
英国	1870 年	全国教师联合会（NUT）	争取教师待遇，师资培训专业化，专业自主权	▲	▲
	2000 年	英格兰教学总会（GTC）	强调教师专业导向	▲	
	1919 年	全国男女教师协会（NASUMT）	争取教师权益		▲
	1970 年	教师专业协会（PTA）	提升教师专业水平	▲	
	1897 年	全国校长协会（NAHT）	提供信息与服务	▲	
	1884 年	教师与讲师协会（ATL）	为教师提供专业服务	▲	▲

反观传统专业行业，如医生、律师等的特性，坚持本身属于专业人士，并排斥运用劳工手段的策略，如游说甚至围堵、罢教等激进手段。而工会取向则运用群体力量为本身的利益奋战。这种不同取向最明显的对比是美国全美教育协会（NEA）与美国教师联盟（AFT）。前者标榜专业立场，这个特征从其内部组织构建可见一斑，如 1922 年设立的研究部门，1946 年成立的师资教育与专业标准国家委员会。此外，其专业立场还显示在其政策上，如 20 世纪五六十年代致力于提升教师专业训练，六七十年代倡导教师专业权，八九十年代关注于教育改革议题等。全美教育协会（NEA）在教育专业化道路上的关键历史时期均保持其专业取向。后者则是在成立之时标榜专业主义，根本动机在于脱离教会的控制，并在组织成立的时候，由首任会长葛瑞福斯（J. J. Graves）提出九项专业组织宗旨，呈现出浓厚的劳工主义色彩，其价值取向清晰、明确。从该联盟成立的历

史背景分析，该协会在成立之初就加入了美国工会组织。因此，美国教师联盟（AFT）是激进教师集结的产物，目的在于通过群体力量来提升自我的物质报酬，因此其策略的运用呈现出高度的群体行动特性。英国的教师组织同样具有专业主义与劳工路线的双元特征。成立最早的全国教师联合会（NUT）、教师与讲师协会（ATL）和全国男女教师协会（NASUMT）有不同程度争取教师权益为组织运行目标之一，其中以全国男女教师协会（MASUMT）更为突出，其根本宗旨就是关注教师权益。在英国关注教师权益的教师力量较大，规模第一、二大教师组织均有劳工路线色彩。同时，也有全国校长协会（NAHT）、教师专业协会（PTA）和英格兰教学总会（GTC）强调为专业服务、提升教师专业水准和教师专业导向等活动。

第三节　影响教育政策的运行过程

美国和英国在政治体制和政策制定与实施的方式上有差异性，尤其在教育政策运行阶段方面，教师组织在不同阶段发挥的影响力有所不同。

一　美国教育政策的制定

一般地，我们把美国的教育政策制定视作一系列的过程，但在现实世界中，这些活动很少是按照整齐划一的、按部就班的顺序发生的。相反，这些行为过程经常是同时发生，甚至相互交织在一起。不同的政治行为主体与机构——政治家、利益集团、游说者和立法者、行政人员与官僚、智囊团、律师与法官等，可能同一时间置身于不同的政治过程中，甚至有时候是同一政策领域。政策制定过程很少像过程模型描述的那样顺畅进行。但是，对教育政策分析的目的而言，把教育政策制定过程分解为几个构成部分，有利于帮助我们更好地理解教育政策是如何制定的。

（一）确认问题

在美国这样一个多元化的、开放的社会里，与政府接触和交流沟通的渠道是开放的，因此，任何问题都能得到讨论并提上国家政策制定的日程。而且，个人和集团还能够组织起来，承担起界定问题与提出解决方案的任务。人们能够确定自己的利益，并组织起来，说服其他个人团体来支持自己的事业，想方设法与政府官员取得联系，从而影响决策制定，并关注着政府政策与规划的执行。

但是，对教育政策问题的确认并非如此简单。在教育领域里有大量的需求和令人不满意的地方，这些从来没有被确认为政策问题，也从来没有被列入教育政策制定的议程。相反，有些问题却出人意料之外成为教育政策的议题，并提上政府的议事日程，进而被认定为教育政策议程。

（二）设定议程

1. 草根行动

在美国政治生活中，一个占主要地位的教育政策制定模型是“自下而上”驱动的教育政策制定模式。美国公众的思维中认可草根动员的逻辑，当底层民众对涉及自身利益的某些教育问题有诉求时，此时则会有些高度投入的积极分子自发地把周围具有同样利益，但却不如他们投入度高的人员动员起来，加入群体利益表达行动的过程。这种“民主—多元主义”的政策模型认为，在一个开放的社会里，任何问题都可以由个人或者集团、试图获选的候选人、谋求提高声望再次当选的政治领导人，试图制定政党原则并树立受大众欢迎的良好形象的政治党派，“制造”新闻的大众传媒等发起动员和组织完成草根行动。

2. 精英行动

同样是在美国，还有一种教育政策制定模型是“自上而下”驱动的教育政策制定模式。在这种设定议程下，教育政策决策者得到的沟通信息存在一种精英的偏向。公民公众很少给议员或代表写信或者打电话，在宴会或者其他社交场合与这些官员谈话和交往的机会就更少了。因此，教育决策者的信息绝大多数来自精英内部——总统和白宫职员、新闻人物、集团组织的领导、有影响的选民、国会和立法人员及富有的捐助者等，这些通过写信、打电话或者访问的方式与决策者取得联系的人，肯定要比普通民众受过更好的教育，也更加富有。同时，这也是最关键的，即在相当大程度上，这些人都与决策者拥有共同的观点。

（三）不决策

在教育领域中，有这样的情况，把一些特定的问题排除在政策问题之外，是一种重要的政治策略。不决策是有效处理教育领域中存在的改变现行权力和利益分配问题的手段，在这些要求还没有表达出来就被压制了，或者保持被遮蔽状态，或者还没有列入相关的政策制定领域就被忽略掉，或者在政策过程的执行阶段使之受到破坏。

还有一种情况，也是大量存在的。因为政策体系本身是按照有利于解决某些类型的政策问题并抵制其他问题的方式建立起来的，所以也会发生不决策的情况。比如，政策体系对于那些大规模的、组织良好的、有财富的、能够很好地接近政府官员的利益集团，是给予很好回应的；而对于那些无组织、较贫穷、不积极、几乎没有渠道与政府官员进行沟通的利益集团来说，政策体系的回应通常是比较差的。

（四）舆论动员

美国教育政策活动的舆论动员主要是通过大众传媒，而美国大众所接受到的绝大部分新闻都是来自电视。电视的可视性特点决定了通过图像传达情感这种冲击力，使得电视网络在传递信息的同时也传达感情。

媒体的这种权力可以通过新闻制作、媒体偏好等方式为某项教育政策活动打造人气，使得社会大众了解和熟悉该项政策的价值和意义。所以，媒体可以产生三种影响，即为政策制定者确定问题并设定议程；影响大众对教育政策问题的态度和价值观；改变投票人和决策者的行为。

（五）政策形成

教育政策的形成，是为解决提上公众议程的教育问题而作出的备选政策方案的进一步发展。教育政策的形成发生在政府的官僚机构、利益集团的办公室、立法委员会的办公室、特别委员会的会议、负责教育政策规划的组织以及相关的“智囊团”等。教育政策建议的细节通常是由组织成员提出，而不是由他们的领导提出，但是，这些成员提出政策建议时，要以领导的需要为指导。

利益集团在教育形成和合法化方面都是积极行动者，对教育政策活动产生重要影响。各种利益集团将通过游说、政治行动委员会等方式和机构等参与教育政策的制定。

（六）政策的合法化

美国的国会、政党、总统、选民和（议员）的资助者等都会对教育政策合法化产生影响。在美国联邦宪法中，国会的职责被规定为教育政策合法化的主要机构，尽管不是唯一机构。国会形成了高度制度化的规则与程序，以使自身的行为合法化，实际上，国会制定的规则和程序的精细程度，以致提议政策变革是相当难的。民主党和共和党选举的社会基础稍有不同，前者不同程度地寻求劳工、大城市居民、少数民族、黑人、犹太人和天主教徒等的支持，后者则不同程度地争取得到乡村、小城镇和郊区的新教徒、企业家和专家等的支持。由于美国教师联盟（AFT）加入了劳工组织，所以该集团在绝大多数的时间里是支持民主党，而民主党的教育政策价值取向也是有利于美国教师的工资和福利待遇等。

总统要把立法的建议变成法律，与政党对国会的控制紧密相关。如果总统能够与自己的政党所控制的国会合作，就能取得很大的成功。总统的“得票成绩”，即在总统持有明确坚决立场的提议和政策中，国会使之成为政策法律的比例，基本上取决于总统所在的政党能否控制国会的一个或两个议院。总统还可以行使否决权，但总统否决的议案要成为法律，只有通过国会两院2/3的投票才能实现。国会成员倾向于把自己看作思想独立的、能尊重教育规律的“代言人”，而不仅仅是由选民选举出来去华盛顿传递信息的“代表”。但是，国会议员都知道，选民们在很大程度上并没有意识到他们在国会中的投票记录。只是在偶尔的情况下，在一次高度公开的选举中，全国上下与各行政区的选民情绪都很高涨，这时国会议员才会把选民的观点置于他们的政党领导和为选举提供资助的利益集团的观点之上。

一方面，国会竞选的成本说明了其成员对巨额竞选资金的依赖性，因此不断地募集资金成为议员的生命线；另一方面，那些巨额资助者期望能够以电话或访问的方式把自己的观点直接提供给他们所支持的官员，最好能面见总统，或者至少能够会见白宫的高层官员和内阁成员。两个方面的共生性为资助者争取到与他们的支持者有表达诉求的可能和时间。

（七）政策执行

国会通过教育政策和法规并经过总统签署之后，政策制定进入政府部门、各局和委员会等行政机构，即政策实施阶段。随着社会规模的扩大以及复杂性的增加，国会和总统没有时间、精力和技术专长仔细考虑教育政策中的细节问题，只是接受了国会政策和法规中宽泛的、原则性的政策导向，行政机构必须自己决定政策中的重要细节，这意味着行政部门提升了其在教育政策制定过程中的作用。在行政系统中，教育政策执行还受到联邦行政机构每年发布的《美国联邦政府工作公报》（*Federal Register*）、法院判决、行政裁量和官僚的政策偏见等因素影响。

（八）政策评估

教育政策评估是指对所制定的政策是否能够实现他们既定的目标、需要多大的成本、对教育和发展产生什么样的后果（包括预期的和非预期的后果）等进行评估，确认新的政策方向，并再次进行新的教育政策制定过程。需要指出，理论上的评估常常伴随着这样的纷争，即利益集团会抱怨法律和预算在保护或促进其利益方面的缺陷；新闻媒体会揭露政府项目中的浪费、欺诈或者管理不善；公民还会对国会、白宫或媒体提出抱怨等。就是在这些“杂音”中，教育政策制定者可以对政策进行重新设计和纠正，检查其中的错误和缺陷，了解浪费开支情况，同时也可以成为现行教育政策其他问题的必要参考。

二　英国教育政策的制定

教育政策的制定受到多种因素的影响，不可能遵循同一个制定模式。但是总体上看，英国教育政策制定的程序一般分为四个阶段：政策问题的产生、专家咨询、社会辩论、政策文本的出台。[①]

（一）政策问题的产生

教育问题要上升到国家政策的层次并不是非常容易的事。在众多问题中，只有一部分问题能进入政策制定者的视野，继而进行政策方面的酝酿。政策问题的产生可以分为两种情况：一种是政府被动式的产生，在这种情况下，某个特定教育问题的利益相关者产生了一定的影响力，或者是引起了广泛的社会关注，要求政府做出相应的政策调整，从而迫使政策制定者重新安排某一范围内的秩序和利益关系。另一种情况则是政府主动式的产生，政策制定者从国家教育需要的角度或者是从自身所代表的利益群体的角度出发，酝酿一项政策以便于改善教育去适应未来发展，或者是实现自身的利益最大化。在许多政策的制定过程中，可能以上两种情况同时存在，即政策的确立兼具社会的压力和政府的动力。但总体来看，第一次世界大战之前英国教育政策更多是在社会压力的情况下产生的，第一次世界大战之后，特别是20世纪80年代以来，英国教育政策的产生和制定过

① 吕杰昕：《英国教育政策的制定过程分析》，《教育发展研究》2006年第10A期。

程越来越具有前瞻性，政府主导的趋向越来越明显。

（二）专家咨询提出政策建议

确定了政策问题之后，英国政府下一步就会组织专家对这一问题作出咨询报告。在正式制定政策前，组织专家小组进行调查研究是英国教育政策制定的一大特色。

根据具体情况，政府也有可能对专家的报告书做出一定的修改然后形成书面文件。这种专家咨询报告大多以绿皮书的形式发布。英国的绿皮书是一种政府提出的咨询文件，其中包含未来政府政策的建议，公众可以对这些建议进行探讨和辩论。绿皮书中的每一项建议通常都包含若干选择，公众可以对这些选择进行公开讨论，从而方便政府确定哪一条建议是最好的。

对于大多数政策问题而言，进行政策咨询的专家组成员来自各个领域，反映出专家的个人研究背景和所代表的利益群体。当不同利益群体对某一政策问题产生争议时，政府会请若干组专家同时进行咨询，不同的专家组代表不同的利益群体和观点，从而形成一种相互辩论的机制，以保证对政策问题的咨询足够全面。但是，有时政府也会极力促成一项争议很大的政策，在这种情况下专家组的成员结构就会偏向于政府的需要，甚至不通过专家进行咨询，直接由政府提出议案。

（三）社会辩论

在绿皮书或专家咨询报告向社会公布之后，反对党、相关利益集团、社会公众可以通过各种媒介与其辩论。这种辩论可以是个人发表文章，也可以是一些由专家组成的研究小组对绿皮书的内容进行调查研究，并提出反对意见或修正意见的报告。有时公众的辩论甚至会使专家的咨询报告流产。

然而，并不是所有的政策建议都会被用于公众辩论。一般来说，用于公众辩论的政策建议包括以下情况：（1）政策问题超越了政府内部专家意见所能涵盖的领域；（2）政策问题所涉及的责任是跨部门的；（3）可能存在更多方面的专家观点和不确定性；（4）牵连公共政策领域的敏感问题；（5）独立于政府的分析能够加强公众对政府建议的信心。

在公众辩论中，英国政府也会做出自己的回应。这种回应通常是政策咨询的专家组提供政策建议的依据，政府官员也会向公众说明某项政策建议是如何形成的。根据英国的《自由信息法案》，在发布专家建议的每一个阶段，都应考虑到公开性和透明度，政府也应该保证获取建议的程序是公开的和透明的。同时，英国政府会采用各种方法收集公众的意见。英国政府还将白皮书中的政策建议以各种形式进行印刷，并通过各种途径加以发放，家长们不仅可以在《太阳报》上阅读到关于这份白皮书的专栏，甚至可以在超市和主要街道的店铺里免费获取政策概要。

（四）政策文本的出台

经过了广泛的社会辩论，英国政府根据各方的意见对原有的绿皮书内容进行一定的修改，然后形成正式的政策文本。这种政策文本通常是以白皮书的形式出现。与绿皮书不同的是，白皮书中含有具体的立法建议。因此，白皮书既可以作为最后的政策文本，也可以以议案的形式提交议会，从而形成一项法律。在把白皮书提交议会时，部长需要写一份对白皮书的说明，说明中一般包括白皮书的内容概括，还包括将该政策建议付诸立法的意义。在提交议会时，政府可以选择将议案提交给上院或是提交给下院，但大多数情况下是提交给下院。

下院议会接受了政府的议案之后，首先要对议案进行“一读”（First Reading）。这个阶段主要是把议案打印出来分发给各个议员，宣布议案的名称，然后规定“二读”（Second Reading）的日期。在“二读”阶段，议员们会对议案中的主要原则进行讨论，一般来讲，很少有议案会在这个阶段被否决。之后议案要被提交给一个常务委员会（Standing Committee），对议案的详细内容进行审查，并在必要的时候进行修改。常务委员会由18名下院议员组成，其人员构成反映下院中的党派状况。常务委员会对议案做出修改之后，将修改稿向下院议员进行报告，进入报告阶段（Report Stage）。在这个阶段，每一个议员都有机会对议案提出自己的看法，并进行投票。此后就进入下院讨论的最后一个阶段——“三读”（Third Reading）。这个阶段一般非常简短，不会对议案做出大的修改，如果有大的修改的话，议案就必须回到常务委员会，进行更深入的考虑。

下院的立法程序结束之后，议案会被提交给上院。上院可以对议案进行修改，然后把修改意见返回到下院，由下院来考虑是否接受上院的修改意见。下院一般不会否决上院的修改，因为这些修改通常没有太大的分歧。最后，议案会被提交给英国国王，经过国王的批准正式成为法律。

三　影响政策运行过程的比较分析

美国和英国的教师组织属于同质性利益集团组织，二者具有利益集团的基本特点，在两国教育政策运行过程中，以教师组织为首的利益集团组织对教育政策有着不同程度的影响，这是两国教育政策运行过程中最突出的共同点。利益集团（教师组织）在教育政策运行过程中，发挥着“中轴”性作用，教师组织的作用渗透到绝大部分的政策运行环节之中，如表6－2所示。

此外，还有一些相同点，比如教师组织影响教育政策活动的方式；影响教育政策的策略多样化；对组织成员有约束机制，多数教师组织订立了教师职业操守；除了英格兰教学总会（GTC）外，其他的教师组织在可以与资方进行集体协商的同时具有政治倾向性等。但是，两国教师组织在对教育政策运行过程的影响中有一个刚性原则是教师组织的影响无法超越的，即两国政党的意识形态、国会（议会）制度、中央和地方的关系等国家建立时也已设立的制度安排和设计，教师组织对上述一些机构的影响受到一定限制，而教师组织对两国教育政策运行过程的影响有不同特点。

（一）教育政策运行的环节

美国教育政策运行环节和英国教育政策运行环节在数量上是不同的。从理论上说，美国的教育政策运行过程为8个阶段，而英国是4个阶段，由此导致了教师组织对教育政策运行的影响有所不同。美国的教师组织几乎对所有教育政策运行环节都产生一定影响，有的时候是参与政策的制定，在某种特殊的政策环境下，影响力会更大些；以全美教育协会（NEA）和美国教师联盟（AFT）为首的教师组织在美国是强势利益集团之一。以全国教师联合会（NUT）为首的英国教师组织也可以对英国的教育政策运行阶段实施影响，但是影响力相对美国较弱，二者在能广泛参与教育政策运行上基本相同，只是数量上有差异。

（二）教育政策运行的方式

美国教育政策运行的方式有自下而上和自上而下两种可能，即以民主——多元主义和精英主义的理念指导下的教育政策运行方式。美国教师组织拥有数量可观的组织成员，且其成员具有极广泛的社会性，渗透在国家和社会的各个领域之中，对自上而下和自下而上的政策运行方式，都可

表 6－2　美国和英国利益集团对教育政策运行阶段影响的比较

国别	运行过程	行为	参与者	行为	运行过程	国别
美国	教育问题确认	公布教育问题，表达对政府行为的要求	大众媒体、利益集团、公民组织、公共舆论	多为政府公布教育问题	政策问题的产生	英国
	教育议程设定	决定对哪些问题作出决策，政府要解决那些问题	美国：精英、（总统和国会）选举候选人、媒体 英国：专业人员、利益集团	专家小组进行调查	专家咨询提出政策建议	
	不决策	掩盖不良组织的一些问题	利益集团、行政官员	—	—	
	舆论动员	宣传政策问题，熟悉政策问题	大众媒体、利益集团	对政策问题进行修正	社会辩论	
	教育政策形成	提出解决问题和改善困境的政策建议	智囊团、总统和行政官员、国会议员、利益集团	—	—	
	教育政策合法化	对政策方案做出选择，寻求政治支持，使之成为法律，决定其合宪性	美国：利益集团、总统、国会、法院 英国：利益集团、议会、国王	下院“三读”通过，交至上院修改，下院接受修改后，国王签字生效	政策文本的出台	
	教育政策执行	组织有关的部门和机构，提供相关费用与服务	总统和白宫成员、行政部门和机构、利益集团	—	—	
	教育政策评估	报告政府项目的结果，评估政策对目标群体和非目标群体的影响，建议政策变革或“改革”	利益集团、行政部门、国会监督委员会、媒体、智囊团	—	—	

以发挥影响力；英国则是以政府被动的教育改革和教育系统内部改良主义指导下进行的教育政策运行模式。美国的教育政策系统由于具有民主性和多元主义性的特点，教育政策运行相当活跃；英国教育政策运行经常是处于被动情况下，有时候甚至是不得已进行的教育改革活动，政策运行缺乏活力，而且近年来英国是以国家教育系统内部改良主义的政策活动逐步增多为主，不断强化中央对教育政策活动的控制，相应削弱地方教育当局政策活动的权限。从这个角度分析，英国的教师组织不容易发挥对教育政策运行的影响力。

（三）教育政策运行的评估

美国教育政策运行过程的评估环节可以有效地预测政策目标、政策成本、政策执行效果等政策指标。这种功能可以有效地实现对教育问题的确诊和解决，因为有了教育政策评估环节可以使得教育政策运行活动变成一个“回路”系统，教育政策运行就可以检验、检查、修正已经实施的教育政策，使得教育政策活动变成一个动态的管理活动，也使教育政策活动成为可以重复运行的科学性活动。在教育政策评价活动过程中，教师组织可以积极参与教育政策的评价，教师组织的评价活动通常是具有专业性较强、信息量大等特点，客观上对教育政策运行发挥积极作用。

英国教育政策运行过程缺少必要的评价环节，本来教育政策活动是牵涉价值取向的活动，而英国的教育政策在文本出台前只是经过由绿皮书到白皮书的一个程序性递进，其本质只是停留在教育政策执行前的理论辩论。而且，这个活动也是在政策文本出台前的一个形式化的过程而已。在这种教育政策运行过程中，评估环节的缺失将无法保证教育政策活动可以有效地发现教育问题和解决教育问题。此外，在英国教育政策活动过程中，教师组织只是在较少的政策环境下为教育政策的制定和实施提供专业信息等政策建议，这对于教育政策活动是有害的。

（四）教育矛盾的化解

教育系统中存在大量教育利益关系，需要正确处理各种教育利益关系。美国教育政策运行过程中，有个独特的环节是不决策。不决策是改变教育领域权力模式和教育利益分配的有效方式，权力模式的改变一定是剧烈的教育利益格局的调整，在调整初期带来的直接后果将是出现更多的教育矛盾，而不决策可以使这些权力和利益的调整处于休眠状态或者缓释状态。根据具体情况，对大规模的、组织结构完备、信誉比较好的组织的政策诉求给予较好回应，如全美教育协会（NEA）这样的组织的政策建议将会得到令人满意的答复。反之，小规模的、信誉差的组织的政策诉求，通常不会获得令人满意的回应。在英国的教师政策运行环境中缺少不决策环节，这对有效化解教育矛盾是不利的，虽然英国有组织完备、规模大的全国教师联合会（NUT）这样的教育行业性组织，但是没有为此类组织提供比较好的政策建议的渠道，这种封闭状态无法把比较专业的政策建议传递到相关的立法或者行政部门，所以我们不难理解，为什么金融危机时代英国教师的罢教事件此起彼伏，有大规模的、也有局部的，对教育资源的合理使用和教师形象与威信的影响比较大。尽管英国政府部门也在不断地对教育管理进行改革，但是由于英国的历史传统和教育制度等原因，其教育矛盾仍无法在短时期内得到较好的解决。

第七章　教育利益和谐与社会和谐的关系

在中国，教育政策运行是在观照教育公平和公共教育利益的基础上，党和政府为解决特定教育问题或实现特定教育目标，对全社会的教育资源进行权威性分配的一项重要的教育管理活动。但是随着各个社会阶层和利益团体意识的觉醒，教育利益不断分化，众多利益集团之间的利益冲突呈现复杂化趋势，如何通过教育政策活动化解各个利益主体之间的利益矛盾，维护和增进公共教育利益，实现教育公平，显得非常重要和迫切。因此，教育政策的良性运转是教育和谐的关键。

第一节　社会和谐和教育和谐的辩证关系

建设社会和谐是一个系统工程，教育子系统是社会和谐建设的有机组成部分，教育子系统的和谐直接影响社会和谐，社会和谐为教育子系统的和谐提供基础保障，教育和谐与社会和谐的构建联系密切，它是社会和谐的关键，因此，构建社会和谐离不开教育和谐，只有和谐的教育才能使得社会通过人的素质的提高变得更加和衷共济、和睦相处、和谐有序。教育和谐丰富了社会和谐的内涵，是构建社会和谐的应有之义，更是其基础和保障。

一　社会和谐对教育和谐的作用

教育是社会母系统中的子系统之一，社会需要教育的支持，教育需要社会作支撑和依附、教育和谐折射出社会和谐的实质，社会和谐推动了教育的和谐进步和发展，社会和谐必然生成和谐的教育，教育和谐必定会有益于构建社会和谐，社会和谐与教育和谐之间的作用是一种互为因果、交互影响的关系。社会对教育和谐发挥着保障、制约和推动的不同作用。任何社会都会有适合自己社会并为自己的社会服务的教育，社会可以使教育超前和滞后发展。

（一）社会和谐提供教育和谐发展的条件

社会状态稳定了，才能保证社会稳定地发展，才能保障教育和谐地发展。教育是一种公益性事业，教育自身是不能直接产出经济效益的，教育的正常运转和发展必须有社会一定的投入，如果缺乏或者缺少必要的社会投入，教育就无法正常实施教育行为。在现代社会中，教育以其独特的公益性质显示着社会的公平与公正，如果社会缺少了公平、公正，教育的公平、公正也就无从谈起，而社会环境可以影响教育环境的形成，社会环境在更深层次上讲是政治环境的一种缩影，有什么样的政治环境，便会形成什么样的社会环境，而社会的良好环境，对教育的教风、学风影响很大，任何教育风气都能在社会上找到它的源头。当前，学术风气的不正，有教育学术自身的原因，但与社会和政治的问题以及急功近利是不无关系的。

（二）社会和谐制约着教育和谐发展

教育是社会母系统的有机组成部分，教育必须在社会中完成，它对社会人进行教育和培训等所有活动都必须在社会中完成，即便个别特殊机构的培训，最终的结果仍是用于社会，仍然与社会密切相关。社会有保障教育进步的作用，社会也制约着教育的发展。首先，社会对教育工具性的制约。主导社会的经济和治政都会把教育作为工具加以运用和改正。其次，社会对教育价值性的制约。社会对教育的价值性制约主要源于治政者的政策和教育本身的社会价值，这两种因素实际上都与社会的分配原则有关。最后，社会有时对教育具有“破坏性”的制约。社会动荡、政治权力更迭和战争等对教育稳定和发展具有负面影响。

（三）社会和谐推动着教育和谐发展

社会和谐对教育和谐发展有着保障、制约的作用，也有着对教育和谐发展的助推作用。这种助推作用有的是直接的，如经费投入、人才分配等；有的是间接的，如政策的引导、社会价值的提升等。一方面，社会经费的投入直接推动教育的发展，教育本身没有经济效益的产出，教育需要社会的经费投入，教育经费的投入不仅保障了教育的正常运转，还会在其他各个方面推动着教育的发展，这种推动是直接的；另一方面，社会的人才分配方式推动教育的发展。在我国人才使用政策上，前些年采用计划与市场相结合的方式，即有些类型的毕业生采用计划分配的方式，有些类型的毕业生采用市场“分配”的方式，上述两种方式的混合使用，灵活的、适时的吸引着考生的报考，推动了教育在该类型上学生培养的积极性。

二　教育和谐对社会和谐的作用

（一）教育和谐对构建社会和谐的基础性作用

教育和谐对构建社会和谐的基础性作用，主要是人的作用。首先，教育和谐为社会培养的基本上是知书达理的人，这是构建社会和谐的基础。教育和谐之所以能够使人成为人，就是使人成为人格健全、有知识、懂技术的社会所需要的人才。其次，教育和谐影响着社会不同层面和全体社会人的和谐。在现代社会中，没有经过正规学校教育的人已经很少，人们在教育机构中接受着教育，这种教育会通过受教育者有意无意地扩展到整个社会，影响着几乎全部的社会人，这是社会和谐的关键。最后，教育为治政培养的建设者和接班人是社会长久和谐的保证。教育和谐培养的治政接班人是未来社会的治政者，社会的治政者是社会和谐的主导，他们关系到一个国家、一个民族、一个地区、一个村落乃至一个小学校的未来。

（二）教育和谐对提升居民素质的作用

居民素质应该是“民主法治、公平公正、诚信友爱、充满活力、安定有序、人与自然和谐相处”。教育提升居民素质的作用具体表现在：帮助居民健全心理素质；帮助居民提高业务素质；帮助居民正确对待名利；帮助居民创新进步。教育本身是知识技能的传授，知识技能是居民的创新基础，有了这个基础才可能在未来的社会实践中有所发明，有所创造，有所前进，有所进步。

（三）教育和谐推动社会和谐发展的作用

教育推动社会的发展主要表现在人才作用上，而人才作用最终体现在社会的政治文明、精神文明和物质文明上，具体表现在：教育和谐推动了政治文明，教育和谐为政治培养接班人，培养的人才是否符合政治需求是关键。任何教育都离不开政治，都必须为政治服务，但教育以其独有的潜性政治教育内涵，培养治政人才，从而推动社会政治文明、进步。教育的和谐推动了物质文明，教育的和谐提高了人们的素质，也提高了人们物质文明的内涵。可以说，教育帮助人们实现了物质文明，而物质文明对教育和谐的发展又起着决定性作用。教育和谐推动了精神文明，教育和谐是精神文明的成员，同时又是精神文明的推动者。教育和谐推动了社会的精神文明，社会的精神文明反映出教育水平的高低。

三 社会和谐与教育和谐的辩证关系

社会和谐是总体的和谐，教育和谐是社会和谐的有机组成部分，教育和谐会推动社会发展；社会发展又会推动教育的进步。社会对教育有着很大的制约以及引导作用，有时对教育有决定性作用，两者的关系是互动的。

（一）从社会和谐角度看社会和谐与教育和谐的关系

社会和谐与教育和谐的关系有几个特点：（1）社会和谐与教育和谐是面与点的关系。社会和谐是社会的全面和谐，教育和谐是社会和谐中的一部分，两者相互影响。社会和谐是面，教育和谐是点，它们之间的关系是面与点的关系。（2）社会和谐与教育和谐是统分关系。社会和谐是社会全面的、统一的和谐，而教育和谐是点上的“分支”的和谐。从全局来讲，社会和谐是纲，教育和谐是目，社会和谐有着决定性作用，从局部来看，教育和谐是点，但点的和谐会影响“点”的周围的和谐，有时会在特定环境中有决定性作用，在分析两者关系时，我们要区分和谐的不同环境。（3）社会和谐与教育和谐是领导和服从的关系。社会对教育的领导关系虽然并不明显，但实质上这种关系是存在的，应该加以分析。社会和谐，是全社会总的和谐，关系到不同点的和谐，具有统领的作用，是治政者关注的焦点；作为教育和谐，只是社会和谐中的一个点，它必须服从于社会和谐，关键时让位于社会和谐，即教育不能影响到社会和谐，这是教育工作者的重要任务，也是教育工作者的主要工作。（4）社会和谐与教育和谐是互相促进的关系。社会和谐有利于教育和谐的构建，有利于教育的发展，有利于人才的培养，反之，会影响教育的发展；教育和谐为社会和谐输送人才，促进了社会的发展，因此它们之间是一种互相促进的关系。

（二）从教育和谐角度看教育和谐与社会和谐的关系

教育和谐与社会和谐关系是相互的，是和谐事物的两个方面，在分析两者关系时，实际已经明确了教育和谐与社会和谐的关系，我们从教育和谐角度分析两者关系，是为了更好地理解教育和谐对社会和谐的作用。（1）教育和谐是社会和谐的一个缩影。在教育和谐层面上，我们看到的不仅仅是教育的和谐，而且还包括社会对教育作用的各方面的和谐。教育和谐反映了社会各个方面和谐的层面，反映的是社会政治清明、治政民主、经济繁荣、文化进步、社会和谐，教育和谐不仅是它自身的繁荣，也是社会和谐的一个横截面。（2）长久的社会和谐必须用教育和谐作基础和保障。教育是一种长久的事业，它对社会和谐的作用有现实的但更多是长久的，因为教育作用的发挥有人才成长和科技转化的阶段和过程，有什么样的教育，便会为社会培养什么样的人才，当然，教育又会受到社会制度的制约。在构建和谐社会中，一方面要抓好现有的政治、经济、文化等影响和谐的种种因素；另一方面要通过教育为社会和谐培养人才，为构建社会的长久和谐打下坚实的基础。

第二节 教育利益分化对教育政策运行的影响

当前中国的教育体制改革正从传统上高度中央集权的公共教育权力体制向现代的新型公共教育权力体制转型时期，教育体制面临着一系列的改革。从某种角度分析，改革的本质是教育利益关系重构与调整的过程，这必将引发利益结构由无序状态走向有序状态的动态局面。在此过程中，教育利益关系的变化表现出不同于传统的高度中央集权的公共教育权力体制时期的特点。

一 教育利益分化的现状

（一）教育利益主体多元化

在教育政策运行过程中，利益主体因素是一个必须考虑的问题。因为，任何一项教育政策的制定和实施都最终由具体的主体来承载和实施，而基于自身利益的考虑，主体往往会做出有利于自身利益满足的策略性行为，使教育政策本来价值的实现旁落。

政府部门利益、地方区域利益和集团利益是我国教育政策实施过程中的三个重要主体，在这三种利益主体形态的交织博弈和选择中，我国教育政策自身价值的应然与实然发生背离。

首先，政府部门的利益还可以分为三个层次：个人的利益、部门的利益和机构的利益。对于个人的利益，可以从“政府人”的需要角度来分析。“政府人”也有追求自身利益的需要，并在有的时候会以自身的利益作为制定某项教育政策的标准。政府部门作为组织同样也有自身的利益，这种利益主要表现在事权和财权上。对于教育部门而言，教育是一个“系统工程”，计划、财政部门要对教育事业的经费进行统筹和控制，审计部门要对教育部门的日常管理和经费收支情况进行监督，公安部门要管理学校周边的安全问题等，这些政府部门对教育领域进行权力的渗透使教育系统的“事权”条块式分割，每个部门都负责就是每个部门都没有责任，教育领域成为利益共享但责任空白的冲突领域。机构的利益是从政府的整体层面上说的，政府接受了人民的权力委托，成为维护社会公共利益的代表。但就目前而言，政府的政策行为更多的是对上不对下，观照“人民权利”这一权力基础方面略有不足，强调“国家权力”的重要性，这种做法的后果就是政府政策片面地突出国家的利益，而对人民的利益涉及很少。

其次，地方区域利益是针对本区域内的行为主体产生共享现象，对于其他领域的行为主体则产生排除。就目前而言，地方区域利益主要表现在中央和地方之间的关系以及地方之间的关系上。

区域利益只是针对本区域内部人员的共同享有，而对区域之外的人员封闭。因此，地方政府在利益形成的过程中都首先考虑的是对本地方经济、社会发展、人民生活水平提高的实际作用，并根据本区域内的实际情况确定利益实现的程度，而很少是从国家的角度去考虑问题。对于教育而言，就有人研究过“高等教育地方化问题”，[1] 但也有人对“北大是北京人

---

① 王保华、张婕：《高等教育地方化——地级城市发展高等教育研究》，人民教育出版社2005年版，第78页。

的北大”提出过质疑。由于各地方政府在优质教育资源持有量上的不同，使一些优质教育资源成为某一区域成员独享的利益，这也在一定程度上成为我国新时期人口流动的主要原因之一。比如，由于高考录取分数线在各地方的差异，造成了“高考移民”现象，更甚者从幼儿教育开始就出现的“择校”现象。而且，这种地方性的区域教育利益日益封闭，比如，对于流动子女接受教育问题，虽然早在2001年国务院《关于基础教育改革与发展的决定》中就指出：“要重视解决流动人口子女接受义务教育的问题，以流入地区政府管理为主，以全日制公办中小学为主，采取多种形式，依法保障流动人口子女接受义务教育的权利。”可是又有哪里的地方政府真正愿意为流动子女的教育“埋单”呢？其根源还是在于流动人口不具有流入地区域内的“公民”身份，虽然他们也是中国“公民”，但是却无法得到流入地的“市民”身份，而恰恰是在“市民”身份面前，“公民”身份大打折扣，他们也就无法真正享受区域内的优质教育资源进而成为区域教育利益共同体中的一员。[①]

最后，“集团利益”是根据阶层划分形成的一种中性的概念，它可以没有利益表达的声音，但它是客观存在的，而作为“利益集团”则是对于自身利益和政策制定不仅有自己的声音而且会影响政策制定的群体。教育领域一直有着“穷人要生存，富人要发展”的不同取向，对于“穷人”或“富人”、“穷地”或“富地”、“穷校”或“富校”的区分本身就表示这样一种集团的利益，但这些集团利益在引导发展过程中出现了“话语独占”的情况，也就是说，“富”成为一种话语力量，它在教育发展与政策制定过程中发挥更大的作用，但这并不是说，这时的“富人”已经成为一种“利益集团”，相反，他们正逐渐和权力结合，成为实现经济或者政治发展的工具。因为根据政策网络理论，在政策过程发生于相互依赖的许多主体所形成的网络之中，各种政策主体参加网络的原因和理据，包括交流信息和意见的需要、交换资源的需要、结盟的需要、追求权力的需要或者利益协调的需要。[②] 在教育政策决策领域内部形成了封闭性的政策主体网络，

---

① 曲正伟：《论我国教育政策实施过程中的利益主体因素》，《教育理论与实践》2007年第12期。

② Weible, C. M., & Sabatier, P. A., “Comparing Policy Network: Marine Protected Areas in California”, *The Policy Studies Journal*, Vol. 33, No. 2, 2005, pp. 181-201.

而且更多地遵循“精英—权力”结合的逻辑。比如，有学者统计，1949年至今，关于教育目的的相关政策话语一半以上出自政府（主要是高层）领导人的讲话、报告等话语。[①] 而受教育决策影响的其他利益相关者，比如广大家长、教师和学生、社会组织、用人单位等往往都被排除在决策体制之外，在决策过程中缺乏应有的地位。而且即使让他们去表达，也始终是一种表面的、情绪化的表达。有学者曾经对公众书信反映教育在政策问题的话语特征做了样本分析，其中一个十分显著的特点是“来信大多反映的是对教育政策的自我理解而且多是感性理解”，其中“大量非专业性话语与少量专业性话语交织在一起，而且在专业性话语含义上还存在广泛而明显的分歧，基本上属于结构化和非结构化文本的混合体”。[②] 因此，这种决策主体的单一性，容易排斥决策过程中的价值排他，造成教育政策主体的价值期望和利益要求得不到充分的表达，最终可能使教育政策决策结果的代表性模糊和针对性偏离，导致无法真正完成教育政策设计的初衷。这也充分说明，当前在我国教育政策决策过程中的权力主体结构形成了自身特定的范式，是一种以国家与行政机关的政治精英的话语为中心、单向度政府选择的精英主义模式。有学者认为这是一种“教育利益的体制化”[③]。只是对于这种精英的分析，我们还应当增加“权力”的维度，因为这些精英往往是和“权力”纠缠在一起，决策者在决策过程中处于绝对的主导地位，行政权力过大，往往导致政策决策过程中重视决策权力的行使和管理效能，忽视对权力的控制和公共利益的实现，忽视对个体的权利、利益的保障。加之长期计划经济体制下形成的教育决策中的长官意志的残留意识，都容易产生行政权力对决策的过度控制。

（二）教育利益诉求多元性

教育政策执行过程中，存在着具有多元利益诉求的利益团体，其中不同的利益主体往往从自身的需要和利益出发作出政策选择，这就有可能产生由于利益团体之间的利益博弈而导致政策失真现象的发生。从利益团体的视角出发，地方政府由于地方利益团体之间的利益博弈而使中央政府的

---

① 孙彩平：《教育的伦理精神》，山西教育出版社2004年版，第231—234页。

② 李钢、张力：《公众书信反映教育政策问题的话语特征》，《教育研究》2003年第7期。

③ 张铁明：《中国高教大众化进程中制度两难之抉择》，《当代教育论坛》2005年第19期。

教育政策失真或者变形是一个无法回避的问题。重点学校办分校收取择校费使得国家义务教育收费政策变形是解释教育利益诉求多元性的最好例证。

1. “义务教育择校生收费”：国家利益的政策诉求

教育政策是政府用以解决社会公共教育问题的杠杆，同时也是政府利益的表达载体。中央政府的公共教育政策利益选择非常明确，即义务教育坚决杜绝乱收费的问题，坚持“就近”方便群众子女入学的原则，禁止向义务教育阶段的学生收取高额的择校费。这从后续的一系列文件、政策中均可以看出国家对这一问题的明确态度：义务教育要坚持少收费直至免费的“义务”理念。

2. “义务教育择校生收费”：地方利益的政策诉求

（1）地方居民的受教育利益

毫无疑问，对于地方居民来说，接受优质的义务教育服务是家长们共同的愿望。但是，每个地区能够提供真正优质服务的学校毕竟是少数，难以满足人民群众日益增长的接受高质量义务教育的要求。人民群众的教育利益诉求对地方政府产生一定压力，地方政府试图对重点学校进行“扩容”，利用已有名校的良好声誉，兴办分校，使那些有迫切接受优质教育要求的家庭子女进入分校接受优质义务教育。分校与本校实质上是一个学校，唯一的区别是分校收费，这一点学生家长心知肚明。虽然上分校家长需要付一笔较大的费用，但的确扩大了优质教育的服务对象范围，使部分家长的教育利益得到维护。从民众利益的角度出发，在一定程度上，“名校办分校”维护了一部分民众的利益，是民众利益在无奈情况下促使政府做出的一种政策表达。

（2）地方政府的行政利益

依据公共选择理论可知，政府同样是一名“经济人”，具有公共性与私人性的双面实体。公共性在于政府的行为目的是调节或满足社会的需求。私人性在于执行政府职能的个体是追求自我利益最大化的“经济人”。作为地方政府，总是想以尽可能少的经济投入，获得较大的义务教育质量回报，取得较大的义务教育“政绩”。为此，名校就成为地方政府教育部门工作“政绩”的最直接体现。如何支撑“名校”硬、软件建设，如何扩大自己的“政绩”，巨大的资金需求只有靠给学校“优惠政策”来解决，名校办分校就是地方政府扩大自己政绩的一种做法。此外，名校收的择校费，一部分要上交教育主管部门，上级主管部门又把这部分资金用于补充办学经费不足的缺口，于是也缓解了政府投入不足的矛盾。总而言之，在“经济人”角色的假设下，政府行为不过是这些自私而有理性的人在一定制度约束下的行为的结果与表现。地方政府为追求地方利益最大化的行为，使中央政府教育政策在执行中发生扭曲，最终导致教育政策的失真。①

（3）学校的发展利益

虽然地方政府一直对一些重点学校和名校给予教育投入政策倾斜，但比起这些学校的实际需求和支出，仅仅依靠财政投入仍无法解决实际问题。一方面，收取择校费在一定程度上是学校为弥补政府投入不足而发展自身的一种做法；另一方面，学校收取的择校费可能用来满足团体私利，如学校的利益，发放教师的福利等，也可能用来满足少数个体的私利，如领导个人的私利，滋生教育腐败等。所以，总有一些学校，为了自己学校的发展及个别领导的私利，置国家禁止乱收费政策于不顾，违规向义务教育阶段学生收取高额费用。

所以，义务教育择校收费政策执行中利益诉求多元性的表现是：利益主体群的存在而造成教育政策失真；地方政府的双重利益角色而造成教育政策变形；地方政府的“教育寻租”而造成教育政策扭曲。

（三）教育利益体制结构化

在社会转型中的教育领域，我国教育利益配置方式是根据教育部门所处的位置进行配置的，即体制内享受体制内的教育资源，而体制外却没有与体制内的教育部门平等拥有教育资源的资格。

1. 民办教育利益的非国民化

民办教育与公立教育一样，本来应该同是一个“事业”的单位，但其教师、干部却被列为人事局、劳动局、教育局都不管的非编制内人员，不能拥有国家资助的社保、医保、房贴、家属福利、业务进修等平等权益，他们的退休金也只能是同等资历资格的公办教师的一半。民办教育的教师不能同公办学校教师那样获得政府资助的研究课题，不能正常申报职称评

---

① 魏宏聚：《利益博弈下教育政策失真研究——以义务教育择校生收费政策的执行为例》，《中国教育学刊》2007年第4期。

审。不管在任职属地工作了多少年，想要获得教师资格证或报评职称都必须回原户籍（单位）。

民办高校的招生份额、范围、学费定价是国家计划限定的，招生只能限制在第三、第四批 B 类学生中录取，而且录取的只能是由政府安排的降到只有 300 多分的考生。而即使是基础教育阶段的公校办的“民校”，也可以独立、提前、跨地域范围招生。公校办的“民校”、独立学院的配套政策，也充满了体制性歧视和教育利益地方化或本位化的倾向。民办学校的学生可以说是国家的“二次纳税人”，连寒暑假车票半价的待遇都不能与公办校学生同等，毕业证含金量也低人一等。这种不公平现象，使得学生在选校时摇摆不定，也使民办高校难以提高生源质量。而评价标准却不考虑生源基础水平、教育需要差异、级别类型、完全与公办学校置以相同评价指标之下，甚至人为地抬高入门标准。[①] 民办教育承受着如此巨大的体制压力，导致办学风险成本高昂，投资者信心不足，办学质量难以保证。此外，体制性歧视的制度催生着投机者，这反过来也使政府的管理风险增大。

2. 弱势群体教育利益的非市民化

如前所述，流动人口中学龄儿童是中国公民，却没有流入城市的“市民”身份，学龄儿童的非市民化导致自身教育利益被剥夺。中国有 1.2 亿流动人口，其中育龄妇女就占外来人口的 41%，这些人都面临着结婚生子的问题。广东省户籍人口 7000 多万，却有 2300 万—2800 万外来人口，占了全国外来人口总数近 1/3。庞大的城市外来人口中，约有 15% 的人是带着需要在所在城镇接受中、小、幼教育的子女。这意味着全国的城镇需要增加 1.5 万所具备 6 个年级 24 个标准班的普通中小学校，其中广东省的城镇就要增设 2875 多所，且这一比例会逐年增大。[②]

但是，城市里的外来务工子弟受教育被排斥在国家公共教育财政制度之外。面对如此现实，相当大的一部分外来务工人员处于两难境地：把孩子留在老家读书，难以顾及孩子的生活、学习和安全；带在身边，在当地公办学校或民办学校入学，又交不起择校费、借读费或学费。在教育利益

---

① 张铁明、王志泽：《中国教育利益体制化格局及其社会根源和危害——兼对我国公共教育政策本质的反思》，《教育导刊》2006 年第 9 期。

② 张铁明：《论中国教育需求趋势与巨大市场空间》，《教育科学研究》2004 年第 11 期。

非国民化的公办教育财政制度下，仅北京就有近10万流动人口子弟，入学率仅为12.5%，还有87.5%的孩子望“校”兴叹。广东省对粤北山区农村158名留守儿童的调查显示，近40%的儿童没到过父母打工的地方，近30%的孩子与父母通电话、通信每月不足一次。另有调查显示，目前父母在外打工的农村儿童中约80%由祖父母辈抚养；19.6%的留守儿童觉得自己不如别人，11.4%的觉得受歧视，9.5%的有过被遗弃的感觉，还有1%左右的想离家出走甚至自杀！① 教育利益体制结构化有着两个方面的主要问题：一是导致教育资源的分配上“马太效应”。教育不公平的差距越来越大，只能导致贫富差距越来越大。教育不脱贫，经济也很难从根本上脱贫。众所周知，民办学校中的教职工、农民、城市外来务工人员以及非公有制职员，与所有城乡中的公有制劳动者一样，都是国家财富的创造者。每一个劳动者在获取了劳动收入（第一次利益分配）后，都同时又为国家创造了“剩余价值”。国家用这些“剩余价值”对社会公共事业（包括教育、卫生医疗等）的投入，其实就是对全体国民利益上的第二次分配。但是，中国的第二次分配，特别是教育、卫生医疗，却基本上是向城乡中所有公有制机构的劳动者及其家庭倾斜。在教育利益非国民化理念的“公办教育财政制度”下，城市教育部门所制定的政策及其行为，基本排除了民办学校中的主体、农民和城市外来务工子弟以及非公有制职员的子弟的“教育利益”再分配。二是导致通过教育实现向上流动的机会的丧失。受教育机会均等和拥有相同份额的教育资源可以为“初级阶段”的中国弱势群体社会阶层的人，要获得个人和家庭的在社会上的向上流动提供可能。但在现有的教育利益体制结构中的“公有”教育政策下，国家没有惠及他们。

（四）教育利益关系复杂化

教育利益关系复杂化问题在我国教育改革和发展过程中表现得尤为明显。这里首先有几个关涉教育系统的大背景，一是城乡二元结构问题；二是社会转型问题；三是体制改革的非系统性问题。由此，中国教育利益关系明显存在农村教育利益与城市教育利益的协调；教育利益群体多样化；

---

① 吴理财：《地方财政约束下的农村基础教育问题》，http：//www.usc.cuhk.edu.hk/PaperCollection/Details.aspx？id=3393。

教育利益的表达和诉求渠道与制度不畅通等问题。这些问题彼此之间并非孤立的而是时常交叉、关联在一起的，使得教育利益关系呈现复杂化态势。

教育政策活动是一项系统而复杂的基础性工作，因为教育政策活动必须同时考虑宏观教育利益问题、中观教育利益问题和微观教育利益问题。

1. 宏观教育利益

教育系统利益与其他社会系统利益之间存在一定关系。通过对教育系统的本体分析可知，在社会系统理论的观点下，教育系统是一个具有功能自律性的生命体。它有自身的功能、规律和运作规则，有自我参照和自我生产的价值认可机制。正是由于教育系统存在着功能与实体上的需求，教育系统就成为一种具有主体性的利益实体，我们把能够满足教育系统生存和发展的各方面的资源称为教育利益。但是教育利益和规律有时候会被忽视，高等教育扩招政策就是并非出自教育系统的一个例证。众所周知，最先提出高校大规模扩招、借以拉动经济增长的是经济学家。在中国，人们仍然把受教育看作改变自身命运的重要手段。通过扩招，进而拉动内需，促进经济增长。笔者认为，教育能够促进生产力的发展，从长远来看，对经济增长肯定有拉动作用，但这种作用是通过培养人才、提高国民素质来实现的，而不是靠直接拉动内需、活跃消费市场。正确的说法似乎应该是"发展教育有利于经济增长，并在经济增长过程中逐步扩大内需"。[①] 教育本来是一种百年树人的神圣事业，将扩招作为一种手段，便使发展教育沦落为一种功利性的商业行为，教育发展本身不是目的，却成了手段、工具。由此也产生高教质量滑坡、大学生失业、高校负债严重等社会问题。

2. 中观教育利益

高等教育利益是教育系统利益的有机组成部分之一，并居于教育系统利益的中观层面。从利益的角度分析与考察公立高校，我们可以发现改革开放 40 多年来其利益格局所发生的深刻变化。在计划体制下，中国公立高校的利益是高度一致的。随着市场经济的发展和教育体制改革的深化，高

---

① 厉以宁：《关于教育产业的几个问题》，《高教探索》2000 年第 4 期。

度一致的利益格局从根本上发生改变，形成了不同利益主体并存或者说博弈的局面，如表7－1所示。社会转型过程中，由经济体制类型转变导致的高等教育内部利益角色的变化，使得教育与高等教育之间关系存在一定复杂性。

表7－1　　高校内部利益相关者利益转变

体制类型 / 利益相关者	计划经济体制	市场经济体制
高校	政府指令计划的执行机构	高校成为面向社会自主办学的法人实体
教职员工	“国家的人”和“体制内的人”	教职员工与高校的关系转变为合同、聘约关系
大学生	“准国家干部”身份	学生缴费上学、自主择业，“消费者”
学校管理者	学校管理者是政府行政命令的“执行者”	高校管理者的身份趋于复杂
	—	投入体制的改革使投资者逐渐成为利益主体

此外，高校个体的教育利益问题存在一定的复杂性。从高校内部的改革看，力度较大的应该是20世纪末开始的劳动人事分配制度的改革。如某高校从1998年开始，陆续进行了分配制度改革、机关改革，以及后勤社会化、住房货币化等几项改革。从总体上说，大多是在原有的基础上做增量。相对来说，这些改革还没有触发内在的矛盾。而改革必然会涉入“深水区”，深层次的人事制度改革、资源重新整合和配置、全员聘用制的实施、用人上的“优胜劣汰”等改革都是难以回避的。与此同时，在深化改革的过程中，高级知识分子群体、行政人员、教辅人员、后勤集团等利益依然存在，旧有利益格局尚未调整完成，而各种新的更为复杂的利益矛盾又在悄然生成。

3. 微观教育利益

微观教育利益充斥在教育领域之中，教师利益和学生利益是其中的两个方面。首先，教育改革过程中的教师及其团体的利益是微观利益的一个方面。作为专业技术人员，教师及其团体有着共同的利益。而教育改革总是通过教育工作者来实行的，这就会涉及他们时间、精力投入的成本和预期的实际收益等方面的比较。尽管教育作为复杂的工作或事业的观念已经广为社会所接受，专业特性越来越强，以致进入教学教育领域的资格水平不断提高，但是，教师们的教学教育工作却遭到了越来越多的批评，要求他们进行改革的呼声也日益高涨。教师们常常被作为教育改革的最保守的专业团体，甚至成为教育改革的对象，以至于人们更经常地关注其他专业团体对教育的改革意见，而不愿意听或不相信教师团体的建议。表明教师及其团体的利益与社会其他利益集团在教育改革方面的利益是不一致的。此外，在教师集团内部，教师与学校的教育行政人员之间的利益也不尽一致。行政人员的管理往往会缩小教师的自主性空间，削弱教师的专业特性，导致教师与行政人员的对立，他们相互指责对方不能理解自己的问题。

另外，在学校内部的争论中，经常涉及收入问题，因此，教育行政人员乐于采纳能够增加他们组织成员的经济利益的政策，只有这样才能加强他们在组织中的地位。其次，大学生个人利益在就业政策中的体现是另一个方面。作为中国教育政策有机构成的大学生就业政策，是对全社会价值的权威性分配，其形成过程也是由政府根据国家利益需要而对大学生就业中的各种复杂利益关系进行整合的过程。在不同时期，中国大学生就业政策调整的利益关系并不相同。大学生就业政策经历了以下三个时期：行政指令期的“统包统分”：利益一元化；“供需见面”“双向选择”的过渡期：利益两元化；“市场导向”的自主择业期：利益多元化（见表7－2）。[①]

高校毕业生利益关系的演变有其复杂而深刻的原因，但是主要是由于教育政策价值取向的变化、利益主体意识的觉醒和利益冲突的推动，使得个人教育利益与教育政策之间构成一个多维利益关系，微观教育利益关系复杂化。

---

① 周建民、张小凤、王旭：《我国大学生就业政策演变中的利益关系轨迹与启示》，《辽宁教育研究》2008年第7期。

表 7－2 **大学生就业政策演变的利益变化**

利益构成 政策阶段	利益结构	利益取向	利益实现
利益一元化	个人与组织利益完全让位于国家利益	国家利益完全优先于个人与组织利益	以国家利益作为个人与组织受益与否的评判标准，缺乏利益补偿机制
利益两元化	国家利益与个人、组织利益开始同时得以凸显，作为一种过渡性的大学生就业政策，尽管在平衡利益关系时仍然以国家利益的实现为核心，但同时却给予个人与组织一定的自主权限	开始偏向于国家利益主导下的个人与组织利益	开始兼顾国家利益与个人、组织利益的同时实现
利益多元化	呈现出利益主体的多元化特征	强调以市场机制平衡各个利益主体之间的利益关系	强调以国家利益、个人利益和组织利益的同时实现为目标，并给予一定的利益补偿

资料来源：根据周建民、张小凤、王旭《我国大学生就业政策演变中的利益关系轨迹与启示》，《辽宁教育研究》2008 年第 7 期，第 110—113 页整理，略有修改。

二 集团利益协调是社会和谐的关键

集团利益表达有利于教育政策运行，教育政策良性运行是教育和谐的关键，教育政策良性运行是实现社会和谐的主要系统因素之一。

（一）利益集团的利益表达有利于教育政策运行

利益集团的利益得到充分表达得益于两个前提条件的满足，即政策制定模型的结构和教育政策顺畅运行途径的创设。

1. 构建利益集团表达的理论基础

利益集团的同时存在和相互制衡与博弈，在教育政策运行过程中起到了有效的纠偏作用。可以说，从静态的某一时点看，政策的供给经常是失衡的，甚至发生政策失败。但从动态的角度看，政策过程必然是一种趋于均衡过程。如图 7－1 所示，两个利益集团同时对政府施加压力，压力表现为 A、B 集团对政策制定的影响。政府采取 E 点政策方案使之均衡。该方案带来的损益，明显对集团 A 更为有利。当 A、B 的影响发生变化时，比如B集团的力量得到了强化，衍生为B′集团，则政策会随之变动，又在E′点采取新的政策方案而达到新的均衡，社会价值和利益也将随之而重新分配。

图7－1中，E′是一个特殊的均衡点，也是我们所说的理论上的均衡点，它对应的是不偏不倚的政策方案，这种情况在现实中很少出现。更多的均衡点分布在E′的两侧，并趋向于E′，因此而使政策过程保持了一种合理的紧张，这种情势可称为政策的趋中性。这似乎可以说，人类社会自始就有一种在利益分配上的合理张力，它的运行蕴含着一种不断寻求和恢复平衡的内部机制。

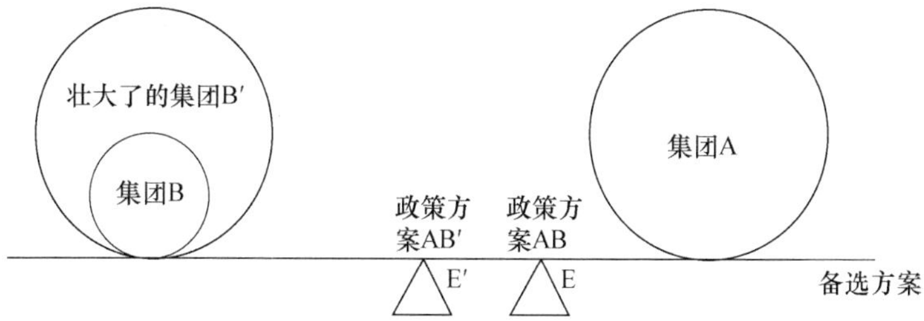

图7－1　政策制定的集团模型

资料来源：李成贵：《国家、利益集团和政策的趋中性》，《社会科学战线》1997年第8期。

图7－1中两个利益集团与均衡点的距离，反映了它们在该政策方案下的利益得失关系。设E点为历史地产生的发展来的初始条件下的均衡点，并设集团A的压力维持不变，那么，从E至E′的过程，对应于从B至B′的整合和积聚过程。这是一个牵涉因素众多的复杂过程，集团B的力量积聚和扩大，可能是来源于国际和国内环境的变化，宪法秩序的重新规定，与权力中心交流的信息和方式的变化，以及对策略资源和大众传媒等的控制和影响的程度的强化。对这个复杂的过程，我们姑且存而不论。需要指出的是，集团B的活动可能永远无法实现从E至E′的均衡演进，但也可能使新的均衡点超过了E′，进入E′左方的区域，为本集团赢得了更多的政策利益。①

① 李成贵：《国家、利益集团和政策的趋中性》，《社会科学战线》1997年第8期。

2. 创设教育政策良性运行的途径

第一，转变政府的观念和调整的角色。利益集团要有效并规范地参与教育政策，首先必须得到政府的承认与支持。在当前，中国政府对利益集团合法性地位的否认和对其政策参与活动的过多干预，是利益集团在政策参与过程中遇到的最大壁垒。利益集团影响和参与政策过程，是公民进行政治参与的一个重要途径。政府如果对利益集团的政策参与活动加以限制和干预，实际上是限制了广大人民群众的政治参与，这是与中国教育民主化的发展背道而驰的。因此，政府首先要摆脱传统文化和意识形态的束缚，不要谈利益集团色变，要正确认识利益集团的真正内涵和运行逻辑，有效地规避利益集团影响教育政策运行的消极因素，深刻理解利益集团政策参与活动对教育改革和发展的积极意义。其次，政府要从传统的社会管理模式中脱离出来，理顺与利益集团的关系，改变以往对社团大包大揽和管理太多的做法，而是应该居于各利益集团之上，真正成为公共教育利益代表者和维护者，扮演利益集团之间“游戏规则”的制定者，以及利益集团之间矛盾的调解者、仲裁者角色。这是利益集团有效进行利益表达、参与教育政策良性运行的需要。

第二，建立均衡的利益表达机制，培育社团型利益集团。一般来讲，政策的导向取决于政治收益的激励，即社会各利益群体之间的博弈。博弈后的均衡点就是政府政策的最佳选择。在强、弱群体间权利失衡状态下，政府的政策倾向于强势群体的利益。这样，就会导致利益集团政治资源之间的不均衡与公正性制度缺失之间，在利害攸关的时刻，无处表达利益诉求和维护权益的弱势群体只能通过媒体或非常规方式比如“社会抗争”来表达利益，利益表达方式极不均衡。法学研究者指出，行政法（或一般法律或制度）的基本目标应该是社会公共利益的最大化与个体利益的合理分配。[①] 而只有当决策者倾听更多的声音，特别是弱势者的声音时，国家政策、法律取向才能体现各集团利益之间的相对均衡，体现国家的公正性、自主性和社会公共利益。因此，在利益集团权力资源、行动能力等不均衡的情况下，需要培育各种社团型利益集团，逐步增加它们在政治过程中的

---

① 张千帆：《“公共利益”的构成——对行政法的目标以及“平衡”的意义之探讨》，《比较法研究》2005 年第 5 期。

作用。其中最需要的是给予弱势群体以自组织权利，以集体行动的力量，让自己的利益集团成为社会弱势群体能正常表达利益的主要制度化的合法渠道，平抑强势集团的不合理、不合法行为，逐渐使不同强势集团与弱势集团之间的垂直差异与不平等，转变为一种相对平等，至少是在法律制度地位上平等的横向关系（协商），使每个利益集团在网络化、立体化的利益博弈中，获得明确的、合法的定位。否则社会不公正现象就难以从制度上减少。

第三，设立广泛顺畅的利益表达渠道。在教育改革和发展过程中，各利益集团合法、有效地表达自身利益，是其政策参与活动的基础和前提。利益表达是由不同类型利益集团的代表或个人通过一定的渠道和方式向执政党、政府及其各级组织表达自身的利益要求来实现的，所以建立健全的利益表达制度，设立广泛且顺畅的利益表达渠道就成为当前我国教育体制改革的重要环节。对于处于社会主义初级阶段的我国而言，既要充分发挥现有利益表达渠道的功能，也要随利益集团的发展变化而创新表达渠道，以提高利益表达机制的运行效率。具体来讲，首先，要完善和拓展决策听证制度和政务公开制度，使相关利益集团能够获得对称性信息，从而平等地参与到教育政策过程中。其次，要加强社会协商和对话机制的形成，发挥其表达民意、解释政策、提供决策帮助等方面的作用。再次，要建立健全公众传媒的组织机构和体制，使新闻传播形成多维度、多层次、大渠道的网络体系，使其成为不同利益集团表达利益和要求的窗口。最后，还要建立相应的信息反馈机制以确保政策体系中的利益表达渠道真正畅通无阻。

（二）教育政策良性运行有利于社会和谐

教育利益的充分表达是教育政策良性运行的基础，是实现教育和谐的基础，而教育和谐又是社会和谐的有机组成部分，社会和谐要求教育和谐。

1. 尊重公共教育利益诉求是教育和谐的主要手段

教育政策运行具有十分重要的利益调节功能，不仅可以表达各种利益主体的教育利益要求，而且还能够对不同利益主体之间的教育利益矛盾和冲突进行协调和平衡，以实现社会的教育利益格局的调整或重新配置。然而，教育政策与公共政策在利益分配上的基本性质虽然具有相似性，但是教育政策并非一般公共政策的简单演绎，而是有其内在逻辑。因为，教育区别于其他社会活动的本质在于它是一种培养人的活动，使人的智慧与能力得到提高、品德得以养成、情趣得以发展、精神得以丰富，具有非营利性和公益性，能促进社会整体的进步和发展，最终实现社会的整体利益。因此，教育活动不仅是一种保证和实现个人利益的活动，更是一种实现和保障社会共同利益的基本途径。教育活动的这种特性决定了：一方面，教育政策面对的是具有主体性的受教育者个人，针对的是受教育者在教育方面的权利和利益，其利益分配并非仅体现为金钱、物质、声誉、地位等，更是体现为个体身心发展的权利、资格、条件和机会等。教育政策分配教育利益的核心结果就是供给个体各种发展的资格和机会，提高个体身心发展水平，促进个体身心的和谐发展；另一方面，教育政策比一般公共政策更具有突出的公益性特征，它主要是通过调节非营利性教育组织提供非商品性教育服务来实现教育资源和教育利益的重组，并对公共教育利益进行维护。公共教育利益是一种对个人教育利益的超越，在主体上是整体而不是局部的利益，在内容上是普遍的而不是特殊的利益，是公众对社会文明状态的一种愿望和需要，维护和实现公共教育利益就成为教育政策最重要的目标。

2. 教育和谐是促进社会和谐的有机组成部分、重要基础和动力

首先，教育和谐是社会和谐建设重要的有机组成部分。胡锦涛同志《在省部级主要领导干部提高构建社会主义和谐社会能力专题研讨班上的讲话》中，把“要坚持把教育摆在优先地位，保障教育公平，构建健全的教育体系，建设学习型社会，促进全民族素质不断提高”① 作为建设社会主义和谐社会的重要内容。这实际上说明了，在构建社会主义和谐社会的历史进程中，教育和谐与经济发展、民主政治建设等社会其他方面的事业需要协调发展，教育和谐是构建社会主义和谐社会这个系统工程不可或缺的重要内容。这是由教育在现代社会系统中所处的地位和教育与社会生活的广泛联系所决定的。其次，教育和谐不仅是构建社会主义和谐社会这项系统工程的有机组成部分，而且是这项系统工程建设的重要基础。构建社

---

① 胡锦涛：《在省部级主要领导干部提高构建社会主义和谐社会能力专题研讨班上的讲话》，http：//news. xinhuanet. com/newscenter/2005-06/26/content_ 3138887. htm。

会主义和谐社会的主体是全体中国人民。人的各方面素质、知识、技能和公民意识的培养、提高，是推进社会主义和谐社会建设各项工作的最为根本的保障。

不仅如此，我们还应当意识到，社会主义和谐社会的建设是一项长期、复杂的系统工程，是一个可持续的发展过程，因此，人的因素就更具有基础性的作用。很难想象，在一个人口素质不高甚至低下的国度中，怎建设一个各方面事业协调、均衡的和谐社会？众所周知，教育和谐承担着普遍提高年青一代文化、道德和政治素养的职责，承担着为社会培养各级各类专门人才的使命，同时承担着通过再教育、不断提高全体公民综合素质的职能，正因如此，教育和谐发挥着奠基的作用，是其他各项工作的基础所在。最后，教育和谐是构建和谐社会的重要动力。在构建社会主义和谐社会的伟大历史进程中，教育和谐是一种持续的重要推动力。教育和谐对于社会主义和谐社会建设的推动作用，不仅表现在教育有助于提高全体公民的综合素质，提高社会生产力和社会管理水平，表现在教育有助于形成普遍的国家认同和社会认同，促进社会的稳定和国家统一，表现在教育有助于缩小社会不同阶层之间的差异，促进社会流动，实现社会的公平和正义等方面，更为重要的是，表现在通过对人的培养、陶冶等教育活动天然的职能，促使人的意识的觉醒和精神的提升，这是形成“以人为本”社会的重要前提。

第八章　教育政策运行的制度创建

教育政策运行根植于教育政策的制度环境，并从教育政策制度环境传递教育政策指令。与此同时，教育政策的制度环境支持和制约着教育政策活动。实际上，教育政策决策机构在制定教育政策时并非在真空中完成的，而是受到社会中各种因素的制约和影响，有什么样的制度环境，就有什么样的教育政策。创新利益集团影响教育政策活动的积极制度，规避其消极活动，需要我们做出有益探索。

第一节　影响教育政策运行的社会环境

时至今日，教育政策运行放在整个社会环境进行考察和研究已经是一个定论。因而，对于政府的决策者来说，关注影响教育政策运行的社会环境因素，是保证教育政策良性运行的主要依据。任何一项教育政策的认定、制定与实施，将会受到政治特性、法制特征、经济状况、技术水平、自然禀赋、人口状况、文化传统与教育特性等社会环境的制约。这种影响表现程度上既有全局性也有局部性，既有表层的，也有深层的，既有短期的也有长期的；表现在形式上呈现网络交叉并伴随所有环境因素的不断运动变化。这些都将阻碍教育政策真正有效功能的充分发挥和政策意图的彻底贯彻。

一　政治制度环境

第一，政治环境是影响教育政策实施和制定的关键因素。社会中的一般政治氛围和政治倾向，政治权力的集中程度，分权及国民参政的程度，政治性组织的普遍度和职能倾向，政党制度或政党政治的性质和运用，社会民主意识的强烈程度等。上述内容对教育政策制定和实施的影响力是绝对的，没有可以商量的余地，为教育政策运行奠定基调。

第二，法制环境是规范教育政策制定和实施的制度基础。宪法的功能及其地位，法律制度的性质及其有效性，国家权力的格局及其法治程度，政府部门的立法权、司法权和裁判权及其运用，法律的制定和法制精神，关于组织的组成、税收及控制的特殊法律等。法制环境同样是教育政策运行过程中无法逾越的条件，是影响教育政策运行的刚性条件。

第三，国防状况是教育政策运行的制约因素之一。军事单位和军人在社会生活中的地位和作用，军事的技术水平和有效性，军费开支在国民生产总值中所占的比例，军事人员占劳动力人口的比例，国防力量对比对保卫国家安全的作用等。国防状况是教育政策运行的底线，没有良好、稳定的国内环境，教育政策的制定和实施将无从谈起。所以，教育政策的制定受到国防状况的制约，与国防状况相比，教育政策运行要退居次席。

二　经济社会环境

第一，经济状况是教育政策运行的物质基础。经济制度和基本经济结构，包括不同所有制单位在国民经济中的地位及其比重，自由经济政策或计划经济政策，经济规划的集中或分散倾向，银行体制、财政政策、税收政策、资源开发和利用状况，投资水准和消费特征等。办教育需要投入，教育改革和发展需要政策引导，教育政策引导的背后是以经济力为后盾的。

第二，技术特征是教育政策效率的技术支持。这里的技术特征主要指社会的科学技术发展水平，如工厂、设备、机器、工具，还包括科学技术知识的发展水平及科技界推广、应用和开发新知识的才智和能力等。古语说："工欲善其事，必先利其器。"教育政策的评估和效益检测需要有技术做协助，提高教育政策的达成性。

第三，自然禀赋特点对教育政策运行有一定限制。自然禀赋包括自然资源的种类、数量和可用性，如国土面积大小和肥瘠程度、气候条件、水源、山脉、森林、矿藏、物产、海产、海岸等分布状况以及开发利用和前景等。在教育政策制定和实施的过程中，自然禀赋的情况需要政策制定者给予一定考虑，是教育政策运行的现实问题。

第四，人口特征是教育政策运行需要关注的实际问题之一。人口的数量、质量、性别、年龄、分布、就业率、生育率、死亡率、残疾人口、平均寿命、人力资源的再生能力、人口密度和城市化过程等因素直接影响教育政策的制定和实施，政策制定需要考虑上述条件。

第五，社会特征是内置于教育政策制定和实施考虑的现实条件之一。社会特征包括社会制度的性质和社会制度的发展，社会的结构状况和阶级、阶层状况、贫富差距以及各阶级、阶层的对抗程度和融合程度，社会物质资料分配形式以及各阶级之间的力量对比，社会组织的性质以及社会角色的界限等。上述现实状况的存在，是教育政策运行需要考虑的内容。

三　历史文化环境

第一，文化特征是影响教育政策运行过程中一个无法回避的问题。文化特征包括历史背景、意识形态、民族心理、传统习惯、价值标准、社会准则、道德风尚、行为规范、权力关系、人伦关系、领导形态、理性倾向、公共机构的性质等。文化特征影响教育政策制定和实施的表现形式是无处不在、无处不有的，是潜移默化的。

第二，教育特质是教育本身特性对教育政策运行产生的影响。其中包括国民的普遍的文化水平、教育制度的完善程度与专业化程度、国民义务教育的范围和年限、效果，以及接受高等教育和专业训练的人口中所占的比例等。教育特质是影响教育政策运行力量比较小的方面之一，教育系统内部的问题可以通过国家意志力进行改革和调整。

第二节　利益集团影响教育政策运行的权利及其局限性

教育政策是教育行政部门为完成一定教育任务，实现一定的教育目的的杠杆。为了达成任务和实现目标教育政策运行需要具备可行性和基础性。降低教育政策运行门槛是现实教育政策运行的关键，实现利益集团影响教育政策的权利是一个有益的尝试。

一　利益集团影响教育政策运行的权利

利益集团影响教育政策运行存在诸多消极因素，可以通过法律制度方面的建设，有效地规避其消极因素，并保障利益集团影响教育政策制定和实施过程的权利。

（一）限制利益集团消极影响的理论可能

在现代民主社会中，一项教育政策只由一个部门或者寡头集团制定和实施，必定不是一项合目的、合规律的政策。教育政策运行的基础性、可行性、科学性和达成性等因素应该是现代社会一项教育政策是否有效的关键指标。利益集团或团体构成了现代民主政治的原动力和实质，而利益集团之间的交互影响构成了现代政治活动的中心，教育政策则是在任何既定的时空范围内，经由集团竞争达成的一种均势。① 换言之，教育政策实际上是社会多种政治力量综合作用和博弈的结果。

教育政策从政策问题认定、制定和实施过程中，世人所看到的样式其实是经过无数意志影响、调整和改变的结果。正如恩格斯所指出的那样："历史是这样创造的，最终的结果总是从许多单个的意志的相互冲突中产生出来的，而其中每一个意志，又是由许多特殊的生活条件，才成为它所成为的那样。这样就有无数相互交错的力量，有无数个力的平行四边形，由此产生出合力，即历史结果；而这个结果又可以看作一个作为整体的、不自觉地和不自主地起着作用的力量的产物。"② 因为任何一个人的愿望都会受到任何另一个人的妨碍，而最后出现的结果就是谁都没有希望过的事物。所以到目前为止的历史总是像一种自然过程一样地进行，而且实质上也是服从于同一运动规律的。但是，各个人的意志——其中的每一个人都希望得到他的本质的和外部的，终归是经济的情况（或是他个人的，或是一般社会性的）使他向往的东西——虽然都达不到自己的愿望，而是融合为一个总的平均数，一个总的合力，然而从这一事实中决不应做出结论

① 国际关系学中的常用术语之一，指国际体系中的国家试图保持力量的平衡，以防止任何国家占据优势地位。

② 《马克思恩格斯选集》第4卷，人民出版社1995年版，第679页。

说，这些人的意志等于零。相反地，每个意志都对合力有所贡献，因而是包括在这个合力里面的。经典作家这段论述，对于理解教育政策是一项政治性决定，它涉及不同社会阶层与团体的利益，一项达成性高的教育政策应该反映社会各阶层与团体的共同利益，能恰当地在不同利益之间做出平衡。制定教育政策不能过分地损害某些或某个阶层和团体的利益，否则会加剧社会矛盾，甚至产生冲突。

（二）规避利益集团行为的实际状况

在美国，组团结社和通过社团组织影响社会生活与政治生活，是受到美国联邦宪法保护的公民权利。

美国联邦宪法第一条修正案规定：“国会不得制定关于下列事项的法律：确立国教和禁止信教自由，剥夺言论自由或出版自由，或剥夺人民和平集会和向政府请愿申冤的权利。”这一条款限制了美国联邦政府的行政权力，同时保障了公民权利，尤其是公民的表达自由。宪法第十四条修正案第一款规定：“任何一州，都不得制定或实施限制合众国公民的特权或豁免权的任何法律；不经正当法律程序，不得剥夺任何人的生命、自由或财产；在州管辖范围内，也不得拒绝给予任何人以平等法律保护。”借助这一条款，宪法第一修正案所保障的公民表达权利得以拓展到美国的州与地方。表达自由成为美国各级政府均不得侵犯的公民权利。而通过结成社团表达自己的观点、立场和要求，也是表达自由的应有之义。

美国宪法对于结社权利并没有做出直接规定。结社权利是根据宪法第一修正案和第十四修正案第一条款衍生出来的。1946 年制定的《联邦游说管制法》（*Federal Regulation of Lobbying Act of 1946*）、1995 年制定的《游说公开法》（*Lobbying Disclosure Act of 1995*）、1998 年为了修订《游说公开法》而制定的《游说公开技术修正法》（*Lobbying Disclosure Technical Amendment Act of 1998*），均没有对游说活动进行实质性的限制，主要内容是要求说客登记和信息披露。在 1958 年的“全国有色人种促进会诉亚拉巴马州案”（National Association for Advancement of Colored People v. Alabama ex rel. Patterson）中，美国联邦最高法院通过司法解释正式把结社自由与言论自由、集会自由并列为同等重要的公民权利，结社自由与另两者同样受到宪法保护。从根本上说，组建利益集团是一种结社行为，是公民有关言论表达和结社的宪法权利。

德国的利益集团拥有影响教育政策运行的权利，德国联邦议会每年都公布登记在案的“院外游说活动团体”名单。20 世纪 70 年代曾有人建议制定一部“团体法”来规制利益集团的活动，最终由于在法律上很难界定什么是利益集团而作罢。

利益集团的成员不仅具有共同的观点与立场，而且要向政府和其他社会群体表达其意愿和要求。因而，利益集团的运作是以表达自由为前提的。公民的结社自由虽然能够促进利益集团的形成，但如果没有充分的表达自由，利益集团就无法有效地表达其利益诉求，进而失去了利益集团作为特定群体“利益代言者”的依据与价值。而这种表达自由主要是针对政府权力而言的。

二　利益集团影响教育政策运行的局限性

由于利益集团从本质上讲是为本集团的利益服务的，因此必须清楚地认识到利益集团在教育政策运行过程中存在一定的局限性。关于利益集团的局限性的问题，美国著名政治家麦迪逊早有认识，如果说存在着一个所谓的社会公共利益，那么，利益集团局部利益与公共利益必定存在一定分歧。也有观点认为，利益集团影响政策决策存在一定的危害，即利益集团会降低人们对民主机构的期望，导致政府无能、效率低下；会因过度关注自身利益，忽视社会公平正义；流行的非正式的讨价还价机制会剥削正式的程序等几个方面。总体说来，利益集团在政策运行过程中的局限性主要表现在以下几个方面。

（一）侵蚀教育政策运行的公平性

在教育政策运行的各个环节中，教育政策的制定受到利益集团的影响，客观地说，教育政策的公平性有一定削弱。我们需要抑制利益集团“私心”时，也必须通过利益集团之间的博弈克服利益集团的“恶”。但这是需要前提的，首先是政府允许不同的集团进行利益表达，其次必须具备健全的利益表达机制，不管利益集团的力量大小如何均有平等的利益表达机会，且各利益集团之间发展相对均衡。也就是说，只有当利益集团很活跃且相互之间能够形成制衡的局面时，利益集团对决策的影响才算得上是民主。反之，则会产生反作用。有人甚至认为“立法者的选举程序创造了一个市场，在其中，立法者向那些金钱和投票上有利于他们获胜的人们

‘出售’立法保护”，“立法程序是由特殊利益集团之间的交易所决定的……法律的制定和颁布是一宗成交的买卖，是不同利益集团在法律市场上进行交易的结果”。[①] 在这种情形下，如果政府不能保证弱小群体的利益，一些力量强大的利益集团往往能够使立法朝有利于自己一方发展，而一些规模小、力量弱的利益集团的利益则很有可能受到忽视或压制。

（二）影响教育政策运行的真实性

部分强势利益集团扭曲教育政策运行。利益集团的目标是满足自身利益，如果利益集团预计到一项教育政策的负外部性效应将会影响到自身，那么利益集团就会利用金钱、信息等资源通过各种方式来阻止这一政策问题进入政策议程。同时，出于自身利益最大化的考量，利益集团必然会寻求通过各种方式将代表本集团利益的教育政策问题引入政府议程。但是除了教育利益集团是为了促进教育利益而运作的之外，其余的私人利益集团都是自利性组织。特别是那些强势私人利益集团掌握了大量资源，有能力操纵政府部门的议程设置，甚至“俘获”政府，主要是政府工作人员，可能导致“隐蔽议程”。这种隐蔽议程造成的消极影响首先是导致教育政策运行的虚假呈现。其次，会使长期存在的教育利益矛盾一触即发。最后，教育政策决策权流失于政府部门之外，造成民众丧失对政府部门的信任，降低政府的公信力，最终影响教育政策执行效果。

（三）导致教育政策的非公共化

公共选择理论认为，政府也是一种理性经济人，也要追求自身利益最大化。教育政策运行涉及对社会资源和价值的分配以及再分配，政府部门掌握了教育政策制定的权力，也就掌握了各种影响资源拥有者对其资源的支配和使用的权力。因此，政府部门可能主动提高手中社会资源的价格，人为制造稀缺并通过这种稀缺来创造出租金和超额利润。与此同时，利益集团的理性经济人角色也使得它有着追求最大化利益的需求，如果利益集团通过各种手段影响教育政策议程的收益高于寻租的成本支出，政府部门和利益集团之间就会形成一种共谋关系。“他们相互交换效用函数（选票、金钱与价格、进入规则），来最大化自己的福利，而非社会福利”。[②] 同时，

---

① ［美］波斯纳：《法律的经济分析》，蒋兆康译，法律出版社 2012 年版，第 588 页。

② 张红凤：《利益集团规制理论的演进》，《经济社会体制比较》2006 年第 1 期。

政府部门内掌握决策权力者也身为一种经济人，存在自利动机，尤其是我国各级党政组织的“一把手”拥有相当大的权力，当他有能力影响社会资源和价值的分配时，如果没有良好的制约机制，那么就很可能主动创租甚至抽租。这时，教育政策沦为利益集团与政府部门及官员之间合谋的工具，出现“教育政策非公共化”问题。

（四）造成政府工作效率低下

不同利益集团影响教育政策运行，有利于调和各集团之间的利益分歧，形成代表性广泛的折中政策。但这同时不可避免地对教育政策运行的时效性产生负面影响，部分丧失教育政策认定问题的解决，对政策本质的损害。当社会中的众多利益集团都以其各自方式对政府的教育政策活动进行游说，势必会造成政治权力中心增多，教育政策制定的核心部门也会因为游说而产生更多的分歧。政府部门疲于在各种利益中进行甄别和选择，这样的层次和程序无法高效地解决那些需要集中管理的、涉及教育发展利益或老百姓利益的许多事务，结果是不连贯的政策浪费和缺乏效率。

第三节　利益集团影响教育政策运行的规制及其积极意义

利益集团的活动对教育政策有一定的消极作用，但是利益集团也有积极作用的一面。正确地面对利益集团的消极作用，积极、合理地制订符合教育目的和规律的利益集团活动规则，发挥利益集团对教育政策运行的积极作用是完全有可能的。

一　利益集团影响教育政策的规制

合理的教育政策运行需要多种意见和角度打磨，但是这些意见和角度必须来自合法的途径，因此，有效地规范利益集团的活动是发挥其积极作用的前提条件。

（一）法律对利益集团活动的规制

利益集团具有两面性。在一个良好、健全的政治体制中，利益集团可以成为公民参政、推进政治民主的有效方式；但如果缺乏必要的约束，利益集团必然陷于失范，其狭隘利己的本性将使其侵蚀民主社会的机体。在20世纪前期的美国，由于对利益集团影响政治过程的方式、途径缺少必要的规制，一时间政治交易、贿赂、收买等政治腐败问题蔓延，引发了社会的强烈不满。为了规范利益集团的行为，引导利益集团以适当方式进入政治过程，美国联邦政府在第二次世界大战后专门制定了针对利益集团活动的规制法案。

1. 国会早期的规定

美国宪法第一条修正案保护公民向政府官员表达自己观点的权利。在建国初期为了促进或挫败议会通过某项立法，院外活动就已经存在。利益集团对院外活动的过度热心也偶尔导致了腐败和对请愿的宪法权利的滥用。在揭露金钱收买和对高涨的院外活动的不安的促动下，国会不时地审查院外活动和院外活动者，并制定条例限制不适当的、过度的院外活动。

国会对院外活动的规定发展缓慢，所采取的办法常常是试验性的，没有明显的效果。最早的国会规定出现在1852年，当时美国众议院通过的一项规则规定，采访国会活动的新闻记者，如果他们在国会讨论的问题上，被雇做利益集团的代理人提出要求，则他们就没有资格在众议院拥有一席之地。1854年，美国众议院组成了调查塞缪尔·科尔（Samuel Colt）院外活动的调查委员会。该委员会的主要贡献是加强了人们对院外活动本质的认识。1867年，国会规则修正案规定，与对国会的权利要求有某种利益关系的前议员，不得进入国会议员席。在此十年后，国会通过一项规定，要求院外活动者登记。这项1876年通过的规定只在第44届国会期间有效。

20世纪早期，特别是在1905年和1906年，作为对纽约州保险业院外活动调查的派生物，院外活动的滥用引起了人们进一步的注意。1913年，国会对参议院中有关关税问题和众议院中全国制造商联合会的院外活动做了进一步的调查。1929年众议院对有关关税的院外活动又进行了调查。1935年，国会对公用事业公司的院外活动方法做了检查。作为检查的结果，国会在1935年《公用设施财产条例》中加进了一个条款，要求代表各控股公司的院外活动者在国会、联邦权力委员会或安全交易委员会登记。从事与1936年《商业船舶条例》规定事项有关的院外活动者也要登记。这些规定为以后制定综合的有关院外活动的法律奠定了基础。

1946年，美国国会通过了第一部综合的院外活动法。该法是以《立法改革法第三编》的形式通过的。如果它以一个独立的法案出现，国会可能会拒绝通过，因为那时还没有对滥用院外活动的强烈抗议。在议员的注意力被引向其他的议会改革问题的情况下，有关院外活动的规定没有受到严重的挑战即获得通过。

2. 1946 年《联邦院外活动法》及其修订

1946 年《联邦院外活动法》是美国第一部专门针对利益集团制定的法案。主要内容包括如下方面。

第一，对游说行为和游说者做出界定。根据 1946 年《联邦院外活动法》的规定，通过本人或者代理人以直接或间接的方式筹集钱物，通过直接或间接的方式对国会的某项议案施加影响以促进或阻碍议案通过的行为都视为游说行为。然而，个人参加国会听证会、参加基层游说以及通过电视、广播等媒体发表政治见解则不在游说行为之列。

第二，规定了游说活动登记的制度。专职从事游说活动的个人和团体要在国会注册登记。游说团体要按季度提供有关其雇员、收入和支出、所出版文献的目录，以及他们受人委托所要支持或反对的法案等各方面情况。游说者要将游说对象、游说内容、游说时间、游说支出的账目明细等信息定期报告给参众两院的秘书处。

第三，规定了政治捐赠的登记制度。以支持或阻止法案通过为主要目的而募集和接受资金者，必须到众议院和参议院相关机构注册、备案。每一个旨在影响立法而募集和接受捐款的个人、合伙人、公司或其他组织或团体，必须保留所有捐赠和支出的详细记录。如果捐赠数额超过 500 美元，接受捐赠方需要上报捐赠者的姓名、住址、联系方式等详细信息。

第四，规定了惩罚措施。违反该法、拒不登记和未能按规定呈报信息的人将被处以 5000 美元以下的罚款或 12 个月以内的监禁，或两项并罚。①

除了《联邦院外活动法》外，美国国会还制定了其他针对利益集团的法律条款对该法予以补充。例如，美国国会在 1978 年出台的一项法律规定：联邦政府官员在离任一年之内不得代表客户向他曾任职的机构实施游说活动；在离任两年之内不得就他曾参与的公共事务代表客户进行游说；

① 孙大雄：《宪政体制下的第三种分权——利益集团对美国政府决策的影响》，中国社会科学出版社 2004 年版，第 138—139 页。

违反者将被判处1万美元罚款或两年监禁。1989年，国会通过立法，规定政府高级官员在离任后一年内不得到行政部门游说，议员及其助理在离任后一年内不得在国会游说。1989年，国会通过法律规定，获得联邦政府资助、贷款或合同的个人、机构与组织，需要报告和登记他们为争取这些款项而实施游说活动的相关内容，并禁止这些机构将联邦政府的资金用于游说活动。

行政分支也对游说问题进行规范。1993年1月，克林顿总统签署了12834号行政命令，延长了行政部门官员离职后从事游说活动的禁止时限，政府高级行政官员在卸任后五年之内不能从事游说活动，并永久禁止行政部门的卸任官员作为外国政府或政党的代理人进行游说。这一行政命令在2000年12月被撤销。

3. 1995年《院外活动公开法》及其主要内容

随着美国社会与美国利益集团政治的发展，1946年《联邦院外活动法》已经无法适应新的形势。1995年12月，美国国会通过了《院外活动公开法》（*Disclosure of Lobbying Activities*），对利益集团的政治参与活动做出了更详细的规定。

（1）对“游说活动”的界定

《院外活动公开法》将游说活动分为直接游说和间接游说。“直接游说”指以委托人的名义，与行政机构和立法机构的工作人员进行的口头或书面沟通，目的是在立法或候选人提名等方面施加影响的活动。直接游说以及与此相关的准备、策划等活动都属于游说活动，要受到该法的限制。参加听证会、通过媒体向公众发表政见等行为则属于“间接游说”，此类行为不在该法案的限制范围之内。

（2）对游说者和被游说者的界定

根据《院外活动公开法》，游说者包括以下几类：任何通过为其委托人提供游说服务而获得经济或其他方面补偿的人；在6个月内用于游说的时间超过个人时间的20%或者用于游说的开支超过2万美元的人。

被游说机构不仅包括立法机构也包括行政机构。具体而言，在立法机构，国会议员、国会两院的民选官员和工作人员都属于被游说者；在行政机构，总统、副总统、其他负责行政事务和行政决策的官员和工作人员都属于被游说者。

（3）关于游说者登记的规定

1995 年《院外活动公开法》对游说者登记做出了更严格、细致的规定。第一，游说者登记注册。专职游说者在被委托人聘用从事游说活动，或者未经聘用而进行第一次游说活动之后的 45 天之内，必须到参众国会两院的秘书处注册。第二，游说组织登记。如果一个社团、机构或组织拥有 1 个或 1 个以上雇员作为游说者，游说者和游说者所代表的委托人要进行单独登记注册。第三，游说公司的登记注册。通过为委托人提供游说以及与游说相关的咨询、策划等服务而获利超过规定标准的机构，都属于游说代理公司。每个游说公司必须注册登记，同时提供该公司所雇佣的游说工作人员的名单。第四，不必登记的情况。未达到游说的标准或不属于游说活动的行为，不必进行登记。这些行为包括：如果以个人的名义进行游说活动，而且相关费用不超过 5000 美元者则不需要登记；如果一个组织进行游说活动，但总费用在 2 万美元以内者不用登记。虽然不用登记，但游说者每隔 6 个月必须向参众两院的秘书处报告其游说情况。

（4）对违规者的处罚

1995 年《院外活动公开法》修改了 1946 年《联邦院外活动法》对于违规者的处罚规定。违反游说法规者不必承受刑事处罚，但提高了违规者的罚款额度，最高罚款可以达到 5 万美元。

到 1998 年，美国高等教育六大核心协会中有三个协会注册为“游说组织”，分别是美国教育理事会（ACE）、美国独立大学与学院协会（NAICU）和美国社区学院协会（AACC），而其他三家则没有注册。在华盛顿设有代理办公室的高校中，注册登记者占到 2/3。[①] 总体上说，公立大学比私立大学更倾向于注册为游说组织。在对美国联邦政府施加影响的过程中，注册和没有注册为游说机构或者游说者的高等教育利益集团、高校在游说的方式和范围上都要遵守《院外活动公开法》的规定。例如，没有登记的高校和高等教育利益集团用于游说活动的资金则受到严格限制，每年不能超过 2 万美元，进而直接限制着这些集团游说活动的展开；相比之下，登记为游说组织的高校和高等教育利益集团则可以更自由地实施游

---

① Constance E. Cook, *Lobbying, for Higher Education: How Colleges and Universities Influence Federal Policy*, Nashville and London: Vanderbilt University Press, 1998, p. 143.

说，不受资金投入数额的限制，但要定期向国会报告其游说活动。

4. 其他法案对利益集团的规制

对利益集团的规制，并不仅限《院外活动公开法》等之类专门法律，其他不乏存在一定数量的某些法律条款有对利益集团的活动具有明确的限制和约束。

《美国税收法》501（c）（3）条款规定，非营利性质的公益组织享受减税或免税资格，但禁止介入国家公职人员的竞选活动。为候选人提供竞选资金，以组织的名义公开支持或反对候选人等行为都是不允许的。违反这一禁令者将被撤销减税待遇。[①] 美国教育利益集团一般都注册为非营利性的公益组织，因此在原则上不能介入选举活动。美国的营利性高校以及这些高校组成的协会团体则不受限制，可以在选举中以各种方式支持那些对他们有利的候选人。

为了避免和限制竞选中的违规、腐败行为，美国联邦政府出台了《联邦竞选法》，其中的很多内容都直接或间接地限制了利益集团的行为。根据美国《联邦竞选法》，凡是用于影响联邦政府公职选举的金钱或有价物的赠予、捐赠、借贷、垫付或储存，都属于政治捐款。《联邦竞选法》对政治捐款做出了详细规定。该法对于捐赠方的规定主要包括：个人在一次选举中对每位总统候选人和国会议员候选人捐款不得超过 1000 美元，个人在一次选举中为政党捐献的资金总数不得超过 2 万美元；个人每年为单个政治行动委员会提供的捐款上限为 5000 美元，每年个人所允许捐献的资金总额不能超过 2.5 万美元；任何政治行动委员会（PAC）在一次选举中给任何一位候选人的捐款不得超过 5000 美元。《联邦竞选法》对政治捐赠接受方做出的规定主要包括：候选人不得接受外国人、与政府有契约关系的人、国家银行、公司、工会、以第三者名义进行的捐赠；所有 200 美元以上的收支都必须向联邦竞选委员会报告捐赠者的姓名、住址、金额、日期以及支出的用途、金额、日期等。

（二）社会规范对利益集团活动的规约

美国利益集团参与教育政策运行的策略多种多样，但游说是最主要的

① Joanne Fritz，501（c）（3）Corporation，http：//nonprofit. about. com/od/glossary/g/SOlcorporation.

途径之一。这就导致了游说在美国成为一种司空见惯的政治现象和由来已久的行业。游说活动除了受到美国各种法规的规制，还受到一些行业准则、道德伦理等社会规范的束缚。美国游说者联盟（The American League of Lobbyists，ALL）是美国专职游说者的行会组织。该组织订有游说规则，有效地发挥着行业自律的作用。该组织针对游说者提出了一系列行业条例，内容涉及诚信、守法、专业等诸多方面。

（1）诚信方面的要求：游说者要为政府官员以及其他相关人员提供准确、真实和最新的信息；如果发现其他游说者为决策者提供的信息有误或者已经陈旧，应该及时予以纠正。

（2）守法方面的要求：游说者应该熟悉与游说相关的各种法规并严格遵守，不得违背；游说者不能建议或诱导政府官员、议员做违背法纪的事情。

（3）行业素质方面的要求：游说者应该熟悉美国的立法与行政过程；游说者应该通过自觉学习、参加论坛等方式掌握与美国立法、行政过程相关的广泛知识，以更好地胜任委托人所托付的游说任务；游说者应该尊重他们的盟友与对手。

（4）处理利益纷争的要求：游说者在代表委托人进行游说时，应该坚持一贯的立场；游说者在同时为两个或多个委托人就同一个问题进行游说时，不能在该问题上采取相互矛盾的立场；如果游说者同时被多个委托人聘用，即使所游说的问题并不一致，但如果这些问题可能伤害其中某一个委托人的利益，游说者应该以恰当的方式予以告知，并在获得允许后才能开展实际行动；游说者应该着力避免、化解不同委托人之间的利益分歧。

（5）敬业与责任方面的要求：游说者要根据与委托人的协定把足够的时间、精力与资源用于处理委托人的事务；游说者应该对委托人的利益负责；游说者应该为委托人设计多种行动方案供其选择和决定。

（6）保密方面的要求：未经委托人同意，游说者不能向外界泄露与游说有关的任何信息。此外，游说者要尊重政府机构，不能损伤政府的公众形象，也不能伤害政府在处理社会事务方面的信心。①

当然，美国游说者联盟（ALL）提出的这些行为准则不同于前述各种

---

① The American League of Lobbyists，Code of Ethics，http：//www. alldc. org/ethicscode. cfm.

法规。法规以国家强制力作为后盾，违背者必须受到相应的惩治，因而具有较强的约束力，但法规的规制范围有限。社会规范虽然比国家法规有着更广泛的约束范围，但缺乏强制力，主要依靠游说者的自觉、同行监督、社会舆论等力量发挥效力。在实际运作过程中，二者相互补充，交叉约束、覆盖无死角，共同维持游说领域的秩序。

（三）社会监督对利益集团的制约

社会监督一方面表现为利益集团对政府官员权力的制衡，制衡在社会公共事务活动中有诸多表现；另一方面表现为政府官员与利益集团的行为处于公众的监督之下。

在涉及公共利益方面，政府及其工作人员公款公用处于社会监督中，政府的各种政绩工程、低效投资、无理补贴等浪费了纳税人的钱也是被诟病的内容。2005 年纽约市申办 2012 年奥运会时，纽约州政府因为民众压力，拒绝给一个对于申奥关键的体育馆注入公共资金。此时有团体跳出来发声了。一个叫“公民反对政府浪费”的非营利性团体，专门监督流向不合理、不必要的“公款公用”。“一个新的威胁：政府资助的垃圾科学”“YMCA：从社区服务到社区无服务”“艾滋病项目：一个泛滥成灾的浪费”，这些报告的名称说法一定合理也不一定正确。但是该团体对政府开支锱铢必较，甚至胆战心惊未尝不是一个有益的提醒。

在涉及影响公共政策方面，哪怕有这个嫌疑，“私款公用”也要被干预。基本上美国所有的州对此都有法律规定，比如，康州的法律规定，一个公职人员一年之内接受“政策游说者”的吃请不能超过 50 美元。比如，2006 年国会通过法令，规定禁止“政策游说者”给议员提供免费旅行和吃喝。英国在这个方面也似乎与此遥相呼应。时任首相布莱尔去迈阿密旅行，因为住了朋友免费的豪宅，而朋友又似乎有往英国推销唱片之嫌，好端端的一次旅行，被认为是一个丑闻。

美国是一个法律制度完善的国家，各种法规构筑了美国社会运行的基石。利益集团具有两面性，既是民主社会的构成要素，也具有反民主的狭隘利己性。利益集团毕竟代表特定群体的局部利益，与社会整体利益之间难免存在分歧与冲突。善加约束将利大于弊，而失于管制则弊大于利。对利益集团影响社会生活和政治生活进行规制和引导，是美国的利益集团政治体系得以形成的重要原因。

二　利益集团影响教育政策运行的积极意义

从教育政策的性质分析，教育政策的运行涉及全社会各行各业和千家万户。从宏观层面看，教育政策的运行发挥着调整和调控教育的改革和发展的方向；从微观层面看，教育政策的运行影响着每个社会公民受教育的权益。因此，切实有效地发挥利益集团影响教育政策运行的积极作用是一件非常有益的工作。

（一）构建充分有效议政渠道

充分、有效的对话是政治现代性的要旨。利益集团具有填充政党和政府无法关注到的社会“空隙”、发挥其实质“第四权”的作用，客观上增加一条利益诉求的通道，表达不同集团的诉求。

首先，创建利益表达上呈的合法通道。在制度安排上设计了可供利益诉求畅通的渠道，便于诉求保真传递和传达。利益集团的利益诉求可以在同层级进行汇聚、凝练，并在同级形成最终结果通过合法渠道上呈。这样制度安排可以给政策制定和实施的有关部门提供及时、正确的政策信号，及早关注到政策问题的产生。

其次，建立利益集团层级组织机制。与教育政策相关的利益团体能够依据自身专业特点组建专业性组织，建立组织运行的专业准则，订立专业发展的目标，围绕组织目标搜集和汇集相关政策问题，形成代表自身利益的诉求。

最后，建立健全利益诉求反馈机制。在处理集团诉求机构接受专业诉求的基础上，根据具体制度要求，安排相关专业人士讨论、协商，提出政府部门的基本立场和专业观点，给予利益诉求的解释和政策制定与实施的背景条件等反馈给诉求团体，最终达到加强政策制定部门与实施部门之间的“对话”。

教育团体聚合形成专业性利益集团，以其自身主业敏锐性讨论和提出政策问题，提升教育政策水平，达到确保国家和社会政策公平、公正之目的。稳健议政渠道的建设发挥的是一个“安全阀”的作用，是缓和甚至化解问题的有效途径之一。利益集团影响教育政策，参加教育政策协商合法化可以塑造稳定的政治氛围。

（二）凸显教育政策运行的代表性

利益集团表达和提出了政党所忽视的利益和看法，它们的存在及其积极作用在某种意义上突出了专业组织在政府制定政策过程中的地位和考虑因素，公民个人利益诉求更容易进入教育政策运行过程之中。利益集团可以凭借集团的力量，通过联合、游说和宣传等策略，可以相对顺利地把其利益需求传达给教育政策部门，并反映到教育政策运行过程。同时，也能够更集中地反映民意、兼顾社会各方利益确保教育决策的科学性和民主化。在客观上，政府的一切行为变为“想民之所想，急民之所急”。

利益集团作为个人与教育行政部门的纽带，有利于公民利益诉求的表达和教育行政部门对政策可行性及实施效果的反馈，拉近了教育行政部门与民众的距离。同时，利益集团对社会上多元化的利益诉求信息以及反映这种诉求的民意进行了一定程度的整合，如果政府在决策过程中能充分收集和正确筛选各不同利益集团的利益诉求信息，就能更好地代表“民意”。而教育行政部门制定的各项政策也只有真正照顾到了民众的利益，才是“接地气”的教育政策，具有可行性和实际操作性的教育政策。

（三）提供教育政策的专业信息

教育行业利益集团是本行业的专业人员根据业缘形成的，在教育政策问题识别、制定、执行和评估过程中可以为教育行政部门提供专业数据和信息。这些数据和信息是教育行政部门提高教育政策决策科学化的保证。

就影响对象而言，利益集团的决策咨询职能不仅体现在影响各级政府及其教育行政组织的教育决策，为其提供专业信息，而且反映在影响各类教育机构的决策，为其提供政策信息。具体地，利益集团提供的内容主要包括：影响政府起草教育法规和政策、影响教育经费预算；接受政府或特定教育机构的委托（或以自发的形式），就某一项教育问题开展调查、分析和研究，以报告的形式，概述现状，分析成因，提出建议，提交给教育行政部门或学校等相关部门；利用预测专家（特别是技能型专家）需求以及掌握其他信息资源的优势，影响制定国家、各级政府、各个行业（主要针对教育行政主管部门）以及各类教育办学机构的教育中长期发展规划；影响制定各类职业学校和培训机构资质标准、各个行业职业资格标准和从业人员的从业标准；影响制定各类院校人才培养质量标准、课程标准以及办学质量评价标准。

利益集团可以采取如下具体的影响形式：向各级政府、人大和各类教育机构提交决策咨询报告和议案；直接派专家影响各级政府、各个行业以及各类教育机构的教育决策或立法；影响各类教育办学机构的专业设置、课程开发和产学研合作等活动；影响政府就重大教育决策或立法举行的听证会。

（四）监督教育政策运行

利益集团不是政府组织，而是存在于政府之外的社会组织，有相对独立的地位，各种行业性利益集团的工作人员具有多样化和专业性等特点，熟悉所有类型的教育政策，具备监督教育政策运行的功能。相关利益集团影响教育政策运行，有助于一系列重大教育政策的制定和实施。因此，利益集团影响教育政策运行能够确保教育服务供给主体运行过程中的规范化，并从操作程序上保证教育政策运行的效率和透明度。

利用教育政策的杠杆作用，可以为教育改革和发展指明方向。而充分发挥利益集团的监督功能，是加强教育管理的有效途径。就目前职业教育办学而言，发挥利益集团的监督作用方面还有很大不足，公办职业学校教育是我国职业教育体系中的绝对主体。这种弊端体现在公办职业教育机构集举办者、管理者和评价者于一体。虽然说对职业教育管理及职业教育办学一直以来从未停止进行必要的监督评价，但是这种强调由举办者主导、不考虑社会利益团体影响的监督评估方式已呈现太多弊端，不仅存在结果失真的情况，而且指标效度不准确，已经被证明是无效的，没有发挥应有的诊断作用。在行政管理体制改革背景下，利益集团影响教育政策运行则可以发挥监督作用。利益集团是联结教育办学机构和政府、教育办学机构和劳动力市场、教育办学机构和消费者以及教育办学机构之间的“纽带”和“桥梁”，它们能更为准确地掌握各方信息，一定程度上可以克服信息不对称的弊端，进而确保监督评估设计的科学性。

（五）提高教育政策运行的达成性

利益集团在教育领域中扮演着教育行政部门和社会大众的“缓冲区”的角色，熟悉教育行政部门的运作情况，收集社会大众的教育诉求，发挥上承下达的作用，利益集团的存在及其作用的发挥有效地提高了教育政策运行的达成性。绝大多数的教育政策的执行效果差、评估结果不理想产生的重要原因之一在于教育行政部门的政策运行与社会大众之间缺少利益聚合机制，教育政策运行与社会大众教育利益多元化、复杂化的利益诉求之间存在诸多冲突。

在利益集团与教育行政部门之间，利益集团的存在和发展，为教育行政部门和社会大众之间的了解、沟通提供了载体，社会大众的各种利益诉求得到有效的表达，从而缓和社会教育的突出问题，保持教育的良性运转。同时，利益集团通过有效影响教育政策运行的过程表达各自利益诉求，也有利于不同的利益集团通过公平、公开的利益表达形成某种折中，达到利益的妥协。作为教育行政部门，在彼此冲突的利益选择过程中，不会只考虑某一集团的利益而置其他集团的利益或教育利益而不顾，决策者往往会考虑各个利益集团之间的利益平衡以此缓解各集团之间的矛盾。

第九章　中国教育政策协调运行的思考[①]

中国不存在类似美英国家的教师组织，但是在客观上教师组织的某些积极作用是有利于教育政策制定和实施的顺利开展。中国当前部分发挥教师组织功能的社会组织是教科文卫体，然而中国的教科文卫体在促进教育政策制定和顺利实施方面并没有发挥应有的作用。如何有效借鉴西方发达国家教师组织参与教育政策制定和实施的积极作用，对中国的教科文卫体进行必要的制度建设，利用制度优势避免其不利因素，为中国教育政策的科学化和民主化奠定制度基础，是构建教育和谐的关键。

第一节　当前中国教育工会存在的问题

教育工会组织发挥维护教师职业权益的主体作用，并不会因为法律的规定和理论的推导而成为现实，在现阶段，工会要充分发挥维权作用还受到各种条件的制约，面临诸多困境。

一　教育工会组织的依附性

教育工会组织的非独立性不利于维护教师的合法权益。目前教育系统的工会组织在法律上属于社会团体法人，但实质上仍是一种行政化组织，工会组织领导的产生途径民主化程度不高，这决定了工会组织领导更多的

① 本章核心观点《和谐社会构建的教育支点——利益集团与教育政策的协调》发表于《教育理论与实践》2014 年第 6 期，发表时有删减。

是对行政领导负责而不是对教师负责，使工会组织等同于学校的行政部门；而教育行政系统的工会主席更是典型的政府公务人员，在学校里很多甚至是学校行政领导，他们有很多行政工作和教学工作等。

现代学校治理的规律告诉我们，学校的职责是教书育人，要以教学为中心，发挥教师的主导作用和学生的主体作用，改变教育的行政化倾向。如果说教育要改变行政化的倾向，那么教育工会就更应该克服行政化倾向。[①] 有学者对基层现任 41 名工会主席进行调查发现，工会主席的主要工作精力绝大多数都倾注在非工会工作上，55% 的人忙于教学工作，其中有 4 人是副校长，有 9 人是教务处或德育处主任，有 7 人是负责后勤管理工作的，还有 2 人是学校的会计。有 4 位主席在“您的主要精力倾注在哪项工作”一题中同时选择了“教学工作”“工会工作”和“后勤工作”。[②] 由此可知，基层教育工会主席的工作重心和状态。这样的职务来源很难形成面向工会会员负责的职务立场，如果工会具有了国家机关的性质，工会的法律角色和地位就不可避免地发生了变异，工会代表劳动者、保护劳动者的神圣使命就无法完成。

二 教育工会的职责不突出

2001 年修改后的《中华人民共和国工会法》描述工会组织是：教育职工依照宪法和法律的规定行使民主权利，发挥国家主人翁的作用，通过各种途径和形式，参与管理国家事务、管理经济和文化事业、管理社会事务；协助人民政府开展工作，维护工人阶级领导的、以工农联盟为基础的人民民主专政的社会主义国家政权。维护职工合法权益是工会的基本职责。工会在维护全国人民总体利益的同时，代表和维护职工的合法权益。工会动员和组织职工积极参加经济建设，努力完成生产任务和工作任务。教育职工不断提高思想道德、技术业务和科学文化素质，建设有理想、有道德、有文化、有纪律的职工队伍。

在中国教科文卫体工会全国工会委员会的机构职责中，教育工作部职责有：负责制订本部门年度工作计划并具体实施；参与本系统涉及教职工

---

① 冯同庆：《美国教育工会的启示与中国教育工会的启示》，《中国工人》2010 年第 8 期。

② 徐菊芳：《关于改进基层教育工会履职现状的研究——基于 S 市 W 区基层教育工会履职现状的调查与分析》，华东师范大学，硕士学位论文，2006 年，第 18 页。

切身利益的问题的调查研究，反映教职工的呼声和要求，依法维护教职工的合法权益；总结、推广地方和基层组织的工作经验；宏观参与，研究相关政策；完成领导交办的其他工作任务。作为国家层面的唯一的教育工会组织，其首要的职能应该是维护教职工的合法权益，但是这个根本宗旨被放在了较次要的位置上，由此可知，教育工会在履行自身职责的定位上不凸显工会性组织的本性。除此之外的其他职责，空泛且没有实际内容，既没有量化标准也没有可操作性，在实际的教育实践和改革活动中也表现出参与不力之嫌，是可有可无的状态。

三　教育工会职能窄化和错位

长期以来，人们对教育工会工作内容的窄化和认识错位导致教师的合法权益无法得到应有的保护。在各种类型的不同层次的学校中，均有人会把工会工作的内容界定在进行文体活动、慰问困难成员、发放会员福利、组织会员旅游、评比颁奖等范围之内。这种认识不仅存在于部分学校领导的观念之中，也存在于一些工会组织负责人和工会会员的观念之中，形成了对教育工会"错误共识"。

有学者曾对上海某区的部分中小学教师进行调查发现：在问及教师认为基层教育工会应当做哪些工作的问题中，有31.59%的教师认为工会应当"关心教职工的福利及生活改善"，32.38%的教师认为工会应当"开展文体活动"，19.42%的教师希望工会"维护教职工的民主权利"，16.43%的教师认为工会应当"开展教学岗位竞赛"，此外，还有0.18%的教师认为工会应当"关心教师心理状况"。可见，在基层教师的认识里，认为工会应该"关心福利和组织文体活动"的占了"63.97%"。当向教师问及"如果遇到什么困难会想到工会"时，有60.1%的教职工遇到生活上的困难和问题时会想到工会组织；在遇到家庭矛盾、同事矛盾等方面，20.8%的教师会想起工会组织，只有6.8%的教师维权的时候先想到工会组织；仅有4.0%的教师在自身发展遇到问题时想工会组织提供帮助。[①] 这些不正确的认识阻碍了教育工会寻求维护教师权益路径的主观努力和客观行为。

---

① 徐菊芳：《关于改进基层教育工会履职现状的研究——基于S市W区基层教育工会履职现状的调查与分析》，华东师范大学，硕士学位论文，2006年，第20页。

四 教育工会缺乏法律支持

《中华人民共和国工会法》关于职工的劳动权、报酬权、休息权的规定基本采用“有权参与”“有权要求”“有权提请”的表述，表明工会维权只有交涉权、建议权、调解权、协商权，而没有决定权。这就意味着，工会组织必须借助于政府、企事业单位的配合才能实现法律赋予的权利，否则，工会组织的权利将无法实现，造成了事实上工会维权的弱势。即使是作为维护教师权益有效途径的教职工代表大会也存在着职权虚化、流于形式的倾向。

相关法律法规不够健全，体制性障碍明显。中国有关工会和教育工会的法律还不够完善，虽然颁布了《中华人民共和国工会法》《中华人民共和国教育法》《中华人民共和国劳动法》《中华人民共和国教师法》等多项法律法规，但这些法律法规存在缺陷，对工会的职权、职责和法人地位缺乏具体的保护性规定，没有对市场经济条件下工会最重要的权利，如集体谈判权等进行完整的确认。工会系统的制度建设还存在不少与工作现状不相适应的地方，一是制度更新慢，如 1984 年颁行的《基层工会工作暂行条例》至今仍未出台正式条例；二是落实难，从现行法律法规的实际执行效果看，由于原则性强，没有相应的司法解释和具体的实施细则，工会的法律地位和职能管理没有明确的可操作性规定。由于立法的不健全、不完善，还导致政府对教育工会既缺乏有效的培育扶持手段，又缺乏有效的监督管理机制。

五 教师法律意识淡漠

作为专业技术人员的教师，不关心与自身合法权益保障相关的法规条例，对于学校开展的普法宣传教育活动不感兴趣。教师自我保护程度较低，大部分教师不了解法律赋予的权利，不能辨别对自身合法权益构成侵犯的行为。当合法权益受到侵犯后，有少数教师愿意运用法律手段维护自身权益，大多数教师会寻求学校人事部门和上级主管领导来解决问题。部分因为教师法律知识的欠缺所导致，部分则可能是因为传统的社会观念所导致。

有学者曾对某市部分中学教师进行调查发现：当教师对聘任合同的具

体条款感到不满，36%的教师会“和学校磋商，提出修改意见”，另有36%的教师受从众心理的驱使，认为“大家都一样，我也就不计较了”，有20%的教师认为“影响不大，签了算了”，还有8%的被访教师认为“条款本来也没有太大的实际意义，所以没关系”。[①] 持后三种意见的教师如对聘任合同有疑义，其基本态度都是听之任之，而不会采取维权行动。教师团体在面对涉及自己切身利益的聘任合同的时候，教师们不具备利用法律作为武器维护自身权益的意识，这种个体权益意识休眠，导致整个教师团体的法律维权意识的淡薄。

六　教育工会的理论研究不被重视

教育工会自身不重视工会理论的研究，笔者在2020年4月7日对教育工会进行研究时发现，一是在数量和质量上分析，中国教科文卫体工会全国工会委员会官方网站上的理论方面的研究149篇，其中主要讨论教育工会的研究论文15篇，占整个理论研究的10%，[②] 而且这种理论研究的论文质量、规范性和严谨性一般，多数都是泛泛而谈，喊口号的居多。使用主题词“教育工会”从1979至2020年在中国知网进行检索，其中博硕学位论文有113篇，期刊论文有281篇，教育工会工作有69篇，高校工会有92篇[③]，理论研究的论文总数不多，其中质量参差不齐，但是有一定数量的学术论文质量较高，规范性和严谨性也较高，提出了很多切实可行的、具有一定操作性的对策和建议。二是在对教育工会的实质内容的研究上分析，有很大数量的是对教育工会支持政府促进教师师德建设和围绕社会主义和谐社会建设过程中教育工会的“政府性”行为的宣传，对发挥教师工作作用、维护教师权益以及发展教师专业化的研究比较少，即使有，也是有几篇均来自河南、江西等省份的比较小和不知名的院校提出维护教师权益问题的分析；而在中国学术期刊网上的学术论文进行研究发现，在研究成果的形式上，有学术期刊论文、学术会议论文集、全国各地报纸和硕士

---

① 徐菊芳：《关于改进基层教育工会履职现状的研究——基于S市W区基层教育工会履职现状的调查与分析》，华东师范大学，硕士学位论文，2006年，第20页。

② 相关数据根据中国教科文卫体工会全国工会委员会官方网站和中国学术期刊网上的数据整理。

③ 同上。

学位的毕业论文等，形式多样，数量较多，成果非常丰富。在研究的内容上，既有教师职业道德规范、教师聘任制度等一般的、边缘性问题，也有教师专业发展权、教师权益保障体系、聘任制下教师合法权益保护等敏感的核心问题，有很多研究深入、系统，具有一定的可操作性。但是从历时性分析，大量的研究具有一定局限性，没有突破原有的历史禁锢，只是在原有的基础上探讨教师工会的维权功能，并且一直没有得到实质性的解决，也说明这段时间实际的调查研究和理论的研究没有取得新的进展，处于徘徊不前的状态。

第二节　加强中国教育工会的组织建设

构建社会主义和谐社会是一项系统性工程，社会和谐要求构成社会各个子系统内部处于和谐发展的态势。社会和谐需要教育和谐，教育和谐的建设需要具有教育利益权威性分配的教育政策的良性运行，教育政策的良性运行需要社会主要是教育系统中主要利益关系的和谐运转，教育利益关系能够和谐运转需要教育集团利益得以表达和整合。正如有人说：和谐，“和”好像有庄稼，有嘴巴，人们有饭吃；“谐”是每个人能有机会说话。每个人都有话说，本质是集团的利益诉求能够通过有效的渠道获得表达机会。我们目前所处的历史时代，要求建立兼具维护教师权益和为教育改革和发展提供专业性政策咨询功能的新时代中国教师工会，它是保证教育和谐，进而成为促进社会和谐的支点。

一　教师联合会产生的社会背景

（一）法律上的可行性

我国法律对教师权益的保障集中体现在《中华人民共和国工会法》（以下简称《工会法》）、《中华人民共和国义务教育法》（以下简称《义务教育法》）、《中华人民共和国教师法》（以下简称《教师法》）和《中华人民共和国教育法》（以下简称《教育法》）及其相关法规、规章对教师工会和教师权益保护的规定。《工会法》第二条规定“中华全国总工会及其各工会组织代表职工的利益，依法维护职工的合法权益”。第四条规定

"国家保护工会的合法权益不受侵犯"。《义务教育法》第十四条和《教育法》第三十三条明确规定了"国家保障教师的合法权益"。《教师法》则把"保障教师的合法权益"放在首位，作为其立法宗旨。它不仅规定了教师的合法权益；同时，还规定了保障教师合法权益的有效措施。它明确具体地规定了各级人民政府在保障教师合法权益方面的责任；规定了社会各界、公民和法人侵犯教师合法权益应承担的法律责任，而且严格规定了各级人民政府及其工作人员的法律责任，特别是对拖欠教师工资，对教师打击报复的违法行为规定了严厉的制裁措施，解决了贯彻实施《教师法》、依法维护教师合法权益的关键问题；还赋予了教师依法保护自己合法权益的权利，建立了教师申诉制度，为教师维护自己的合法权益提供了法律武器和法律途径。这在一定程度上为教师的合法权益提供了法律保障。

（二）社会和谐发展的要求

社会和谐是一个长期发展目标，社会和谐发展必须要解决根本性的制度设计问题，必须对制度进行创新。社会和谐的系统性和谐，要求构成所有社会系统的改造和创新紧紧围绕和谐社会建设这个中心议题展开。市场经济体制下，学校的办学方式发生了变化。学校的劳动关系改变，旧的利益格局打破，新的利益格局还没有形成的时期，使各种利益矛盾更不断增加。在这样的情况下，教育和谐必然要求维护教职工的合法权益，化解利益矛盾，保持学校系统的稳定与和谐。而教育系统和谐又是社会和谐的关键，社会和谐除了是各种利益关系的和谐，还必定是人全面发展的和谐，人的全面发展的和谐要求在教育政策运行过程中，既要观照教育团体利益要求，又要兼顾教育规律来办事才能为教育和谐创造条件。

（三）社会利益多元化的现实

目前的中国教育工会是 1950 年成立，第一次全国人民代表大会于 1950 年 8 月在北京召开。2002 年起，中国教育工会逐步扩建为中国教科文卫体工会。中国教育工会成立 70 多年来，在不同的历史时期发挥了关键作用，为维护广大教师的权益做出了一定贡献，但是在中国不断地推进社会主义市场经济，应对经济全球化的大趋势的背景下，建立与市场经济体制相适应的教育工会工作并没有得到有效开展。尤其是改革开放 40 多年以来，中国社会开始分化，正从同质的单一性社会向异质的多样性社会转型。在社会转型过程中，经济成分、组织形式、就业方式和分配方式日益多元化，社会利益结构也随之分化、重组，新的利益群体和阶层逐步形成。相对于经济改革的深入展开，我们的教育改革相对滞后。由于针对多元社会的利益诉求机制缺位，目前，中国社会出现了比较严重的利益协调危机，因为利益分配不均衡而产生的社会矛盾尤为突出，特别是一些享受改革成果很少的弱势群体，其利益常常被边缘化，甚至无法得到维护和保证。但是我们知道，社会和谐不能掩盖利益分化和矛盾，积极面对利益分化和矛盾，缓释利益矛盾冲突，为不同利益的表达提供合理化渠道是实现教育和谐的必经之路。由此，在市场经济体制改革向纵深推进过程中，推进中国教育工会改革和发展是一项必要工作。

二　组建中国教师联合会

明确中国教科文卫体工会的教育工作部和中国教育学会的宗旨，调整会员制度与会费，适度改革组织结构，明晰职能和规范师德标准等。

（一）宗旨

中国教育学会的宗旨是旨在凝聚、团结和组织有志于教育科学研究的人士，遵循“百花齐放，百家争鸣”的方针，研究和探讨教育理论和实际问题，探索现代教育科学发展之路，为繁荣教育科学，促进教育事业科学发展，完善中国特色社会主义现代教育体系，办好人民满意的教育，构建教育和谐，建设人力资源强国，实现中华民族伟大复兴和人类文明进步作出贡献。

中国教育工会隶属于中国工会，是中国共产党领导的职工自愿结合的工人阶级群众组织，是党联系职工群众的桥梁和纽带，是国家政权的重要社会支柱，是会员和职工权益的代表。全国总工会是各地方总工会和各产业工会全国组织的领导机关。

中国教育社团宗旨主要是在充分发挥上述两个主要社团主要职能基础上，利用各自优势，突出两个主要方面的特点：一是进行教育科学研究，倡导尊重教育规律；二是促进教师专业化，维护教师权益。此外，还包括促进教育专业人员的专业能力、教育政策咨询等方面的职能。中国教育社团代表广大教师利益，是教师利益的代表。

（二）会员与会费

中国教育研究会和教育工会的全部会员，包括团体会员和个人会员等。目前，中国教育学会由分支机构、单位会员、个人会员自愿组成，现有分支机构 51 个，单位会员 53 个（包括各省、自治区、直辖市和原计划单列市教育学会和其他教育学术团体），会员 80 余万人。中国教育工会有 13.6 万个基层组织，1170 万名会员，是中国唯一一个以知识分子为主体的全国产业工会，也是组织最健全、会员人数最多的产业工会之一[①]。两个社团的会费收入有四种：常年会费，会员会费由教师联合会的最高权力机构——会员代表大会通过的会费缴费额度；捐赠：个人或团体、基金会等的捐助。其他收入：少量商业性质的咨询费用、属于两个社团版权和广告的收益等。上述收益产生的利息。

（三）组织结构

中国教育工会由全国教育工会总会、地方教育工会和学校教育工会三级组织构成。

1. 全国教育工会总会

（1）总会

根据章程，设立会员代表大会（最高权力机关）、理事会（执行机构）及其常务理事会、纪律监察委员会等（见图 9－1）。

（2）总会的组织职能

根据《教育与集体谈判》的规定，各地方教育工会，均要参加全国教育工会（TAC）并成为其会员。会员人数在万人以下的地方教育工会，选出 3 名代表。超过万人每 8000 人增加 1 名会员代表。会员代表大会职能包括：制定或变更章程；选举、罢免理事、纪检干部；听取、审查理事会和纪检部的工作报告；决定组织工作报告、预算、决算、重大会务、会费以及提案；处理组织财产。

理事会设有理事 35 人，候补理事 9 人。理事会职责包括：决定会员代表大会召开的事项；执行会员代表大会的决议；决定会员的资格和处分；审查理事候选人资格；选举或罢免理事长、常务理事；决定理事、常务理事、理事长的辞职；审议会务人员的任免；拟定年度工作报告、预算、决算；选派相关法定组织的代表；团体协约的缔结或变更；其他应执行的

---

① 徐菊芳：《关于改进基层教育工会履职现状的研究——基于 S 市 W 区基层教育工会履职现状的调查与分析》，华东师范大学，硕士学位论文，2006 年，第 12 页。

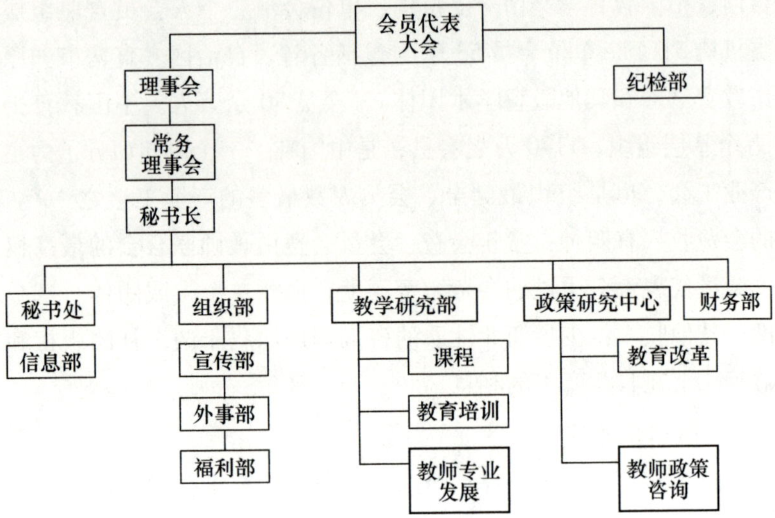

图9－1 全国教育工会总会组织架构设想

资料来源：笔者设计。

事项。

2. 地方教育工会

（1）地方教育工会的组织机构

可以根据个省（直辖市和自治区）的具体情况设置组织机构。会员代表大会是地方教育工会的最高权力机构，理事会为执行机构，并在大会休会期间行使理事会职权，纪检处对理事会的工作负有监督权，纪检部下设纪检干事。理事会下设秘书处、教育研究中心和规划组（见图9－2）。

（2）地方教育工会的职责

会员代表大会是最高权力机构，职责包括：制定和修订章程；选举和罢免理事、纪检干事；决定会费和捐赠及其方式；决定年度工作计划、报告、预算和决算；决定会员的处分；决定财产的处分；决定组织的解散；与会员权利和义务有关事项的决议；其他与地方教育工会会员代表大会基本相同。

理事会是执行机构，并于会员代表大会闭会期间代行其职权，职能包括：执行会员代表大会决议；于会员代表大会休会期间代行其职权；审议团体会员、会员和荣誉会员资格；聘免会务人员和顾问；选举罢免理事

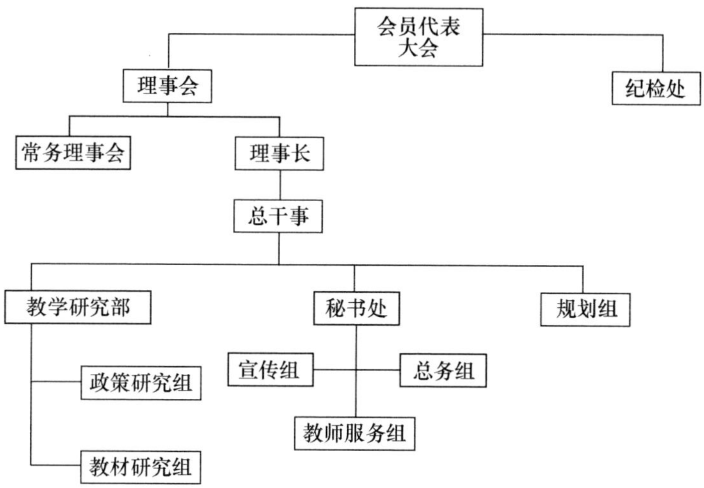

图9－2　地方教育工会设想

资料来源：笔者设计。

长；审议年度工作计划、报告、预算和决算。

纪检处是纪律检查机构，职责包括：检查理事会工作执行和会费的使用情况；审议年度决算；选举或罢免纪检干事；决定纪检干部的辞职；组织改选时负责监票。

3. 学校教育工会

（1）学校教育工会组织结构

学校教育工会的会员大会是最高权力机构，理事会为执行机构，并在大会闭会期间行使理事会职权，纪检部对理事会的工作负有监督权，纪检部下设纪检干事。图9－3是学校教育工会组织结构的基本情况，各个学校可以根据具体情况，设定组织部门。

（2）学校教育工会部门职责

会员大会是学校教育工会最高决策机构，职责包括：制定和变更章程；选举或罢免理事、纪检人员；决定会费以及捐款数额和方式；决定年度工作计划；决定会员的处分；决定财产的处分；决定工会的解散；与会员权利义务有关的重大事项的决定；财产管理的监督和费用使用的审核。

学校教育工会的理事由会员选举产生，最多不超过15人。理事组成理

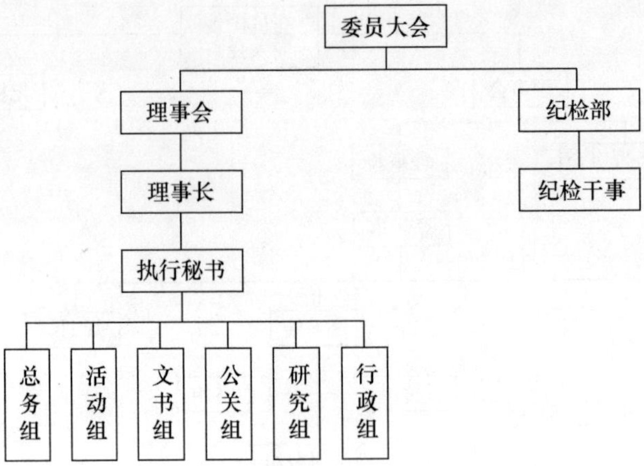

图 9－3　学校教育工会组织结构设想

资料来源：笔者设计。

事会，是学校教育工会的执行机构，职责包括：决定会员大会的召开事项；审查会员资格；选举和罢免理事长；决定理事或理事长的辞职；聘免工作人员；制定年度工作计划、报告和预算；选派代表参加地方教师联合会行使职权；财产管理和经费处理。

理事会下设理事长，由理事们互相选举产生，在会员大会和理事会休会期间负责整个组织的决策，在理事长下设执行秘书领导各组负责各项工作。研究组负责资料和意见的收集与分析以及安排进修课程；活动组负责承办和筹办各项活动；文书组负责书写和保管文件以及编印刊物等；公关组负责对外联络；行政组负责建立会员的资料和保管；总务组负责收支账目和财产管理。

学校教育工会的纪检干事由会员选举产生，名额不超过理事人数的1/3。纪检干事组成纪检部，是学校教师工会的纪律检查机构，职责包括：检查理事会的工作执行；审核年度决算；选举和罢免纪检干事或监事会主席；决定纪检干部的辞职；计划和会计的稽查审核。

（四）职能

1. 服务

一是教育工会倡导尊重教育规律，以自己专门的知识、技术等为学校及政府提供某种帮助。服务职能是中国教育社团的主要职责。二是促进教师专业化，维护教师权益。从教师权益角度看，教师权益是指教师能够作出或不作出一定行为，以及要求他人相应作出或不作出一定行为的许可和保障，并为法律所确认、设定和保护。它一般由以下三部分构成：（1）教师实施某种行为的权利，也可称积极行为的权利。（2）教师要求义务人履行法律义务的权利。（3）当教师的权利受到侵害时，有权诉诸法律，要求确认和保护其权利。

2. 沟通、协调

中国的教育工会可以充分发挥沟通和协调职能。教育工会凭借自己处于政府与学校之间的特殊媒介作用，将双方的信息双向传递以及凭借自己的优势协调处理学校之间矛盾的职能。其中沟通政府与学校是教育工会活动的重点。一方面，教育工会将社会和学校的政策诉求、具体建议、愿望、呼声，通过一定的渠道反映到教育行政部门；另一方面，教育行政部门也可以通过教育工会将教育行政部门的教育行政决策传递和贯彻到学校中，充分利用教育工会的专业优势解读行政部门的政策，从而协调好政府与社会和学校之间的关系，提高教育行政决策的可行性和效率。

3. 评估、鉴定

教育政策评估是依据一定的标准和程序，对教育政策的效益、效率、效果及价值进行判断的活动，通过对教育政策对象及其环境的发展变化以及构成其发展变化的各种因素的分析，为政策的转变、改进和制定新政策提供依据。它是一种对教育政策运行全过程进行全面分析与研究的社会科学活动。教育工会可以充分利用专业优势，运用专门的技术与知识，以及独立于政府之外的专业人员对教育政策进行客观公正、独立的评估和鉴定。教育工会进行的评估和鉴定属于社会中介组织的专业行为，其本身的基本专业性，这种方式除了有利于教育行政部门简政放权，同时也可以提高评估和鉴定行为的专业水平。

4. 监督管理

监督管理职能既包括对内部工作人员的监督管理，又包括对政府机关及学校是否违法的监督。前者称为内部监督，后者称为外部监督。内部监督体现了教育工会的自律性，外部监督体现了教育工会的独立性。其中，对学校的外部监督分为直接产生法律约束力的监督和不直接产生法律约束力的监督。前者是指教育工会直接依照法律的规定以及行政机关依法授权或委托其对学校进行的检查、督促和制裁行为；后者是指教育工会通过向有关部门提出建议或者对某些事实进行公开揭露等方式，对学校及其工作人员进行监督。

（五）师德标准

中国教育工会的师德标准包括以下几个方面：第一，遵纪守法，具体包括依法执教，廉洁从教；不利用职权谋私利；遵守学校规章制度及道德规范；拒腐防邪，无任何违法案件。第二，教书育人，具体包括教学中渗透思想品德教育；热爱学生，帮助学生解决困难；严格执教，能与学生互动和交流；及时纠正学生的不良思想和行为；无教学事故；培养学生的创造性意识。第三，政治品德，具体包括传承民族精神，弘扬爱国主义；关注时事，自觉参加政治学习；政治言论及思想表现正确；无造假、剽窃的行为；反对封建迷信，拒绝邪教；树立家庭美德，热心公益事业。第四，为人师表，具体包括语言文明，举止端庄，服饰得体；诚实守信，作风正派，正义感强；自重、自省、自警、自励、自强。第五，爱岗敬业，具体包括精心施教，完成教学和科研任务；有学术精品意识；诲人不倦和认真备课、批改作业。第六，人际和谐，具体包括理解学生，对学生一视同仁；对学生考核能做到客观、公正；尊重领导，团结同事；待人真诚，平易近人；平等竞争，积极参加学术交流。第七，创新精神，具体包括热爱学习，积极参加业务培训；教学内容、方法、手段上开拓创新；知识更新快，紧跟学科前沿；追求业务素质和科研能力的提高；鼓励、指导学生创造性思维与活动。

第三节 引进教师集体谈判制度

随着教育法制建设、社会心理认同和中国教资市场等的客观存在，中国进行教师集体谈判的社会条件已经具备。建立教师集体谈判制度可以限制一定的行政权威，增强教师在享有权利和履行责任领域中的话语权，维护教师专业地位，提高教师待遇等。

一　构建教师集体谈判的准备条件

（一）法制建设

根据《劳动法》第三十三条和《集体合同规定》第四十条的规定，集体协商和集体合同制度只在企业和实行企业化管理的事业单位实行，非企业化管理的事业单位不属于《劳动法》第三十三条的调整范围，不适用《集体合同规定》的事实，建议修改《劳动法》《合同法》《工会法》中不适用教育事业单位的相关条款，制定《教育与集体谈判法》，并在《教育与集体谈判法》中具体写明与教师集体谈判的所有事宜的细节。特别需要指出的是，其中可有规定对教师代表的保护，比如教师代表是否与教育当局继续签订服务合同由教师代表自行决定，教育当局不能随意解雇教师代表。这一规定赋予了工会或职工代表大会一方较大的自主权，消除协商的教师代表的后顾之忧，有利于对协商教师代表的保护，有利于协商教师代表更好地发挥代表的作用履行代表的职责，充分表达教师方的诉求与意愿。

（二）心理认同

通过教师集体谈判制度对提高教师专业地位，维护教师权益和提高教育政策运行的可行性、科学性和民主性的建设同样需要有心理认同的过程。教育工会需要对教师进行深入的宣传，让广大教师们充分认识教师集体谈判制度的建立，树立认同感和责任感，让教师群体理解促进教师集体谈判制度的建设，不仅有益于教师团体，也是有益于中国整个教育系统的改革和发展。心理认同本质也是一个社会心理的渐变过程，中国有些地区已经有一些学校提出进行教师集体谈判和签订集体合同的行动，比如1996年广东省劳动和社会保障厅和湖北省劳动厅就曾经转发过劳动部《关于学校等事业单位集体协商签订集体合同问题的复函》，其中明确指出不宜进行集体协商签订集体合同工作[①]。这两个个案说明，教师集体谈判和集体合同已经在教师群体有一定心理认同，对这种心理认同不应该简单予以回绝甚至是压制，保持教育政策渠道的畅通是教育政策制定和实施的科学化

---

① 广东省劳动厅转发劳动部：《关于学校等事业单位集体协商签订集体合同问题的复函》的通知，http：//www.12333.org/law/htm/80/1108.htm。

和民主化的起码要求之一，面对此类事件，地方教育行政机关应该组织相关专家和人员进行调查和研究，制定相关政策，保障政策建议渠道的畅通和有效。

（三）教资市场

教资市场是教师资源市场的简称。师资市场的存在是以教育市场的发展为基础的，而教育市场的形成和发展是由社会主义市场经济的大环境和客观经济规律所决定的。

教师属于教育专业技术人才，是教育服务产品的创造者，在社会主义市场经济中，教师是依法运用其知识、技能从事教育工作的自由劳动者。教师的服务“也会生产出一种‘可卖的商品’，即劳动力本身，作为代替。这种服务，将会加入到劳动力的生产费用或再生产费用中去”。[①] 教师的劳动过程就是其自身劳动力的消耗过程。教师的劳动能力主要指其教育人的能力，包括思想道德水平，学习和思维能力，专业知识和技术水平，写作、语言表达、组织教学、科学研究等教育能力，身心健康水平等。教师的劳动力存在于教师个人的脑力和体力之中，它属于教师个人所有。在单一公有制和计划经济体制条件下实行政府包揽的办学体制，教师劳动力归国家统一计划管理和使用，政府对教师包培养教育、包分配工作、包工资福利、包住房分配、包公费医疗、包退休养老等。教师所付出的劳动和所创造的教育服务产品并不与政府、学校、学生发生交换关系，而受教育者则全部免费享受各级各类教育服务，也不与政府、学校、教师发生购买教育服务产品的交换关系，那时，教师劳动力并不是商品。随着中国社会主义市场经济体制的建立和发展，特别是全球经济一体化对国内市场的冲击，教师劳动力将逐步商品化。可见，教育产品并不直接就是作为人的劳动者本身，而是形成劳动者身上的劳动力所消耗的教师的服务。因此，从本质上看，教育产品可以理解为教育者的教育服务。

以北京市某中学实行教师聘任合同制为例，该校制定了《实施聘任合同制暂行办法》，对原有国家正式教职工，一律视为“下海”，进入“师资市场”，给他们双向选择、自由择校的劳动自由权，与社会和其他学校的

---

① 刘志毅：《论师资市场——北京二十五中实行教师聘任合同制十年思考》，《中国改革报》2003 年 11 月 19 日第 7 版。

教师及新毕业大学生、研究生一视同仁，平等竞争。在职教师也都自愿填报“应聘申请书”。校长根据新学年学校规模，制定本校工作岗位编制，然后校长组织各级干部对所有应聘教师职工分类考核，择优选聘，并举行岗位“聘任合同签字仪式”。合同书中明确规定双方的权利和义务，规定了受聘人的工作岗位、职务、责任、工作量，同时规定受聘人应得的周工资、年薪以及奖金总额。校长还要根据合同规定为每个教职工颁发“聘书”，聘期为期一年，第二年根据每人岗位和工作量变化重新办理聘任合同[①]。

（四）雇主代表

在教育领域中进行集体谈判必须要有明确的雇主代表，雇主代表是一个复合体，代表雇佣方利益，包括教育当局和中小学书记、校长等管理人员。师资市场形成必定产生聘任教师的另一个主体——雇主代表。教育当局代表着国家利益，是教育集体谈判和集体合同存在的要件之一。在雇主复合体中，首先，中小学书记、校长等是教育当局委任的代理人，代表着政府的利益。其次，以书记、校长为代表的校级管理者群体又是本单位教职工和学生利益的代表者。最后，以书记、校长为代表的校级管理者群体也是有着自身利益需求的群体。此外，以投入资金、智力或其他资源并依据合同享有权利，从办学中获取经济回报的国内外社会组织和个人的合作办学者等。

二　建立教师集体谈判制度

（一）谈判范围

依据《教育与集体谈判》规定，谈判范围是指必须协商的主题。一般将谈判的具体条款分为三大主题：强制性主题、自选性主题和禁止性主题。

强制性主题是指有谈判的责任或义务，如工资、授课时间、教学工作量、就业条件和休假等是典型的强制性谈判主题。在强制性谈判主题中，教育工会或教育行政当局双方的谈判条款都包含在合同中进行协商，当然

① 刘志毅：《论师资市场——北京二十五中实行教师聘任合同制十年思考》，《中国改革报》2003年11月19日第7版。

这并不意味着这一条款将必然出现在最终的合同条款中。如果没有首先与教师联合会方面进行协商，禁止学校单方面对强制性谈判主题作出单方面的更改，即使没有现有合同语言对这一主题作出规定。为了使该条款在合同中实现，双方都必须同意就该部分及相关方面优先协商。

自选性主题是指那些只需双方同意其结论的谈判条款。其谈判方式是如果双方的成员和教育工会同意，可以超越这一主题所包含的条款进行谈判。学校的专职教师常常希望就与工资、时间和就业条件无直接关系的政策问题进行协商，如教师决定课程的权力，这些都是典型的自选性主题。在没有相同合同语言的情况下禁止学校单方面对自选性主题作出更改。

禁止性主题是指那些无论是双方还是其中一方希望的谈判内容都禁止出现在协商条款中的条款。双方都不能超越这一主题进行谈判，即使双方都有此意愿。

（二）谈判程序

1. 集体谈判的准备阶段

（1）选举教师代表

第一，选举类型。依据《教育与集体谈判》规定，代表有两种类型，一是中国教育工会各个地方协会代表，二是依照会员人数的比例各选出5—9名代表组成谈判小组。第二，选举规则。依照《教育与集体谈判》的要求，选举规则就是对由谁组织选举、在哪里举行、由哪些人参与选举、谈判代表的任期等这些问题的规定。为了避免选举结果存在不同程度的争议，上述选举的一切环节都必须建立在协商的基础上。第三，投票与结果公布。投票环节由第三方机构进行组织，由第三方机构派没有利益关系的人员负责监督投票和计票过程。在投票过程中，每一个投票点要有专门的监督人员全程监督投票过程，并对教师的身份进行核实。投票结果统计结束后，由教育当局发布投票统计结果，投票结果包括拥有投票资格的投票人数、空票数、各教师组织得票数、拒绝由教师组织代为行使谈判权的票数、有效票数、问题票数以及问题票是否影响投票结果等。

（2）家长、学生代表

根据《教育与集体谈判》规定，教育集体谈判必须有一定数量的家长和学生代表参加，代表产生可以考虑代表性、群众性等要求。

2. 集体谈判的实施阶段

第一，谈判开始，谈判双方首先互换各自的谈判提议。运用各自的条件使得对方让步，从而实现自己的目的。第二，僵局阶段，在谈判出现或者进入僵局阶段时，双方有权选择第三方介入消除分歧。在第三方的介入仍没有达成共识时，停止谈判 7 个工作日，重新开始谈判，再次谈判仍未达成共识，可第二次申请第三方的介入，在第二次调解未果的情况下，中国教育工会可以依照《教育与集体谈判》规定举行罢教。

3. 集体谈判的协议阶段

集体谈判是达成协议的一个过程，同时，协议的达成是集体谈判中最为关键的一环。书面协议能够充分体现双方在谈判过程中的基本立足点和目标诉求。当然，协议并不能完全消除双方的分歧，但能使之降到最低，这也是集体谈判的精神内核。教师集体谈判所达成的协议通常包括以下部分：认可条款；公平条款；教师组织职责条款；雇佣条款；协议有效期条款。

第四节 促进教育政策的良性运行

中国教育工会的设立可以促进教育政策制定过程的民主性，增强教育政策运行的基础性和稳定性，为更好地实现教育政策的价值和意图提供保障。

一 中国教育政策运行的现状

（一）中国教育政策制定的程序

教育政策的制定受到多种因素的影响，不可能遵循同一个制定模式，但是总体上看，中国教育政策制定的程序一般分为四个阶段：政策问题的产生、教育政策议程的设立、教育政策决定、政策文本的出台。

1. 政策问题的产生

教育政策问题的确定是整个教育政策制定过程的起点。美国学者利文斯指出："问题的挖掘和认定比问题的解决更为重要。"[①] 此观点揭示了认

① 黄忠敬：《我国教育政策制定过程之探讨》，《教育理论与实践》2007 年第 3 期。

定问题的重要性教育问题总是客观存在的，如教育拨款的分配、高等教育发展和质量评估、教师政策、教育资源是否有效使用、教育公平、流动儿童的教育等问题。这些问题种类繁多、数量巨大，它们都是教育政策问题运行的逻辑起点。但是要成为教育政策问题取决于特定的问题是否能够引起公众和政府部门的关注，即由教育问题转化为教育政策问题，并进一步合法地进入教育政策的议程，最终成为教育政策。

一个连续性历程，该过程常常被视为线性的、理性的与受控制的，但实际上教育政策过程不可避免的是一种政治性并具有一定价值取向的活动，在所有阶段都会有不同群体的价值与利益涉入。因此，教育政策过程通常很难是一个理想化的理性决策过程，而是一种协商与妥协的过程。

2. 教育政策议程的设立

并非每个被界定为教育政策问题的议题都由政府来解决。问题必须要细化为政策议程，即制定政策解决问题的议论、商讨、规划的议事程序。这一过程中不同政策主体之间的交互作用将最终决定政府对教育政策问题的作为或不作为。

在中国，由于党组织和政府作为社会利益的代表者，它们在政策制定的权力结构中处于教育政策决策中枢的特殊地位，所以它们拥有对整个社会的教育资源进行权威性分配的权力，对教育问题能否进入政策议程也具有决定性的影响。在此情况下，常常是党组织和政府主动寻求和发现问题，并把其直接列入自己的议事日程，从而使这些问题并不经过公众议程而直接形成教育政策问题。可以说，党组织和政府是中国各种重大政策问题的主要提出者，在教育政策问题的认定过程中发挥着主导作用。

3. 教育政策决策

当教育政策议程确定之后，就要进行政策决定，即决策阶段。从中国教育决策的发展历程分析，中国的教育决策经历了由传统经验型决策向理性型决策再向现代的综合型决策发展。新中国成立初期，中国的教育政策科学化水平较低，主要是根据自身的经验来进行决策，而且大多是模仿、移植国外（主要指苏联）的教育政策，由于历史文化传统和政治文化等的差异性而大打折扣。“文化大革命”期间，教育决策更没有科学性可言，个人的主观臆测与阶段斗争给教育决策带来了很大的灾难。改革开放之后，教育决策得到极大的改善，决策的科学化、民主化与绩效化水平不断提高，并走出了一条从点到面、由浅入深、循序渐进的渐进式决策模式和综合式决策模式的道路。

教育决策的程序应当规范和严格，但是不可否认，这个问题同时需要辩证地分析。这是因为有规则、有程序体现了民主，但有时可能造成效率低下或消磨了创新，这是一对永恒的矛盾。有时一个很有创新的提案被讨论通过后，就成了四平八稳的公文，这是政策的渐进性，也是民主的代价。在恰当时机作出决策，既可以有效地避免民主决策效率不高的局限，更好、更真实地反映广大人民群众的利益和要求，又能减少因议而不决长期的讨价还价而耗费决策成本，提高决策效率。

4. 教育政策文本的出台

在政策被正式采纳之前，它必须以书面的形式表达出来，最后以官方文件的形式公布于众，在成为正式的官方文件之前往往要经过反复的修改。教育政策经过一定实践检验具有相对稳定性之后，可以以法律的形式体现出来。凡是以法律形式体现的教育政策，都必须经过立法机构法律程序的审批。立法机构审批通过的教育法律，便完成了合法化过程。对于必须立法的议案，按照人大立法程序，一般要经过提案、预备会议列入议程、审议、通过等程序。如《中华人民共和国教育法》和《中华人民共和国义务教育法》都经过了这样的程序。教育政策试行问题。教育政策文本的正式出台，有两种情况，一是教育政策经过上述程序后，由教育行政主管部门官员签署后生效；二是教育政策程序上是相同的，但是有一个试行的政策文本，进行试点试行，待进行评估后转为正式教育政策。如 1996 年 6 月 1 日起施行《幼儿园工作规程》，则 1989 年 6 月 5 日发布的国家教育委员会第 2 号令《幼儿园工作规程（试行）》同时废止。

（二）中国现行教育政策运行存在的问题

近年来，中国教育政策制定的科学化、民主化倾向有了一定体现，但是由于教育体制的改革滞后所产生的问题仍然较为突出。

1. 教育体制功能缺失

教育政策的运行依赖于教育行政体制，体制设定的功能必定影响教育政策运行的样式，中国教育政策运行表现为：一是重心高。中国的政策制定的逻辑起点是从上层开始的，是自上而下推进的，由于重心较高，参与教育政策制定的群体集中，且利益取向基本一致，较少会有不同“声音”

发出。不同“声音”缺乏直接形成的局面就是对政策问题和形势的估计基本一致。但是这种一致是由于政策问题确认的范围小导致的，缺少不同站位的利益相关者的参与。客观地讲，教育政策问题的认定缺少了一个修正的过程，“失之毫厘，谬以千里”是教育政策认定可能产生的直接后果。教育行政机构及其官员政策认定仍有一定“随意性”。这种“随意性”并非真正的随意，而是有其利益根源的。在某种程度上，教育行政机构是既制定又实施教育政策的政府单位。

二是效益意识缺失。教育行政机构和官员缺乏追求教育效益的意识。私立教育机构董事长、校长具有降低教育成本追求教育效益的动机，其教育机构有创新激励机制，而教育行政部门没有这方面的机制，其官员也无效益动机。由于官僚不能把效益占为己有，加上公共产品的成本与收益难以测定。所以，与私立教育机构董事长、校长不同，教育行政官员的目标并不是教育效益的最大化，而是机构及人员规模的最大化，以此增加自己的升迁机会和扩大自己的势力范围。也许某些教育机构、教育行政部门的效率与私立教育机构一样高，但却存在另一种浪费，即提供公共产品的教育部门具有超额生产公共产品的内在倾向，这种“过剩”的教育产品或服务最终是以社会所付出的巨额教育成本为代价的，是一种教育浪费。

三是监督机制的缺陷。教育行政机构官员的行为必须受到立法者、公民或选民的政治监督，但是现有的监督机制是不健全的，许多监督形式是软弱无力的。教育行政机构、教育行政部门官员既是球员又是裁判，既是教育政策的制定者、实施者又是评判者。虽然官僚机构主要是作为政策实施的机构而设定的，但其经常表现出政策制定者的角色。“政策的制定与政策的管理的区别经常是理论上比实际上清晰。在高度复杂的社会中，通常要求官僚组织除了把政策转化为具体的计划并实施这些程序之外，还要精心考虑可供选择的方法。”① “在实践中，政策的实施和评估经常由相同的主体来进行，也就是政府官员。他们一边行动一边观察，一边观察一边行动，把计划的执行与对结果的理解相结合，以便加强或改变计划内容。

① ［美］格斯顿：《公共政策的制定——程序和原理》，朱子文译，重庆出版社 2001 年版，第 68 页。

工作的好坏基本上与分析无关，政策过程的参与者既是他们所实施计划的评估者，又是他们所评估计划的实施者。"① 监督信息的不对称、不完全也使得对官员的监督徒有虚名。教育行政部门的官员一般都是在信息不对称的环境中工作的，立法者和选民都缺少足够的必要信息来有效地监督教育机构、教育行政部门及其官员的活动，官员（被监督者）比监督者（立法者和选民）拥有更多关于公共产品及服务方面的信息，尤其是教育成本方面的信息。这样，监督者完全可能受被监督者所操纵，后者有可能制定并实施某些有利于自身利益而损害公共利益的教育政策。

2. 利益表达渠道窄化

教育政策运行是一项系统性工作，科学化和民主化特质必定是教育政策制定的前提，是保障教育政策良性运行的基石。由此，教育政策的合目的性与合规律性必定是多种渠道的"民意"共同表达的产物。但是，目前我国教育政策制定过程中，存在民意表达渠道狭窄、单一的问题。教育政策运行过程中的渠道单一导致的直接问题是教育利益表达渠道不畅通。教育利益表达渠道不畅通，进一步使政策问题认定不准确，进入政策执行则可能导致政策变形，再进一步则可能是执行乏力，机制可能扭曲，机构形同虚置，直接表现为下层市民的教育利益诉求无从上达，教育行政机构和官员不承担责任，以及政策决策者与下层教育利益诉求相互分离，国家对各个阶层、集团的教育利益配置出现严重失衡等一些情况。

一是利益表达渠道的政策性阻塞。教育政策是对教育资源进行权威性分配的工具，但是，如果教育政策自身存在问题可能导致出现"作茧自缚"情况。除了教育政策研究、政策制定环节，一般来讲，问题也可能出现在教育政策执行环节上。一项有效的、精准的教育政策问题由于执行存在偏差、执行不力甚至"上有政策，下有对策"，结果出现政策意图是好的，但是政策执行出现问题的现象，损害了利益相关者的利益，使本来自下而上的依据民间、源于基层的客观、科学的政策研究和政策制定在自上而下的返回途中，因政策执行这个环节出现问题而受阻，形成了利益表达

① ［美］帕顿、沙维奇：《公共政策分析和规划的初步方法》，孙兰芝译，华夏出版社2001年版，第45页。

渠道的政策性阻塞。

二是利益表达渠道的体制性阻塞。中国的教育行政体制的设置是教育行政官员只对上级负责，而不对社会不同阶层和弱势群体的教育利益负责。这种只有自上而下的管理而缺乏自下而上的监督机制，正是造成下层民众和弱势群体教育利益表达渠道体制性阻塞的根本原因。这种利益表达渠道的体制性阻塞产生的直接问题是造成官员们对不同教育利益诉求的群体，尤其是社会弱势群体的利益关照不全甚至产生不负责任情况。虽然政府部门推行对行政官员问责，但是这种问责制度只是在某种程度上遏制一些利益不被表达出来，很多弱势群体的教育利益诉求处于休眠状态，但仍然不能从根本上解决教育利益表达畅通的问题。

三是利益表达渠道程序性组织的缺乏。政府建立的人民信访制度是为群众排忧解难、引导下层民众参政议政的渠道。但从教育利益不断分化的现状分析，这种制度安排不能满足日趋多样化的教育利益的诉求。许多老百姓并不是利用这种途径表达自己的利益诉求，一方面教育行政部门设置的利益表达渠道并不能完全满足他们的利益表达要求；另一方面，民间的政治参与结构由于社会的强控制又不能建立，当社会下层的不满情绪和社会能量聚集到一定程度，就会构成社会的隐患。中国下层社会缺乏建立自组织的空间，缺乏利益表达的规范性的程序化安排。程序的实质是管理和决定的非人情化，其一切布置都是为了限制恣意、专断和过度的裁量。利益表达是一个程序性过程，当个人利益表达变成正当权益、凝聚为团体表达时才会有力量。

3. 专业程度不高

教育部门是国家治理的有机组成部分，具备自身的发展和运行规律，并要求治理工具具有专业性。但是当前的教育治理工具科学性和专业性存在一定的缺陷。教育政策运行的专业程度低表现在两个方面。

一是沦为经济发展的工具。把高校扩招政策看作拉动内需的政策，丧失教育政策运行专业地位。事实究竟是什么样子的呢？结论是高等教育单纯的数量扩张对于宏观经济的拉动作用是有限的。北京大学课题组 1999 年 4 月受有关领导之命，对扩大高校规模及其对中国短期经济的拉动作用进行专题研究，6 月提交的正式报告指出：“教育各部门对国民经济总产出的拉动作用是有限的。1997 年，高教部门和其他教育部门的影响力系数分别为0.85和0.83，在119个部门中排序分别为100名和103名。”[1] 另据国内学者的研究，1987年与1992年相比，教育的影响力系数和感应度系数由0.985和0.769下降到0.838和0.60。[2] 教育对其他部门所产生的波及影响程度都未超过社会平均影响力水平。从现实来看，世界上也没有一个国家曾如此大幅度地对高校进行扩招涨价，教育对经济的作用主要体现在中长期效果，而靠扩大收费来拉动短期经济增长，这种做法在国际上鲜有其例。

二是教育政策实践水平低。教育政策实践水平低会导致教育政策制定过程中存在滞后现象。独立学院政策的出台，生动地演绎了我国教育政策的制定过程。从独立学院政策产生过程可以看出，政策的出台是“问题出现—问题观察—问题调研—问题加剧—问题认定—政策出台”的过程，需要花费一定的时间，即存在着教育政策制定的滞后现象。在此期间，必然会延续结构不良问题对教育秩序的侵扰，对此需要做进一步的分析。在当时，独立学院是一个社会大背景下的新生事物，因此没有人知道它是对的还是错的，正因为如此，教育部一直没有表态。但此后出现了诸多问题，社会上对于独立学院怨声四起，独立学院的不规范办学使很多学生花了高价学费却得不到应有的回报。当教育行政部门认识到应该对独立学院进行规范管理的时候，问题已经发展到较为严重的程度，相当多的学生成了政策制定滞后的牺牲品。

4. 政策环节缺失

中国教育政策运行过程中缺少政策评估环节，政策评估是对政策的调整和修正乃至终止的主要依据。但是目前，中国教育政策运行过程由于缺乏明确的、真正意义上的评估环节而导致教育政策评估出现评估标准方法、缺乏经费和人员的问题。

一是教育政策评估的方法的问题。目前常用的评估方法主要有前后对比法、对象评定法、专家判断法和自我评定法。前后对比法为评估活动提供了基本的理论框架，对象评定法扩大了政策评估的范围，专家判断法提高了评估活动的客观性，自我评定法使得政策评估活动经常化。然而，各

---

① 夏晋祥：《高校扩招：一个需要研究的经济学问题》，《教育与经济》2000年第2期。
② 姚愉芳等：《中国经济增长与可持续发展》，社会科学文献出版社1998年版，第105页。

种评估方法也各有不足。在中国，有些地区统计数字的真实性值得怀疑，有些领导干部热衷于搞形式主义，把评估作为炫耀工作绩效的手段，无论政策的实际效果如何，政策评估的结果总是“成果辉煌，政绩卓著”。对象评定法由于参与评估的政策对象可能不完全了解政策对自己的影响，而从当下获得的积极利益或自我利益受损来判断政策的好坏，使政策评估与客观实际之间产生一定的分离。专家判断法的实施在很大程度上依赖于专家的专业素质和职业道德，中国社会的人文环境和人际关系的特点对专家判断法的客观性、准确性造成一定的负面影响。自评法的不足之处显而易见，政策执行人员参与政策过程，政策效果的好坏直接影响其声誉和工作，因而不免会出现文过饰非、隐恶扬善的情况。这些问题有些是评估方法本身的问题，有些则是带有本土色彩的问题，总之，评估的方法有待进一步改进。

二是政策评估的经费不易获取，专业人才缺乏。教育政策评估不具有直接的经济效益，相反需要投入相当的人力、物力、财力和时间，即教育政策评估本身要花费一定的成本。在现实中，教育政策评估的重要性和价值还未引起人们的广泛关注，特别是我国长期以来形成的习惯于听从上级指示，“认真领会，全面贯彻”，甚少对政策本身的科学性、合理性和可行性提出质疑。全面考察教育政策从问题认定、制定到执行全过程的教育政策评估更是刚刚起步，评估的经费来源匮乏，这严重制约着教育政策评估工作的开展。教育政策评估的专业人才十分匮乏，政府机构和学术界对于教育政策评估的关注和研究还刚刚开始，受过严格专业训练，具有扎实基础知识和熟悉评估方法和技术的人才可谓凤毛麟角；现在的政策研究机构的主要功能是为政府决策提供咨询，当好参谋，或者完成政府委托的研究项目，学术机构的科研经费也主要来自政府，很少有其他的来源，在这种情况下，客观的政策研究和政策评估当然不易做到。

二　教育工会优化教育政策运行的作用

中国教育工会是中国教育领域中的行业性组织，拥有雄厚的研究实力和丰富的实践经验，对于教育改革和发展过程中的所有政策都可以提出专业性建议，能够对教育政策运行的全程发挥建设性作用，进而可以起到优化教育政策运行的作用。

（一）深化教育行政体制改革

当前的教育行政体制已经无法满足社会和人民大众对满意教育的需求。社会和人民大众的多元化需求要求教育体制做出适时的调整。因此，深化教育行政体制改革，需要从以下三个方面进行调整。

首先，提升专业组织提出教育政策的地位。充分发挥中国教育工会（TAC）专业性教师组织的优势，为其提供能够积极努力参与教育政策制定，提出切实可行的教育政策研究报告，提供大量准确的、科学的教育数据，保证专业建议和利益诉求能够及时、准确到达国家教育决策部门的自下而上的渠道畅通。与此同时，国家教育决策部门的政策背景与意见可以自上而下到达专业组织，形成“双渠道”机制，实现政策制定和实施意见的互换，增进不同站位对同一政策问题的理解乃至共识，从而制定科学、有效的政策。

其次，精简教育行政权力。改革中国传统的教育管理体制下，政府不仅是教育的主要投资者，而且也是直接管理者。实现教育行政管理的“有所为，有所不为”，政府的教育管理不可能从宏观管理到微观管理，政府事无巨细，都要过问，教育行政只要有效履行为教育营造适宜的社会政策支撑环境并进行有效的宏观调控即可。

最后，提高教育行政管理效益。政府管得过多过深，也使得教育行业的整体活力不够，在一定程度上反而影响了教育事业的发展。随着教育公共事务和行政事务的庞大、复杂和专业化，政府已经没有足够的人力、时间、能力和财力直接操作和管理教育中各项事务，于是将一部分行政权力，如拨款审议、各种业务评估委托给教师联合会行使，借助教师联合会的专业人才和专门知识来完成相应的教育管理，以提高管理的效率，教育行政管理行使监管职能。实现行政管理从社会经济活动的基本单位中脱离出来，集中精力履行其微观规制和宏观调控的政府职能，切实提高工作效率，从而为教育事业的发展创造良好的法制、行政环境。

（二）实现教育利益表达的多渠道化

中国教育工会的沟通、协调职能是协调教育利益关系的一个有效途径，大力发展多种以专业为基础的协会组织增加教育利益表达渠道。

一是强化中国教师联合会沟通、协调职能。充分发挥中国教育工会沟通与协调职能可以有效地连接教育行政管理部门和教育政策执行端。教师联合会的这种“中转”功能可以教育政策执行端与教育政策运行过程的逻辑起点的行政部门的信息对称，进而使得教育政策的执行顺畅而不至于政策变形或失真。

二是鼓励发展专业协会组织。要实现教育利益表达的渠道化，并不能只有一个中国教育工会，“一家之言”绝不是利益表达的多元化，政府和教育行政部门需要制定相关法律，简化教育类协会的审批，鼓励各种类型教育专业协会的成立，比如专门协调政府和教育机构之间的关系的教育行业协会；主要协调教育机构与教育机构之间的关系的一些独立的教育评估组织、教育机构自发成立的行业协会等；主要协调教育机构和市场、社会公众之间的关系的专业组织，并且允许每种类型的教育专业组织有多个，可以有效地形成“一堂多言”的局面。此外，要建立健全公众传媒的组织机构和体制，使新闻传播形成多维度、多层次、大渠道的网络体系，使其成为不同利益集团表达利益和要求的窗口。

（三）提高教育政策运行的专业水准

实现中国教育工会在提高教育政策运行水平方面的作用。中国教育工会在促成教育政策运行具有较高水准主要表现在两个方面。

一是教育政策执行的基础牢固。教育政策执行是教育政策运行过程中的重要环节，是实现教育政策目标的具体途径。政策执行的有效与否关系政策运行的成败。有学者认为：“在实现政策目标的过程中，方案确定的功能只占10%，而其余90%取决于有效的执行。”① 中国教育工会及其广大成员都是教育一线的教师或者教育行政人员，在很多情况下，教师团体既是教育政策的制定者，又是教育政策的执行者，教育政策执行的基础牢靠为教育政策目标的实现提供了保障。

二是教育政策不易变形。首先，中国教育工会及其地方教师联合会绝大多数都拥有教育政策方面的研究力量，是一支专业化的政策分析、研究队伍，可以对不同利益群体的利益表达、政策出台后问题走向以及社会各方面所反映出来的教育问题能够做出细致的分析和预测，同时也都是具有

---

① 袁振国：《教育政策学》，江苏教育出版社2001年版，第38页。

丰富的教育政策研究经验，能够保证对教育问题的敏感性和准确性做出合理的判断。其次，中国教育工会（TAC）及其地方教师联合会的专业组织的本质要求在教育政策研究过程中，遵循教育规律，充分考虑影响和制约教育活动的各种规律，抓住其内在本质联系，协调各种关系，确保教育政策制定的科学性；同时考虑到教育活动的连续性，不断分析影响教育活动变化的因素，及时处理教育活动中的突变因素，防止政策制定的僵化。

（四）增加教育政策运行的专业监督和评估

除了社会一般性监督和评估外，增加并强化中国教育工会及其地方教师联合会的监督和评估的功能。监督和评估是实现教育和谐的重要手段，是“指挥棒”。然而从目前的教育政策运行过程来看，教育政策的制定和实施是各级教育行政机构、管理者和评价者三位一体，这种制度设计的本质是监督和评估苍白无力。因此，在行政管理体制改革背景下，中国教育工会及其地方教师联合会参与监督和评估就成为必然的选择。

这是因为一方面充分发挥中国教育工会及其地方教师联合会的“桥梁”作用。实现教育政策制定的主体各级教育行政部门与教育政策执行部门的“无缝”对接。中国教育工会及其地方教师联合会能够更为准确地掌握各方面的专业信息，一定程度上克服信息不对称的弊端，进而确保监督和评估的科学性，增强教育政策运行的可行性。

另一方面作为具有相对独立的、自治性强的社会行业性组织，中国教育工会及其地方教师联合会更能确保监督和评估的客观性和公正性。毫无疑问，不断地追求对教育政策运行的监督和评估的公平和客观是教育和谐实现的关键问题，同时也得到社会各界的高度关注。具体地，监督和评估的内容主要包括：不仅对教育决策（尤其是一些重大事项的决策）、立法的程序和内容进行监督评估，而且对教育决策、立法的执行情况进行有力监督，包括经费预算、重大项目决策、相关立法以及其他重大事项；主导教育评估指标体系的制定，选择特定的评估形式和方式；接受委托，由中国教育工会及其地方教师联合会主导，对教育政策进行监督和评估，向委托机构及时反馈监督和评估结果，提供专业咨询和其他相关事宜。

附　录

一　主要名词英文对照

美国劳工联盟（The American Federation of Labor，AFL）

工业组织协会（The Congress of Industrial Organizations，CIO）

（美国）全美教育协会（National Education Association of the United States，NEA）

（美国）全国教师协会（The National Teacher Association，NTA）

美国教师联盟（The American Federation of Teachers，AFT）

政治行动委员会（Political Action Committee，PAC）

政治教育委员会（The Committee On Political Education，COPE）

（英国）全国教师联合会（National Union of Teachers，NUT）

（英国）全国男女教师协会（National Association of Schoolmasters Union of Woman Teachers，NASUWT）

（英国）教师与讲师协会（Association of Teachers and Lecturers，ATL）

（英国）教师专业协会（The Professional Association of Teachers，PAT）

（英国）全国校长协会（National Association of Headteachers，NAHT）

（英国）工会联盟（Trades Union Congress，TUC）

英格兰教学总会（General Teaching Council for England，GTC）

英国工业联盟（Confederation of British Industry，CBI）

高校工会（The University and College Union，UCU）

中国教师联合会（The Teacher Association of China，TAC）

二　主要网站

全美教育协会，http：//www. nea. org。

美国教师联盟，http：//www. aft. org。

英国全国教师联合会，http：//www. teachers. org. uk。

中国教科文卫体工会全国工会委员会，http：//jkwwt. acftu. org/。

后记

年近不惑，著书立说。自己的第一本专著就要诞生了，内心已经开始平静。在写作过程中总是盼望这一时刻的到来，但是那个时候是激情澎湃的。这时，我深知完成一本专著所要花费的时间与精力。

从 2003 年 9 月攻读博士学位以来，一直思考美国利益集团对教育政策影响的问题。那时自己根本无法确定是否可以将利益集团和教育政策两者联系起来。所以，以试探性的口吻首先征求了伯父的看法，他是一位有着丰富高校管理经验的管理者也是亲历者，他老人家给了我鼓励和勇气，现在还能回忆起那时的场景。有了这样的首肯，就是开始在图书馆的所有书籍和学术期刊展开地毯式检索。这种立意与研究视角相对新颖的研究，参考文献有限是在意料之中的。不管怎样，功夫不负有心人，在 2006 年 5 月完成了《利益集团视角下的美国教师组织对教育政策影响的研究》。由于水平有限，论文里有很多不足之处。但是，从学习做研究的角度，我还是从这里得出了一个结论，作为一名文科专业的博士，博士毕业前要具备把一个命题，尽管看起来似乎不可能，做出一篇 12 万字论文的能力。

2006 年 7 月参加工作不久，适逢和谐社会这个热点问题的提出。结合这个热点问题的研究，年底我以《和谐语境下利益集团对教育政策影响的研究》为自选命题申报了国家社科基金项目，并得到立项，得知消息的一刹那有点小激动。但是，由于种种原因，直到 2011 年 9 月才申请结题，然后是修改后出版。

大学代有人才出，左派后浪推前浪。在美国政治的研究中发现，高校这样远离经济基础的象牙塔，是政治浪漫主义的温床。知识分子和社会的关系酷似一个娇妻和一个憨夫：她负责点菜，他负责埋单。一个比较有意思的现象是，虽然整个高校都在左倾，但是越是远离经济基础的院系，就越左倾：人文院系 81% 教师是自由左翼；社会科学 75%；工程学院 51%；商学院 49%。知识分子还是要多接触社会、了解社会，秉持独立精神去思考、解释人的生命存在和生命体验，有了这些体验和经验，知识分子就应该处于象牙塔，而高于象牙塔，才有可能为理论研究增加实践宽度与厚度。因此，曾经有的一点小激动，随着生活之流的冲刷趋于平静，对很多见怪不怪的事情和现象都能理解了。因为学会换位思考、学会用不同利益相关者的角度去考虑问题，这样人就会坦然，会理解、会尊重不同意见。

感谢妻子对我写作和工作的支持，在我出国访学的一年时间里，既要工作还要照顾女儿。感谢岳母和岳父，尤其是岳母，身体不好，但是从女儿出生以来，多半时间在帮助我们带孩子。感谢在家乡的父母对我工作和生活的理解、支持和爱护！特别是母亲在做了手术之后，还能来帮助我们照顾孩子。过去的终将逝去，我们必须具备这样的人生态度与胸怀。

感谢我的亲人，伯父、伯母，姐姐和姐夫，他（她）们在本书的写作过程中给了我很多支持。尤其是姐姐在日本为我扫描我需要的文献资料，为研究增色不少。

特别感谢国家社科基金项目对本研究的经费资助！

最后，感谢这么多年来对关心帮助过我的领导、老师、朋友和同事，一并致谢！

博士学位论文完成的时候，我有这样的想法，怀念过去是为了照耀我前行，鞭策我在新的征途上迎接新挑战！时隔 14 年个人感悟：人到四十岁，还不认命，此人悟性太低，不是不聪明。前后两句是我个人的人生认识和理解，这不是消极，是有反思，是要做好当下应该做的事情，应该扮演好生命角色。此处应该有极其丰富的人生内容。

庄子曰："始生之物，其形必丑。"这是我的第一本著作，难免有不足之处请多指教。

事不过三，行稳致远。

浙江师范大学杭州校区，2011 年 9 月初第一稿

美国印第安纳大学布卢明顿校区 Redbud Hill Apt. 1306，2013 年 1 月初第二稿

花园岗公寓，2020 年 3 月初第三稿